Pétillante
Noëlle,

Les gens très "rayonnant"
comme vous font parfois
peur aux gens qui sont
dans l'ombre...

Continuez d'oser proclamer
votre rareté !

Sortez de vos pantoufles en béton

L'ART DU DÉPASSEMENT

Catalogage avant publication de Bibliothèque et Archives nationales du Québec et Bibliothèque et Archives Canada

Aubé, Richard, 1969-
    Sortez de vos pantoufles en béton
    3e édition.
    (Collection Développement personnel)
    Publié à l'origine dans la collection : Collection Psychologie. c2007.
    ISBN 978-2-7640-2178-1
    1. Dépassement (Psychologie). 2. Succès – Aspect psychologique. 3. Réalisation de soi. I. Titre. II. Collection : Collection Développement personnel (Éditions Québec-Livres).

BF637.O94A92 2013   158.1   C2013-941280-8

© 2013, Les Éditions Québec-Livres
pour la présente édition
Une société de Québecor Média
1055, boul. René-Lévesque Est, bureau 201
Montréal (Québec) H2L 4S5
Tél. : 514 270-1746

Tous droits réservés

Dépôt légal : 2013
Bibliothèque et Archives nationales du Québec

Pour en savoir davantage sur nos publications,
visitez notre site : **www.quebec-livres.com**

Éditeur : Jacques Simard
Photo de la couverture : Jean-Luc Savoie
Conception graphique : Sandra Laforest
Infographie : Claude Bergeron

Imprimé au Canada

Gouvernement du Québec – Programme de crédit d'impôt pour l'édition de livres – Gestion SODEC.

L'Éditeur bénéficie du soutien de la Société de développement des entreprises culturelles du Québec pour son programme d'édition.

Nous reconnaissons l'aide financière du gouvernement du Canada par l'entremise du Fonds du livre du Canada pour nos activités d'édition.

DISTRIBUTEURS
EXCLUSIFS :

• Pour le Canada et les États-Unis :
MESSAGERIES ADP*
2315, rue de la Province
Longueuil, Québec J4G 1G4
Tél. : (450) 640-1237
Télécopieur : (450) 674-6237
* une division du Groupe Sogides inc.,
filiale du Groupe Livre Québecor Média inc.

• Pour la France et les autres pays :
INTERFORUM editis
Immeuble Paryseine, 3, Allée de la Seine
94854 Ivry CEDEX
Tél. : 33 (0) 4 49 59 11 56/91
Télécopieur : 33 (0) 1 49 59 11 33

**Service commande France
Métropolitaine**
Tél. : 33 (0) 2 38 32 71 00
Télécopieur : 33 (0) 2 38 32 71 28
Internet : www.interforum.fr

**Service commandes Export –
DOM-TOM**
Télécopieur : 33 (0) 2 38 32 78 86
Internet : www.interforum.fr
Courriel : cdes-export@interforum.fr

• Pour la Suisse :
INTERFORUM editis SUISSE
Case postale 69 – CH 1701 Fribourg
– Suisse
Tél. : 41 (0) 26 460 80 60
Télécopieur : 41 (0) 26 460 80 68
Internet : www.interforumsuisse.ch
Courriel : office@interforumsuisse.ch

Distributeur : OLF S.A.
ZI. 3, Corminboeuf
Case postale 1061 – CH 1701 Fribourg
– Suisse

Commandes : Tél. : 41 (0) 26 467 53 33
Télécopieur : 41 (0) 26 467 54 66
Internet : www.olf.ch
Courriel : information@olf.ch

• Pour la Belgique et le Luxembourg :
INTERFORUM BENELUX S.A.
Fond Jean-Pâques, 6
B-1348 Louvain-La-Neuve
Tél. : 00 32 10 42 03 20
Télécopieur : 00 32 10 41 20 24

Richard Aubé

Sortez de vos pantoufles en béton

L'ART DU DÉPASSEMENT

3ᵉ édition

LES ÉDITIONS
Québec-Livres
Une société de Québecor Média

Dédicace

Je tiens à dédier ce livre à une femme exceptionnelle, à la personnalité et au charisme incontestable, ainsi qu'à la générosité qui en a fait sa réputation légendaire : ma mère, Mireille. Je lui dois non seulement la vie, mais aussi d'avoir su me redonner le goût en celle-ci. Car elle m'a créé, mais surtout parce qu'elle m'a reconstruit, à l'âge de seize ans, au moment le plus sombre de mon existence.

Avec la patience d'un ange et l'amour immense qu'une mère peut avoir pour son fils, elle a su trouver les mots pour me redonner confiance en ce monde qui ne signifiait plus rien à mes yeux d'adolescent brisé. La tendresse et les encouragements constants dont elle a su me témoigner au cours des années qui ont suivi furent déterminants pour ma vie d'adulte.

Maman, je ne pourrais jamais assez te remercier de m'avoir aidé à devenir l'homme que je suis maintenant, d'avoir pu me redonner ce courage, cette estime, cet amour de soi, cette fierté pour ce que je suis. Merci surtout pour cet amour qui a inondé et qui inonde toujours ma vie. J'aurais tant aimé remplir mon rôle de petit garçon, celui de devenir ton bâton de vieillesse, mais à mon grand désarroi, tu es partie pour un monde meilleur alors que tu n'avais que quarante-neuf ans.

L'attitude incroyable dont tu as fait preuve lors de ton dernier et ultime combat contre le cancer est encore aujourd'hui ma plus grande source de motivation. Jusqu'à la toute fin, tu as su garder le sourire, le courage et la détermination qui ont gravé à jamais ma mémoire. Tu as toujours été une combattante et une gagnante, et je remercie le ciel d'avoir pu t'accompagner jusqu'à ton dernier repos et d'avoir pu ainsi être le témoin privilégié de cette force magistrale qui t'habitait.

L'amour inconditionnel que tu m'as porté tout au long de ma vie est aujourd'hui ce que je transmets de tout mon cœur à tes petits-fils, Maxime et Olivier. Ils sont le plus beau reflet de ce que tu représentes pour moi : un soleil étincelant, aux chauds rayons à la fois tendres et puissants. La chaleur et la lumière qu'il procure sont suffisantes pour envelopper la terre entière d'amour. Tu es ce que le monde a fait de plus beau. Je t'aime et t'aimerai jusqu'à la fin des temps, Maman d'amour !

Remerciements

Écrire un livre demande énormément de discipline, de détermination et de ténacité. Il est certain que seul, ce projet n'aurait probablement jamais vu le jour et serait resté un vœu pieux, un rendez-vous manqué avec le destin. Je tiens donc à rendre un vibrant hommage à tous ceux et à toutes celles qui, grâce à leur appui, ont fait de ce grand rêve une réalité !

Tout d'abord, j'aimerais remercier trois des personnes les plus importantes dans ma vie : mon épouse et complice de toujours, Sophie, ainsi que mes deux magnifiques trésors, nos fils Maxime et Olivier. Votre soutien inconditionnel en mon projet a fait toute la différence ! Merci de votre patience et, surtout, de votre indulgence au cours des deux dernières années. Vous avez été fantastiques et je vous aime infiniment.

Un merci tout particulier à mon éditeur, Jacques Simard, un homme passionné, intègre et chaleureux. Votre expertise du monde de l'édition est vraiment fascinante. C'est un privilège pour moi de faire partie maintenant de la grande famille Quebecor.

Merci aussi à Guy Cabana et à Jean-Marc Chaput, pour les judicieux conseils qu'ils m'ont prodigués. Merci infiniment à ma *coach* Nathalie Hamelin, à mon mentor René Lahaie, ainsi qu'à mes amis de longue date, Claude Gagnon et Johanne Cloutier, pour m'avoir encouragé à sortir de mes fameuses pantoufles en béton! Leur contribution, tout au long du processus de création, a été tout simplement inestimable.

Merci, bien sûr, à mon merveilleux comité de lecture composé de gens extraordinaires et talentueux, qui ont su si bien me guider afin que je puisse livrer le meilleur de moi-même! Merci donc à Suzanne Buist, à Louise Fournier, à Martin Cantin, à Isabelle Dubé, à Alain Lauzière, à Ginette Bergogne, à Stéphane Brisebois, à Louise Lemieux, à Albert Limoges, à Lyne Tardif, à Ronald Laramée, à Diane DeLuca, à Rock Rioux et à Ghislaine Trépanier. Votre apport à la touche finale de ce livre fut pour moi une véritable bénédiction!

En terminant, merci à tous ceux et à toutes celles que j'ai eu la chance de côtoyer au cours des dernières années, et dont le vécu a influencé grandement ma philosophie de vie. Vous qui avez su croiser mon chemin et qui avez généreusement partagé avec moi une parcelle de votre âme, je vous suis à jamais reconnaissant. Les leçons de vie que vous m'avez apprises, parfois indirectement, serviront non seulement à toute la collectivité, mais aussi aux générations futures.

Merci à vous tous de faire ainsi partie de ma vie!

Richard Aubé

Introduction

Il nous arrive tous, à un moment ou à un autre de notre vie, de faire une remise en question, une mise au point, bref, de se poser les vraies questions.

Ce qui est intéressant, c'est que ce sont souvent certaines circonstances de la vie, ou des événements inhabituels, qui nous font réaliser des choses qui nous semblaient jusqu'à ce jour sans grande importance, voire banales. La perte d'un proche, une nouvelle rencontre ou un changement important dans notre emploi, notre vie personnelle, sociale ou amoureuse sont autant d'occasions qui suscitent cette mise au point. Toutes ces situations sont d'ailleurs souvent le point déclencheur d'une prise de conscience nous emmenant vers de nouveaux horizons !

Un bel exemple : lorsque l'on passe le cap de la vingtaine, puis de la trentaine, et ainsi de suite, c'est presque viscéral. C'est comme si notre corps et notre âme nous envoyaient un appel du genre :

C'est maintenant le temps de votre entretien annuel si vous voulez être en mesure de vous prévaloir de la garantie du fabricant.

Effectivement, rien de mieux qu'une bonne mise au point du système pour s'assurer une tranquillité d'esprit lorsque viendra le temps de prendre la route pour un long voyage.

Cette analogie avec l'automobile semble peut-être un peu saugrenue, mais elle a le mérite de permettre de visualiser plus facilement le principe suivant : « Il est essentiel, voire impératif, de prendre parfois une pause dans notre vie et de regarder où nous en sommes, ce que nous avons accompli jusqu'à maintenant et, surtout, où nous voulons aller. »

D'ailleurs, la vie s'est bien chargée de me rappeler à l'ordre de temps à autre et ainsi finir par me faire réaliser ce qui suit :

La meilleure façon de gagner du temps dans la vie, c'est de s'arrêter !

C'est, selon moi, la seule façon de pouvoir valider nos choix, considérer différentes possibilités afin de mieux atteindre nos buts, sans avoir nécessairement à payer le prix de certaines erreurs coûteuses en efforts, mais surtout en temps.

Alors devenons, l'espace de quelques heures, le spectateur de notre vie ! Quelle belle façon de décrire ce moment où l'on redécouvre la vue d'ensemble, la vue globale de cette fameuse forêt, si dense parfois, dans laquelle on court sans cesse, jour après jour, ne voyant bien souvent que la base des arbres, tentant d'éviter de trébucher sur des racines qui jaillissent soudainement de nulle part, sans toujours y parvenir.

Mais ce qui est merveilleux, c'est que nous nous relevons toujours ! Et souvent avec le sentiment d'avoir appris un petit quelque chose de plus, découvrant parfois une force insoupçonnée, qui nous rend un peu plus forts mentalement. Au fond, quel est le sens, le rôle de ces chutes, si ce n'est qu'elles sont là pour nous apprendre à mieux nous relever ?

Que dire de cette satisfaction ressentie lorsque l'on s'est relevé, disant avec fierté : « J'ai passé à travers, j'ai réussi ! » N'est-ce pas là une belle récompense de la vie ? Cette évolution forcée, qui n'est pas toujours voulue, est tout de même appréciable, car l'expérience acquise de nos épreuves et les leçons apprises de nos erreurs sont inestimables'!

Et comme le disait si bien le grand explorateur Bernard Voyer:

«Un pas fait dans la bonne direction est un pas qui n'est plus à refaire.»

Cette phrase nous permet de comparer nos épreuves dans la vie à l'escalade d'une montagne. Le chemin est souvent rempli d'embûches, de doutes et parfois même de désespoirs, mais c'est dans ces moments forts de notre vie que nous découvrons notre plein potentiel, ces ressources insoupçonnées qui sommeillent en nous et qui nous aident à grandir et à nous épanouir dans notre quête vers de nouveaux sommets. Et c'est assurément le chemin pour nous y rendre qui est de loin le plus enrichissant!

Laissez-moi donc vous partager avec toute la passion, tout l'amour et ce goût de vivre qui m'habitent, ces belles expériences de vie et ces belles leçons de courage qu'il m'a été donné de voir, d'entendre, de ressentir et de vivre, tant sur le plan personnel que sur le plan professionnel. Pendant de nombreuses années, ma curiosité insatiable m'a poussé à étudier le comportement humain sous toutes ses facettes et ainsi comprendre le pourquoi plutôt que le comment.

Ce privilège incroyable que j'ai eu tout au long de ma vie d'avoir pu aller chercher ces milliers de morceaux de vie et de vécu de tous ces gens qui ont croisé mon chemin, je tiens à le partager aujourd'hui avec vous. Y a-t-il plus beau cadeau que le don de soi? C'est ma façon à moi de redonner au suivant, pour tout ce que j'ai reçu de la vie.

Ce livre a pour but de stimuler la force exceptionnelle qui habite chacun de nous et qui ne demande qu'à se déployer au grand jour. En effet, vous remarquerez, en consultant les différents chapitres, que tout gravite autour du dépassement tant sur le plan personnel que sur le plan professionnel.

Je vous invite donc, à la lecture de ce livre, à prendre un moment pour vous demander ce que vous attendez de la vie. Cette vie remplie de belles opportunités inexploitées. Quel est au juste votre rôle sur cette belle planète ? Avez-vous déjà eu ce sentiment que vous pouviez faire mieux que ce que vous êtes devenu ?

Ce livre, je l'espère, saura peut-être répondre à certaines de ces questions restées trop longtemps sans réponses. La richesse de son contenu, en récits, en anecdotes de toutes sortes et en histoires vécues, vous sera sûrement, je le souhaite de tout cœur, d'une grande utilité vers cette conquête d'une vie remplie d'abondance, de bonheur et de joie.

L'objectif de ce livre est d'ailleurs d'avoir suffisamment d'impact pour vous inciter à passer à l'action, créant des conditions suffisamment favorables pour vous pousser à agir, à faire ce petit plus qui ouvrira toutes grandes les portes de votre destinée !

Alors, allez-y, n'attendez plus : débranchez le « pilote automatique » et sortez vite de votre zone de confort, que j'appelle si affectueusement nos pantoufles en béton !

Au bout du compte, qu'avez-vous vraiment à perdre, sinon une vie à gagner ?

Bonne lecture !

Né déjà gagnant, créé pour réussir

Cette expression, je l'utilise fréquemment lors de mes conférences. Je trouve que cette phrase représente une des plus belles images que nous devrions avoir de nous-mêmes : être convaincus que nous avons jadis été choisis et créés pour réussir !

Cela n'implique pas pour autant que nous ayons la responsabilité de devenir *le* meilleur, mais plutôt de simplement tenter de devenir meilleur par rapport à nous-mêmes. La nuance ici est très mince, mais ô combien significative, car il y a tout un monde qui sépare ces deux affirmations.

J'ai eu la chance un jour de discuter de longues heures avec un homme d'une grande sagesse, le motivateur Jean-Marc Chaput. Ce dernier, voyant ma grande détermination et mon ambition à devenir un jour conférencier et motivateur de renom, m'a fait la mise en garde suivante : « Richard, n'essaie pas d'être *le* meilleur, car malheureusement tu seras en compétition avec tous ceux et celles qui t'entourent, et la pression sera alors énorme sur tes épaules. Essaie simplement d'être un meilleur Richard Aubé chaque jour. »

Quelle sagesse et, surtout, quelle belle philosophie de vie ! Ces paroles ont eu un impact majeur dans ma vie et je lui en suis très reconnaissant. En effet, tout est question de perception et, plus particulièrement, d'attitude dans la vie.

Combien de fois nous est-il arrivé, au cours de notre existence, d'avoir ce sentiment de regret, ce petit pincement au cœur après avoir perdu dans un sport, un jeu ou lors d'une activité familiale quelconque ? Il nous arrive même parfois de nous sentir frustrés, voire bernés, par une défaite, qu'elle soit personnelle ou professionnelle. Pourtant, la plupart des gens ne sont pas de mauvais perdants et cela n'a rien à voir avec le besoin de valorisation et d'estime personnelle. On aime gagner, voilà tout !

La nature humaine étant ce qu'elle est, on ne peut s'empêcher d'avoir ce désir, ce goût de gagner. La satisfaction que cela nous apporte et le sentiment de fierté qui découle d'un tel accomplissement nous envoûtent littéralement. On ne peut ignorer aussi ce sentiment enivrant qu'est celui de la réussite, de la victoire ! Et c'est normal, car on ne peut nier ce que nous sommes. Notre présence sur terre en est d'ailleurs la preuve vivante.

Effectivement, parmi toutes les merveilleuses espèces qui ont foulé le sol de cette belle planète qu'est la Terre, nous sommes de loin celle qui s'est le mieux adaptée. Parlez-en aux dinosaures ! Contrairement aux tortues, aux iguanes, aux crocodiles et autres reptiles de cette époque, les dinosaures n'ont pas su s'adapter, et c'est ainsi que l'on surnomme aujourd'hui les gens dépassés par leur temps qui ne veulent pas évoluer.

N'avez-vous d'ailleurs jamais entendu quelqu'un traiter certains patrons ou leaders politiques de dinosaures?

Vous savez, la race humaine est la plus belle image de ce qu'est l'évolution et c'est d'ailleurs ce qui a inspiré Jeff Steinberg, l'auteur de cette phrase célèbre : « *You're a masterpiece in progress*! », ce qui se traduirait comme suit :

« Vous êtes un chef-d'œuvre en devenir! »

N'est-ce pas là une façon imagée de nous décrire? De nous rappeler qu'au fond nous sommes tous et toutes en constante évolution et que notre potentiel est effectivement insoupçonné et, surtout, illimité?

Je vous invite donc à faire avec moi un petit voyage dans le temps, question de retourner à l'origine de ce que nous sommes. Notre point de départ dans l'Univers! Voir comment tout ça a commencé. Pour ainsi répondre à cette question existentielle : Pourquoi nous?

Ma théorie, c'est que nous sommes tout un chacun de purs battants. Cela veut dire que nous sommes toutes des personnes combatives et énergiques, et que la persévérance et l'acharnement sont les qualités qui nous caractérisent le mieux.

Et le plus drôle dans tout ça, c'est qu'il y a beaucoup de gens qui l'ignorent, alors que d'autres le savent peut-être mais, encore là, ne sont pas certains d'y croire. Et le pire dans tout ça, c'est qu'il y en a qui ont littéralement oublié cette force incroyable qu'ils ont en eux.

Alors, mes chers amis, j'aimerais maintenant vous faire redécouvrir le gladiateur qui sommeille en chacun de vous. J'ai choisi le mot «gladiateur» car il est ce qui se rapproche le plus du battant et de la battante que nous sommes.

Voici d'ailleurs pour vous la célèbre maxime des gladiateurs:

«Ne baisse *jamais* les bras et, surtout, n'abandonne *jamais*!»

C'est ce que j'appelle la force brute, la puissance à l'état pur. Cette détermination ou cette persévérance, jumelée à une force de caractère et à une volonté indéfectible d'aller jusqu'au bout de soi-même, peu importe les obstacles, la peur, l'incertitude et le doute qui essaient constamment de nous envahir. L'important, c'est justement d'affronter ces peurs et de leur montrer notre vraie nature.

Votre vraie nature, la connaissez-vous vraiment? Est-ce que la description que je fais de vous en ce moment vous semble un peu exagérée, voire surréaliste?

C'est tout à fait normal. Avec les exigences de la vie d'aujourd'hui, on a parfois l'impression qu'on ne fait que réagir au lieu d'agir et qu'on arrive à peine à suivre le rythme. C'est vrai, on dirait que tout ce qu'on fait du matin au soir, c'est courir! Et à la vitesse à laquelle on court, parfois on trébuche et on tombe.

Pourtant, on trouve toujours le moyen de se relever! Parfois, c'est en pleurant, parfois, c'est en gémissant et en grinçant des dents, mais on le fait aussi parfois en riant.

L'important après une chute, c'est de se relever instinctivement, tout comme l'enfant qui apprend à marcher.

C'est l'exemple même de la détermination. Combien de fois un bambin âgé d'à peine un an peut-il tomber dans une journée lorsqu'il commence son apprentissage?

Dix, vingt, trente fois peut-être? Pourtant, il se relève instinctivement sans se demander s'il devrait abandonner de marcher. Baisser les bras serait pour cet enfant contre-nature. Au contraire, pour lui, c'est naturel d'essayer, et d'essayer jusqu'à ce que ça marche!

Sérieusement, d'où viennent donc cette force et cette détermination qui nous habitent? Eh bien, laissez-moi vous dire que le texte qui suit risque peut-être de changer la perception que vous avez de vous-même ainsi que la façon avec laquelle vous faites face aux difficultés et aux défis que la vie met volontairement sur votre chemin.

Vous conviendrez d'ailleurs avec moi que c'est grâce à de telles épreuves que l'on apprend à se surpasser, que l'on découvre avec stupéfaction le potentiel immense qui sommeillait en soi. Je dis bien «sommeillait», car ce potentiel a toujours été et sera toujours en vous!

Cette force incroyable qui mijote doucement à l'intérieur de vous n'est jamais disparue... Et elle ne s'est jamais envolée non plus! C'est juste que, parfois, on semble l'avoir oubliée, tout simplement.

Laissez-moi maintenant le plaisir de vous rappeler toute la splendeur de ce que vous êtes et, surtout, l'origine de cette puissance qui vous habite.

Retournons donc dans le temps, soit environ neuf mois avant votre naissance. C'est à cette époque, alors que vous n'étiez qu'un tout petit spermatozoïde de sept microns, que vous avez eu la chance inouïe de pouvoir participer à la course la plus importante du monde: la course pour la vie!

Et cette course-là, qui se fait « à la nage », a quelque chose de tout à fait spécial et d'unique en soi ; il n'y a qu'une seule place disponible sur le podium ! Ce qui veut dire qu'il n'y a ni deuxième ni troisième position. Il n'y a pas non plus de médaille de bronze ou d'argent, seulement la médaille d'or ! En résumé, il n'y a qu'un seul et unique gagnant.

Voyez-vous, ce que cette course a de particulier, c'est le nombre élevé de participants, ou plutôt de « nageurs » qui en font partie. Il est tout simplement phénoménal. On parle ici de plus de 325 millions de petits spermatozoïdes, tous aussi vigoureux les uns que les autres.

Ce n'est pas compliqué, cela représente presque la population du Canada et des États-Unis réunis ! Imaginez-vous un instant en plein marathon avec tous les Canadiens et Américains à vos trousses. Je pense que *ça* est beaucoup plus stressant qu'une journée au bureau, n'est-ce pas ?

Par contre, ce qui stresse le plus, ce n'est pas le fait d'avoir juste une chance sur 325 millions de gagner, c'est que vous n'avez seulement que 72 heures pour tenter d'y parvenir ! Après ce délai, seul celui qui aura réussi à percer l'ovule survivra. Ce qui veut dire que tous les autres vont tout simplement disparaître à tout jamais et sombrer dans l'oubli.

C'est fou quand on y pense ! Une seule petite chance de réussir, un seul verdict, une seule occasion. Imaginez un peu le scénario : vous êtes là, prêt à bondir dans l'utérus de votre maman, entouré de vos quelque 325 millions de frères et sœurs potentiels : quel beau portrait de famille !

Vous attendez avec impatience le signal de votre papa qui vient ainsi vous libérer : « Bang ! C'est parti pour la grande aventure ! » Vous êtes d'ailleurs dans le peloton de tête, quelle chance ! Vous êtes confiant et, surtout, très déterminé. Pour vous, le choix est clair : gagner cette course contre la montre car la vie doit s'accomplir, coûte que coûte.

Mais là survient déjà votre tout premier obstacle à vie : vous ne savez pas où aller ! « Mais où se trouve donc l'ovule ? » vous dites-vous, l'air songeur. Vous devez alors faire un choix et pas n'importe lequel, car vous n'avez malheureusement pas droit à l'erreur. Il vous faut maintenant décider : à gauche, à droite ou droit devant ? Vous savez que cette première décision aura un impact définitif sur le résultat final. Mais vous êtes déjà très perspicace pour votre jeune âge et vous faites le bon choix : à droite !

Après avoir pris un peu d'avance, vous vous sentez de plus en plus confiant. Concentré sur le temps qui s'écoule, vous roulez à fond la caisse.

Après un petit moment, c'est plus fort que vous, vous vous demandez ce qui se passe avec les autres concurrents. Vous vous retournez alors pour apercevoir soudainement au loin un tiers du groupe qui a décidé de prendre à gauche, alors qu'un autre a pris la décision d'aller tout droit. Stupéfaction : vous voyez finalement un dernier petit groupe qui a décidé de rebrousser chemin ! Ils ont tout simplement décidé d'abandonner et de se résigner à attendre le décompte final. C'était trop de pression pour eux. Le défi leur semblait inatteignable. Quel dommage !

Quant à vous, vous êtes convaincu d'avoir toutes les chances d'y arriver. Vous êtes déterminé à vous battre jusqu'à la toute fin, en donnant le meilleur de vous-même, avec toute la ténacité qui vous caractérise. Vous accélérez encore davantage, une vraie fusée ! Croyant les avoir tous semés, vous jetez un dernier petit coup d'œil derrière vous.

Catastrophe ! Un groupe de plus de 52 millions vous colle aux fesses ! Ils sont tout aussi décidés que vous à remporter la victoire. Non seulement ils vous rejoignent, mais ils finissent aussi par vous dépasser !

C'est la folie furieuse, ça se bouscule de tous les côtés, on dirait une vente de fin d'année dans un grand magasin ! Le plus fou, c'est qu'il reste encore plus de la moitié du chemin à faire et guère plus qu'une quarantaine d'heures à ce fameux décompte infernal.

Imaginez, un instant, la distance à parcourir pour le tout petit spermatozoïde que vous êtes. On parle de l'équivalent de 585 kilomètres, soit la distance entre les villes de Montréal et Toronto, à la nage, s.v.p. ! Et dire qu'aujourd'hui, on a peine à faire trois longueurs de piscine !

Blague à part, vous ne vous en laissez pas imposer et n'écoutant que votre courage, vous redoublez d'ardeur et nagez telle une véritable torpille vers votre objectif, balayant au passage tous les obstacles qui se dressent devant vous. Vous vous sentez invincible, increvable ! Vous vous voyez déjà entrer dans l'ovule, la récompense ultime.

Toutefois, après un certain temps, vous réalisez que ces longues heures à vous débattre pour y arriver ont eu pour effet de vider quelque peu vos réserves et vous commencez à sentir la fatigue vous envahir, lentement mais sûrement. Vous êtes à bout de souffle. Vous voyez aussi le temps filer, comme on le voit filer aujourd'hui dans notre vie sur terre.

Heureusement, vous vous rappelez une chose : vous êtes un battant. Pas question pour vous d'abandonner, bien au contraire. Vous êtes convaincu d'y arriver, peu importe les efforts à fournir, car une conviction indéfectible vous habite : vous avez été créé pour réussir !

Soixante-trois heures plus tard, vous arrivez enfin à l'ovule. Quel soulagement ! C'est un moment magique. Vous n'en croyez pas vos yeux : l'ovule est tout simplement splendide ! Il brille tel un diamant fraîchement poli. Sa beauté et sa perfection vous laissent bouche bée. Mais le ravissement fait rapidement place à la panique.

En effet, il ne reste tout au plus qu'une dizaine d'heures avant la tombée du rideau. Encore là, rien n'est gagné car il vous faut maintenant trouver la force de pénétrer à l'intérieur de ce fameux ovule. Vous n'êtes malheureusement pas seul à le vouloir : vos quelque sept millions de petits frères et de sœurs potentiels s'affairent déjà à creuser avec acharnement et vitalité, ce qui démontre bien l'élite dans laquelle ils font partie.

Effectivement, ils font partie des meilleurs, des plus forts. Rien de moins que la crème de la crème, tout comme vous ! De plus de 325 millions à l'origine, vous n'êtes plus qu'un maigre 2 % ayant réussi cet exploit hors du commun. Ils représentent encore, malgré leur faible pourcentage, l'équivalent de la population du Québec tout entier !

Vous ne vous laissez pas impressionner par tout ce branlebas de combat, bien au contraire ! Vous foncez littéralement dans le tas, repoussant constamment vos rivaux et vous essayez tant bien que mal de percer cette coquille perméable qu'est l'ovule.

Malgré la fatigue et la douleur de l'épreuve, vous continuez de vous battre. Votre rage de vivre est évidente. Même si votre petit corps microscopique vous demande d'arrêter, votre cœur et votre âme vous disent de vous accrocher et d'aller jusqu'au bout de votre destinée afin de pouvoir enfin réaliser votre légende personnelle.

Eh bien, dans un sprint final contre la montre, vous creusez, creusez et creusez sans répit, donnant vraiment tout ce que vous avez. Soudain, ça y est ! Vous percez enfin l'ovule et entrez finalement à l'intérieur de celui-ci. Au même moment, un immense « bizz » se fait entendre. L'ovule perméable, qui vient alors d'être fécondé, devient complètement imperméable. Plus moyen pour quiconque d'y accéder. C'est vous l'heureux élu et vous allez bientôt être récompensé pour tous ces efforts.

Évidemment, en tant que grand gagnant, vous méritez ce qu'il y a de plus beau, de plus précieux : la vie ! Et ce cadeau-là, vous en conviendrez, n'a tout simplement pas de prix.

D'ailleurs, les mois qui suivent deviennent le début d'une incroyable aventure : le minuscule spermatozoïde que vous étiez devient alors, neuf mois plus tard, un magnifique petit bébé, tout mignon et joufflu ! Déjà, dès les premiers jours de vie, on peut déceler chez cet enfant, comme chez tous les autres d'ailleurs, cette force et ce désir incroyable de vivre.

Le fait d'avoir été ainsi « formé » pour se battre et gagner va lui permettre d'affronter la plupart des maladies communes aux jeunes enfants, pour ensuite se servir de cette même force pour faire face aux autres épreuves que la vie placera le long de sa route.

En lisant cette petite histoire, nous réalisons à quel point nous sommes tous exceptionnels, à quel point nous sommes dotés d'une force incroyable et insoupçonnée ! Nous sommes le symbole même de la détermination, de la persévérance, de la réussite.

Imaginez, nous nous sommes démarqués, dès nos premières heures de vie, des 325 millions d'autres comme nous. Pas les meilleurs sur 325 000, mais bien les meilleurs sur 325 millions ! C'est comme si, demain matin, on vous nommait numéro un en Amérique du Nord, toutes catégories confondues ! C'est fou quand on y pense.

N'est-ce pas merveilleux de savoir qu'au fond de nous nous sommes *déjà* une réussite ?

Et dire que parfois on se trouve nul ! Et que dire des fois où l'on se dit : « J'suis pas capable, c'est bien trop difficile ! De toute façon, je n'y arriverai jamais, j'abandonne ! »

Une chance qu'on ne s'est pas dit cela une fois rendu à l'ovule ! Imaginez un instant : après 63 heures de nage soutenue, vous arrivez devant l'ovule et vous vous dites : « Ouf, je n'en peux plus, je suis fatigué, ça a été une grosse journée. Au diable le creusage, je vais plutôt aller me reposer dans les trompes de Fallope ! » Non mais, sérieusement, on dirait parfois que l'on a oublié *qui* on est vraiment.

Avant même de naître, notre détermination, notre acharnement et notre rage de vivre ont été plus forts que tous les obstacles qui se sont dressés devant nous.

Malgré les pronostics d'une seule chance sur 325 millions, vous y avez cru. Vous vous êtes battu jusqu'au bout, et grâce à cette foi en vous et en la vie, vous êtes là aujourd'hui. Le plus beau dans tout cela, c'est que vous possédez toujours en vous cette force incroyable qui vous habitait lors de votre conception. De plus, vous êtes unique !

Alors, s'il vous plaît, faites-moi plaisir : la prochaine fois que vous manquerez de confiance en vous-même, si une tuile vous tombe soudainement sur la tête ou si un jour votre vie bascule sans crier gare, souvenez-vous de ce que vous êtes.

N'hésitez surtout pas: déployez au grand jour cette immense force et, surtout, sachez canaliser toute la puissance qui sommeille en vous, en combinant celle-ci à une attitude gagnante.

Utilisées de façon optimale, votre force intérieure brute et, plus particulièrement, votre attitude seront la clé d'une vie riche en accomplissements personnels et professionnels.

Vous vivrez alors, j'en suis persuadé, une vie des plus exaltantes!

L'attitude qui soulève des montagnes

L'attitude, c'est bien connu, est souvent ce qui fait toute la différence dans la vie. Quelle soit bonne ou mauvaise, elle a un impact immédiat sur nous-mêmes ainsi que sur les gens qui nous entourent. La raison en est fort simple : l'attitude est ce qu'il y a de plus contagieux ! Et la vôtre, vaut-elle la peine d'être attrapée ?

En fait, c'est un état d'esprit qui fait en sorte que les pensées se concrétisent, permettant aux désirs de se réaliser ou de se briser, aux événements de se produire selon la volonté d'une personne ou plutôt contre celle-ci. J'irai même jusqu'à dire ceci :

Notre attitude est souvent responsable des portes qui s'ouvrent aussi bien que de celles qui se ferment !

Bien souvent, vous remarquerez que les gens qui semblent heureux et épanouis rayonnent invariablement par leur attitude: ils ont un sourire contagieux et bienveillant. Leur bonheur est effectivement palpable et ce sont généralement des gens qui ont du succès en amour et au travail. Ils sont la preuve vivante que c'est la force de notre attitude qui détermine notre altitude dans la vie.

Un bel exemple est mon grand ami Guy Cabana, auteur et conférencier. Son attitude, combinée à un grand humanisme, fait de lui un être attachant et inspirant. Il m'a d'ailleurs fait le cadeau de cette phrase magnifique:

«Une attitude gagnante permet à tout être humain de littéralement soulever des montagnes et de réussir l'impossible!»

En effet, notre attitude est ce que nous avons de plus important et, malheureusement, beaucoup de gens la négligent et oublient de la nourrir, de l'entretenir. Il est alors facile pour eux d'oublier qu'elle a un pouvoir immense et qu'au lieu de s'en servir à bon escient, ils l'utilisent pour semer le pessimisme, la critique et le blâme. Ils transmettent alors tout autour d'eux cet inconfort, cette onde négative si forte que tous ressentent instantanément et qui crée un climat propice aux conflits et aux mésententes. Mais au fond, tout part de la base: savoir lâcher prise et choisir ses combats.

Voilà un des éléments clés pour une vie heureuse et épanouie. Combien de fois vous êtes-vous rendu la vie misérable avec des situations sur lesquelles vous n'aviez aucun contrôle? Réalisez-vous à quel point ce genre de situation peut vous dévorer tout cru? Avez-vous idée de l'énergie gaspillée à combattre ces éléments sur lesquels vous n'avez aucune prise?

Claude, un très bon ami, m'a souvent répété ceci :

« La vie est beaucoup trop courte pour commencer à s'en faire avec des banalités ! »

Cette phrase semble anodine, mais combien troublante de vérité. Claude l'a compris il y a très longtemps déjà. Et, surtout, il a su mettre en pratique ce qu'il prêchait. Depuis lors, il a toujours ce sourire angélique accroché au visage, beau temps mauvais temps, et le plus surprenant, c'est qu'il ne se fâche jamais ! Du moins, pas en ma présence. Je le surnomme d'ailleurs « le soleil de ma journée ».

Un jour, je lui ai demandé pourquoi je ne l'avais jamais vu fâché. Sa réponse me fait encore sourire : « Quand je pense au temps qu'il me faut pour me déchoquer, ça me décourage suffisamment pour m'enlever l'envie de me choquer ! »

L'habitude qu'il a développée envers cette attitude positive se reflète en effet sur son tempérament et son humeur. À l'inverse, l'attitude négative et pessimiste de certains les conduit directement vers une vie triste et morose, remplie d'amertume, de haine et de regrets.

Ces gens sont pourtant comme vous et moi, nés avec ce besoin de vivre, de grandir, d'aimer et d'être aimés en retour. Finalement, de s'épanouir et de s'accomplir comme individus pour ainsi vivre une vie remplie de bonheur. Malheureusement pour eux, ils ont, à un moment donné de leur vie, décidé de tout laisser tomber, d'abandonner !

Ils se sont alors forgé une sorte de carapace afin de se protéger des blessures éventuelles qu'ils appréhendent constamment de façon parfois inconsciente. Ainsi branchés sur le mode défensif, ils n'arrivent plus à converser librement à leur cœur, à leur âme, à leur vrai moi.

Et cet abandon parfois volontaire est souvent lié au fait qu'ils se sont sentis eux-mêmes abandonnés à un moment ou à un autre de leur vie. Que ce soit à la suite d'un événement difficile et douloureux, au cours duquel ils ont eu l'impression que Dieu ou l'Univers tout entier les avaient abandonnés et qu'ils étaient, par conséquent, injustes et indignes de confiance.

Les répercussions engendrées par ce sentiment de haine et de révolte se reflètent invariablement dans l'attitude de ces personnes, qui deviennent alors amères et envieuses. Elles auront du mal et seront même incapables de faire confiance à qui que ce soit, de peur d'être trahies une fois de plus. Le pire, dans certains cas, c'est que ces personnes iront même jusqu'à détester ceux qui auront trouvé leurs trésors cachés, alors qu'elles espèrent toujours le trouver.

Au bout du compte, elles continueront à chercher à garder le peu qu'elles ont parce qu'elles se sentent vouées à un petit pain, à un destin fataliste où la richesse et l'abondance n'existent pas. La tristesse de ces personnes est palpable, et on les reconnaît malheureusement à leur attitude dévastatrice. Ce sont celles-là qui vous diront que vos tentatives de réaliser vos idéaux sont futiles et vouées à l'échec. Que même le travail acharné et la détermination la plus vive ne pourront que vous apporter souffrance et déception. Mais soyez averti, car elles vous auront prévenu !

Ne reconnaissez-vous donc pas certaines personnes de votre entourage, des gens que vous côtoyez peut-être à l'occasion et qui ont ce « don » de vous décourager ? Ce sont celles que j'appelle affectueusement les briseurs de rêves ; les rabat-joie serait d'ailleurs une façon plus polie de les surnommer.

Ce ne sont pas nécessairement de mauvaises personnes ou qui en veulent à votre bonheur, bien au contraire ! Ce sont simplement des personnes malheureuses et inquiètes ayant de la difficulté à croire en d'autres, essentiellement parce qu'elles ont de la difficulté à croire en elles-mêmes. Elles sont pour la plupart terrorisées par l'échec et transmettent bien malgré elles cette peur aux autres.

J'ai pris des années à comprendre et, surtout, à accepter les gens qui avaient ce genre d'attitude envers moi. Le fait d'observer, de chercher à comprendre le pourquoi de leur comportement et la logique derrière leurs agissements m'a permis de réaliser ceci :

On ne peut malheureusement pas donner ce que l'on ne possède pas! Que ce soit la confiance, l'estime, l'amour ou le respect.

Effectivement, pour croire en quelqu'un et l'encourager à atteindre son but, il faut d'abord être capable de le faire pour soi-même! Ces observations m'ont emmené à déduire ceci :

Dans la vie, notre attitude est d'abord et avant tout basée sur notre *perception*, la perception de soi et, surtout, celle d'autrui.

Cette grande découverte m'a permis de développer ma compréhension des autres et, par la même occasion, son acceptation. Cela a eu pour effet de transformer la frustration que j'avais envers ces personnes en de l'indulgence et de l'empathie pour elles. Mon attitude positive devenait ainsi une sorte de bouclier contre cette énergie négative et avait même sur elles un certain effet contagieux!

Ces personnes restaient d'ailleurs abasourdies devant une telle attitude et ce doute qu'elles tentaient de semer en moi se retournait soudainement contre elles, semant à son tour le doute en elles-mêmes. Tout ce qu'on peut espérer pour ces personnes, c'est qu'elles en prennent conscience et que, par la suite, elles enclenchent le processus d'introspection qui les mènera vers l'évolution et le mieux-être. Mais dois-je vous rappeler qu'elles seules peuvent faire ce changement, pas vous !

En effet, vous aurez beau partager avec ces personnes toutes vos connaissances spirituelles, leur faire lire tous les livres à ce sujet, même si ceux-ci montrent clairement aux lecteurs le chemin à suivre, ils n'ont toutefois pas le pouvoir de les y conduire. Il y a d'ailleurs une expression qui dit que l'on peut emmener un cheval à la rivière, mais on ne peut le forcer à boire !

Car, voyez-vous, mes amis :

L'esprit est comme un parachute : il ne fonctionne qu'une fois ouvert !

Sachant cela, vous serez désormais en mesure de faire plus facilement la différence entre un conseil bienveillant ou la transmission sournoise d'une crainte négative qui vous est subtilement imposée.

Laissez-moi maintenant le plaisir de vous témoigner l'impact incroyable que peut avoir votre attitude.

J'ai eu la chance, il y a quelques années déjà, de faire la rencontre d'un homme d'affaires incroyable nommé Philip. Cela a été pour moi une occasion en or de découvrir une autre facette du pouvoir parfois méconnu de notre attitude.

Je suis à Cincinnati, dans l'État de l'Ohio, en voyage d'affaires. Ce matin-là, je me rends au restaurant du coin pour le petit déjeuner. À l'intérieur, je constate qu'il est plein à craquer et qu'il ne reste qu'une seule place libre au comptoir. J'hésite un moment, compte tenu que mon 1,90 m constitue un désavantage majeur lorsque je tente de m'asseoir à un comptoir.

Je décide malgré tout de rester et de m'accommoder, l'espace d'un repas, de cet endroit exigu. La personne assise à mes côtés est un homme de ma corpulence, et je n'ose donc pas trop m'étirer, de peur de l'accrocher. Je commande mon repas. Une fois cela fait, je me demande comment je vais bien faire pour optimiser les 15 prochaines minutes d'attente qu'on m'annonce, afin d'en retirer le meilleur moment possible.

Cette attitude que j'ai développée au fil des ans est fondée sur le principe suivant :

La meilleure façon de s'assurer d'embellir son avenir, c'est d'optimiser son moment présent.

Le résultat est assurément gagnant ! Combien de fois vous êtes-vous retrouvé dans une situation où vous n'aviez d'autre choix que d'attendre de longues minutes, voire de longues heures ? Par exemple à la clinique médicale, chez le dentiste ou lors d'une visite de routine chez votre garagiste.

Au lieu de ruminer votre insatisfaction, de soupirer d'impatience, demandez-vous ce que vous pourriez faire pour optimiser les vingt, trente, cinquante minutes à venir. Comment pourriez-vous profiter de ce temps d'attente bien involontaire de votre part pour faire ces petites choses anodines que vous n'avez jamais le temps de faire.

Pourquoi ne pas mettre à jour votre agenda ou votre liste de contacts ? Que diriez-vous de dresser une liste de tâches à accomplir ou que vous devez finaliser pour la semaine ? Et pourquoi ne pas en profiter pour faire du ménage dans votre sac à main ou votre portefeuille ? C'est tellement plus agréable de s'y retrouver quand tout est en ordre !

Si vous êtes plutôt du style créatif et imaginatif, vous pourriez écrire sur une feuille vos projets pour la prochaine année, planifier vos prochaines vacances, ou tout simplement penser à ce que vous pourriez faire pour mettre du piquant dans votre vie de couple ! Bref, prendre ce temps pour penser à vous, à vos rêves, à vos projets, à vos désirs.

Et pourquoi pas ajouter un soupçon de folie dans votre vie ?

En résumé, l'important dans cet exercice, c'est de tourner toute situation d'attente en occasion créative ! Voir ce court temps d'arrêt comme un jeu. Au bout du compte, vous avez toujours le choix :

Vous *subissez* une situation donnée ou vous l'optimisez !

Faites l'exercice durant une semaine seulement, vous verrez bien. Les résultats sont parfois surprenants et les répercussions dans votre vie seront des plus bénéfiques. Vous risquez d'ailleurs de prendre rapidement goût à cette nouvelle habitude des plus stimulantes !

Eh bien, c'est exactement ce que j'ai fait ce matin-là : au lieu de me tourner les pouces à regarder le plafond défraîchi ou le dos tout en sueur du cuisinier devant moi, j'ai décidé de tourner mon regard vers la personne assise à ma droite, en l'occurrence cet homme prénommé Philip dont je parlais précédemment.

Je lui ai donc fait un sourire et lui ai demandé spontanément : « Dites-moi, est-ce que la nourriture est bonne ici ? C'est ma première fois dans ce restaurant. » Il m'a fait alors un large sourire et m'a répondu : « Bien sûr, ce restaurant est d'ailleurs très populaire dans la région. Vous n'êtes pas d'ici, n'est-ce pas ? Ça se voit à votre accent ! »

De toute évidence, il a remarqué mon accent typiquement québécois. Au lieu d'en être offusqué, je décide plutôt d'en rire et de lui répondre ceci : « Vous avez tout à fait raison, je ne suis pas du coin. En effet, je suis natif du Texas ! »

Il s'est mis à rire aux éclats ! J'en ai fait alors tout autant, car j'étais vraiment très amusé de voir sa réaction spontanée. Je venais enfin de briser la glace !

Vous voyez, ça ne prend pas grand-chose pour enclencher une conversation, et cette façon originale et plutôt humoristique permet de mettre votre interlocuteur en mode décontracté et réceptif.

On a donc commencé à échanger sur nos origines respectives. Je lui ai dit que je suis en réalité né à Montréal et lui de New York City. Ce qui est fascinant, c'est que *sa* perception et *ma* perception face à nos villes respectives étaient totalement erronées.

Personnellement, je pensais que New York était une ville dangereuse, où les gens vous rentrent dedans et vous pilent sur les pieds sans s'excuser, et que les quartiers de Harlem, de Queens et du Bronx étaient tous des quartiers malfamés, où les touristes désireux d'y faire un tour le feraient de toute évidence à leurs risques et périls.

De son côté, on lui avait souvent dit que Montréal était une ville où le taux de criminalité était très élevé, que les gens qui habitaient cette ville et ses environs étaient racistes et obsédés par l'indépendance du Québec, ce qui signifiait que ne pas parler français était très mal perçu, voire un prétexte à la confrontation et à l'agression verbale ou physique.

C'était vraiment fascinant de voir à quel point les gens peuvent extrapoler à partir de rumeurs et ainsi donner des proportions démesurées à des faits qui sont à des années-lumière de la réalité. On fait alors place à tout ce qui s'appelle légendes urbaines et autres fabulations qui nourrissent si bien notre imagination débordante. Des heures de plaisir!

C'est alors que notre conversation a pris une très agréable tournure; je me suis donc mis à lui raconter que, contrairement à ce qu'on lui avait dit, Montréal était une ville où il faisait bon vivre et qu'elle était d'ailleurs la métropole la plus multiculturelle qui soit. J'ai renchéri en disant que les Québécois sont un peuple très ouvert, tolérant et chaleureux.

J'ai terminé en lui disant qu'il n'y avait aucun problème à parler anglais dans une ville comme Montréal, car une grande partie de la population comprenait et parlait couramment cette langue.

Philip a esquissé un large sourire; je pouvais sentir le soulagement sur son visage mais aussi son amusement face à cette perception que lui et les siens avaient entretenue durant toutes ces années.

Il a donc décidé à son tour de me faire connaître ce qu'était le «vrai» New York, et ainsi dédramatiser ma perception du Bronx et de Harlem. Comme toute grande ville urbaine, il y a du bon et du mauvais. Ce qui est fascinant par contre, c'est de comprendre pourquoi les gens ont cette perception si négative de certaines grandes villes. Philip a su avec brio me faire réaliser une grande leçon de vie.

Elle va comme suit: «Dans la vie, si tu respectes les gens qui t'entourent et que tu les regardes avec respect et dignité, si tu leur parles en les traitant comme des êtres humains à part entière, sans porter de jugement ou de regard moralisateur, tu n'auras jamais de problèmes, peu importe la ville où tu te trouves. Ton attitude fera alors toute la différence.»

Cette déclaration m'a laissé bouche bée. Curieux de nature, je voulais en savoir plus et, surtout, avoir des exemples concrets à l'appui ! Car, malgré la description positive que m'avait faite Philip de sa ville natale, je restais tout de même sceptique quand il m'a dit que même dans le Bronx, un touriste, de race blanche par surcroît, pouvait parcourir les rues de ce quartier sans craindre d'être agressé.

Ce dernier m'a posé la question suivante : « Lorsque tu te promènes dans la rue, dans ton quartier, as-tu peur ? » Et moi de lui rétorquer : « Bien sûr que non, je dirais même que je suis plutôt détendu et confiant ! » Philip m'a alors partagé sa philosophie face à l'attitude que l'on devrait toujours avoir lorsque l'on voyage à l'étranger :

« Tu dois toujours agir comme si tu étais chez toi partout dans le monde, peu importe la ville ou le pays où tu te trouves. »

Il a renchéri en m'expliquant ceci et tout en sirotant son café encore fumant : « Lorsque tu te promènes dans ton quartier, tu te sens en confiance et, par conséquent, tu n'es pas constamment aux aguets ni sur la défensive, n'est-ce pas ? Ce qui implique que le regard que tu poses alors sur les gens que tu croises est donc exempt de jugement, de malveillance ou de dédain, pas vrai ? Alors tu avoueras que même dans ta propre ville, si tu marches d'un pas nerveux, que tu sembles inquiet, effrayé ou, pis encore, si tu regardes les gens que tu croises avec méfiance, tu attireras immanquablement l'attention sur toi. Cela inclut malheureusement les malfaiteurs de tout acabit et les gens mal intentionnés qui n'attendent que ce genre d'occasion pour se manifester. »

En résumé, ce que Philip m'a appris ce jour-là, c'est que l'attitude va bien au-delà du simple fait d'être positif en tout temps. Car si on prend une vue d'ensemble du monde dans lequel on vit, on réalise alors que :

«Les résultats dans nos vies ne sont pas déterminés par ce qui nous arrive, mais plutôt par comment on réagit à ce qui nous arrive. Ce n'est pas nécessairement par ce que nous apportons à la vie, mais bien par l'attitude que nous apportons à celle-ci.»

C'est le célèbre écrivain américain John Homer Miller qui a fait cette citation célèbre, au siècle dernier, et c'est stupéfiant de voir à quel point ces deux phrases sont toujours autant d'actualité et frappantes de vérité.

Je crois foncièrement qu'une attitude gagnante et constamment entretenue crée une sorte de réaction en chaîne de pensées positives et d'événements magiques au dénouement inattendu chez tous les gens qui nous entourent !

Les résultats engendrés par cette fascinante et, surtout, contagieuse attitude sont insoupçonnés et vont bien au-delà de notre imagination. Les résultats sont d'ailleurs très souvent supérieurs à nos propres attentes, ainsi que celles des autres.

C'est notre attitude, générée par nos perceptions et nos croyances, qui peut aider à changer le monde. Comme je me plais à dire aux gens qui se plaignent parfois de l'attitude négative ou du comportement déplorable des autres :

«Commence par changer toi-même et tu verras que le monde autour de toi commencera à changer comme par magie!»

Cette réaction en chaîne et cet effet de levier feront en sorte que les gens autour de vous suivront naturellement le mouvement ou prendront plutôt leurs distances afin de laisser la voie libre à cette évolution perpétuelle qu'est la vie.

Il y a d'ailleurs une très bonne façon de voir l'impact de notre attitude sur le monde qui nous entoure : c'est monter en altitude afin d'avoir cette vue d'ensemble de ce qui nous entoure. C'est prendre un recul afin de mieux comprendre la dynamique qui agit autour de nous. À force de regarder de trop près l'écorce de l'arbre, on oublie parfois de voir la forêt dans laquelle nous nous trouvons !

**Au fond, savoir gérer son attitude,
c'est d'abord savoir gérer ses perceptions.**

Devenir le spectateur de sa vie

Parfois dans la vie, et tout spécialement dans le monde effréné dans lequel on vit aujourd'hui, il est essentiel, que dis-je, vital, de faire une pause, de prendre un temps d'arrêt afin de pouvoir faire le point sur notre cheminement de vie.

Prendre un simple recul afin de rétablir notre équilibre psychique, physique et psychologique. Il n'est pas nécessaire ici de faire ce que les psychologues appellent la grande analyse introspective, à savoir qui nous sommes devenus, d'où nous venons, où nous allons et ce que nous attendons de l'avenir. Loin de là !

Ce que j'essaie tout simplement de dire, c'est ceci :

Il est important de s'arrêter, ne serait-ce qu'un instant, et ainsi devenir le spectateur de sa vie.

C'est un concept que j'ai développé il y a quelques années déjà et que j'ai eu le plaisir d'expérimenter avec plusieurs personnes, dont le principal intéressé, moi-même! Les résultats ont été des plus intéressants et, surtout, des plus bénéfiques. C'est la raison pour laquelle je tiens à partager avec vous aujourd'hui le fruit de mes recherches et de mes analyses, qui se sont étalées sur quatre belles années.

Les gens me demandent souvent où j'arrive à trouver l'inspiration pour générer constamment de nouvelles idées afin de mettre autant de piquant dans ma vie. Eh bien, c'est justement en observant avec une curiosité insatiable tout ce qui m'entoure que j'arrive à me nourrir d'autant de leçons de vie. C'est un véritable spectacle qui s'offre sous nos yeux quotidiennement et, de plus, c'est gratuit!

Être ainsi le témoin privilégié d'une information aussi abondante est une chose, mais l'assimiler en est une autre. C'est pourquoi il est si important de prendre le temps, le temps de simplement penser. Pas seulement à ce que nous avons vu, entendu et ressenti, mais à ce que nous avons retenu, ce qui nous a touchés et l'impact émotionnel que cela a eu sur nous.

En résumé :

Comprendre l'émotion qui a fait en sorte que l'on a réagi et agi ainsi...

Pour ce faire, certains vont utiliser la méditation, d'autres vont réfléchir en écoutant de la musique, en marchant dans la forêt ou en s'installant confortablement dans une chaise au bord d'une piscine ou d'un lac paisible.

Peu importe la façon dont vous le ferez, l'important, c'est de prendre le temps de le faire. Cette pause santé est d'ailleurs ce qu'il y a de mieux pour stimuler et régénérer votre matière grise !

Premièrement, j'aimerais en profiter pour remercier quelqu'un que j'aime et considère comme mon frère, Martin, pour son apport indéniable au raffinement de ce concept. Celui-ci est d'ailleurs relativement simple en soi :

Pour être en mesure de nous évaluer convenablement face à une situation donnée, il est primordial de nous repositionner de façon *objective* afin d'obtenir une vue globale de la situation.

Cette vue globale va nous permettre non seulement de voir comment interagissent l'ensemble des personnes concernées, mais aussi comment nous nous comportons dans cette même situation. Il est surprenant de voir à quel point nous sommes parfois inconscients de notre attitude et de l'impact de celle-ci sur les événements et les autres qui nous entourent.

Un exemple que j'adore utiliser lors de mes conférences est celui-ci : vous êtes-vous déjà retrouvé dans une situation délicate ou contraignante due au fait que vous avez été incapable de dire non à une personne qui vous demandait de faire quelque chose pour elle, de lui rendre un petit service ? Ou incapable de refuser une invitation pour un dîner, une sortie ou une rencontre non désirée ?

Pis encore : accepter une tâche, une responsabilité ou un emploi qui ne vous convient pas du tout, pour lequel vous n'avez aucune qualification ou qui demande une expertise et des habiletés que vous êtes loin de posséder ? Vous savez, le genre d'offre que l'on accepte parfois pour les mauvaises raisons.

Combien de fois vous êtes-vous retrouvé dans une situation où vous vous êtes dit : « Mais qu'est-ce que je viens faire ici ? » ou « Pourquoi est-ce que je fais cela ? »

On s'en veut parfois tellement après coup lorsqu'on réalise que la situation désagréable dans laquelle on se trouve est en majeure partie reliée au fait que nous n'avons pas été en mesure de dire simplement non.

Mais la nature humaine étant ce qu'elle est, il nous est pour la plupart naturel de vouloir faire plaisir aux autres, de rendre heureux ceux qui nous entourent, de plaire et, surtout, d'être apprécié en retour. Cela est tout à fait normal, car nous avons tous ce besoin d'aimer, de donner et d'être aimés en retour. Nous avons tous ce besoin de remplir ce petit réservoir appelé valorisation et estime de soi.

Le problème, c'est qu'on ne peut malheureusement pas plaire à tout le monde et c'est souvent en tentant inconsciemment de le faire que l'on se trouve bien involontairement dans des situations déplaisantes, voire parfois embarrassantes.

Pourquoi continue-t-on alors de le faire? Si on prenait le temps de se regarder d'en haut, on verrait plus facilement la source même de notre malheur! En votre qualité de spectateur, vous en déduiriez que l'origine du problème n'est nulle autre que:

**Celle de ne pas être en mesure
de se respecter pleinement!**

Se respecter soi-même, c'est aussi apprendre à dire non, de façon subtile mais convaincante! Bien sûr, cela est loin d'être chose facile, mais pour y arriver, il est impératif de bien faire comprendre à votre interlocuteur que:

«Non» est une phrase complète!

Non, mais c'est vrai! Lorsque je dis oui à mes enfants, ils ne me demandent pas «pourquoi?», alors j'en déduis que cela devrait s'appliquer tout autant lorsque que je réponds non... Non?

Moi qui avais une grande difficulté à dire non auparavant, j'ai fini par trouver une façon fort originale de m'aider à répondre aux demandes des gens qui sollicitaient sans cesse ma présence, mes services ou mon implication dans une situation donnée. Désormais, avant de répondre oui ou non, je prends toujours le temps de me poser cette question cruciale :

Qu'est-ce que *moi* j'ai vraiment le goût de vivre en ce moment?

Je me demande alors si la décision de mon choix respectera pleinement mon échelle de valeurs. Par exemple, si j'ai de la difficulté à contrôler ma consommation d'alcool, pourquoi accepter de faire la tournée des bars avec mes amis? Si je déteste faire de longues randonnées en voiture, pourquoi accepter de faire du covoiturage pour me rendre en vacances vers une destination éloignée? Pourquoi accepter d'aider un ami à déménager de gros meubles si je sais pertinemment que je suis fragile aux maux de dos?

Les exemples pleuvent! On dirait que notre peur de décevoir, d'être jugés ou, pis encore, d'être rejetés nous pousse parfois à aller complètement à l'encontre de nos valeurs profondes! Et si nous avons le malheur de nous trouver en face de quelqu'un d'insistant et convaincant, nous sommes cuits!

Combien de fois avez-vous acheté quelque chose impulsivement, avec l'aide d'un vendeur rusé qui savait capitaliser sur votre manque de fermeté? Que dire des fois où vous vous êtes retrouvé dans l'embarras après avoir accepté plusieurs invitations qui se chevauchaient presque dans le temps, créant ainsi un stress énorme sur vos épaules, à cause de cette difficulté à être ponctuel et mentalement présent?

Pour régler ce genre de problème lié au manque de temps par rapport aux nombreuses offres et demandes qui se présentaient à moi en même temps, je me suis mis à me poser la question suivante, qui fut pour moi une véritable délivrance:

Est-ce que la prochaine heure vaut pleinement la peine d'être vécue?

Cette phrase profonde et riche en sagesse m'est venue d'un ami, Simon, aujourd'hui décédé de leucémie.

À partir du moment où il a appris qu'il était atteint de cette grave maladie incurable jusqu'au dernier jour de sa vie, c'est cette question qu'il ramenait sans cesse à ses pensées. C'est lors d'une journée passée en sa compagnie que j'ai eu le privilège immense d'en comprendre toute la signification.

En le reconduisant chez lui, je lui ai demandé s'il avait apprécié sa journée au parc d'attractions, où nous nous étions amusés dans les manèges. Sa réponse remplie d'émotion hantera à jamais mes pensées:

«Tu sais, pendant ces quelques heures où je m'amusais comme un gamin, j'avais l'impression de ne plus être malade.»

C'est pour vous dire à quel point, lorsque nous faisons les bons choix, ceux qui sont en harmonie avec nos valeurs et qui respectent nos vrais besoins, le résultat est parfois incroyable.

Vous verrez: plus vous serez en mesure de vous respecter, plus les gens le seront à votre égard. Ceux-ci seront, par le fait même, beaucoup moins insistants et bien plus respectueux et flexibles face à vos choix. Il ne vous reste plus qu'à peaufiner votre façon de refuser poliment et subtilement les demandes.

Une de celles que j'utilise le plus souvent est : « C'est vraiment gentil de ta part d'avoir pensé à moi. Malheureusement, je me suis déjà engagé envers d'autres personnes et je ne voudrais surtout pas les décevoir, tu comprends ? »

Dit d'une façon aussi calme et respectueuse, le message passe généralement comme une lettre à la poste. Par contre, dans les cas exceptionnels où la personne continue d'insister, même après lui avoir dit que non était une phrase complète, je leur rétorque ceci :

« Avec quelle lettre as-tu de la difficulté, le "n" ou le "o" ? »

Amusant, n'est-ce pas ?

J'aimerais maintenant aborder avec vous une autre facette de l'importance de devenir, l'espace d'un moment, le spectateur de sa vie. L'histoire que je vais raconter vient de mon ancienne vie, celle où je travaillais dans le domaine de l'architecture, de l'ingénierie et de la construction. Je disais alors, au cours de mes présentations à des gens d'affaires, cette phrase fétiche :

« On ne peut gérer, et encore moins contrôler ce que l'on ne connaît pas ! »

Je faisais ici référence au manque d'informations et de données nécessaires afin d'être en mesure de bien connaître les coûts d'exploitation et, par conséquent, la marge de profit net par rapport aux pertes engendrées. Eh bien, cela s'applique aussi bien dans notre vie que dans nos finances personnelles !

Comment voulez-vous être en mesure d'apporter des changements dans votre vie si vous ne connaissez pas vraiment l'étendue ou la nature même du problème? C'est exactement ce qui se produit lorsque nous faisons face à un problème majeur dans nos vies et qu'il nous semble impossible de trouver rapidement une quelconque solution.

Le fait d'avoir les yeux littéralement collés sur ce même problème nous empêche instinctivement d'avoir une vue d'ensemble de celui-ci, nous empêchant ainsi de déterminer avec précision sa véritable ampleur.

Il est stupéfiant de voir à quel point un simple recul nous permet de réaliser que la situation est finalement beaucoup moins alarmante que prévu, rendant ainsi sa résolution un vrai jeu d'enfant! La locution «Une tempête dans un verre d'eau» prend alors tout son sens.

Combien de fois nous sommes-nous inquiétés ou, pis encore, avons-nous paniqué à propos d'un événement fâcheux pour lequel nous n'avions aucune solution? Le plus drôle, c'est que souvent, c'est en demandant l'avis d'une tierce personne que l'on arrive finalement à y voir plus clair! Et il n'y a rien de vraiment magique là-dedans, bien au contraire.

Cette personne n'est tout simplement pas reliée émotivement à cette situation. De plus, de par sa position de spectatrice, elle est en mesure de porter un regard différent et détaché sur l'ensemble de la situation. C'est exactement ce genre d'attitude que je vous encourage fortement à adopter face à votre vie.

Voici un exemple concret que j'ai moi-même expérimenté il y a neuf ans déjà. À cette époque, j'étais responsable d'un service de modélisation 3D pour une multinationale qui concevait des logiciels de design intérieur. Tout allait comme sur des roulettes et je croyais vraiment être sur la bonne voie pour obtenir le poste de directeur que je convoitais depuis si long-temps. J'occupais à ce moment-là le poste de chef d'équipe et j'avais sous ma supervision huit concepteurs et modélisa-teurs de grand talent.

Enjoué et très positif de nature, je croyais foncièrement avoir tout ce qu'il fallait pour gérer du personnel. Ayant tou-jours été proche des gens et à l'écoute de ces derniers, j'étais convaincu que ce poste serait aussi facile, sinon plus que mon dernier poste de concepteur senior.

Eh bien, j'étais dans l'erreur ! Non seulement je n'arrivais pas à soutirer le meilleur de mes employés, mais ceux-ci semblaient avoir peu d'estime pour leur travail et j'avais par surcroît l'im-pression de faire partie du problème, non de la solution !

Pourtant, je ne cessais de leur prodiguer des conseils, des trucs et des astuces pour qu'ils deviennent les meilleurs con-cepteurs possible, voire dépasser leur maître et ainsi devenir la fierté de celui-ci. J'étais là, derrière eux à chaque instant, m'assu-rant que tout allait bien et qu'ils ne fassent pas de fausses manœuvres ou des erreurs coûteuses pour l'entreprise. Rien n'y faisait !

Je ne récoltais que leurs frustrations et, par conséquent, je devais rester tard le soir afin de corriger le travail fait au cours de la journée et ainsi m'assurer de la qualité du produit fini. Je n'avais pas le choix, il fallait respecter à la lettre les échéan-ciers de livraison, le tout dans les budgets préétablis, sous peine de réprimandes de mes supérieurs.

J'étais loin de me douter que le problème, c'était moi ! Effec-tivement, un beau matin, l'un de mes meilleurs employés m'a annoncé qu'il quittait la compagnie, faute de ne pas trouver de défis à la hauteur de ses aspirations. J'étais sous le choc ! Je ne comprenais tout simplement pas ce qui avait bien pu le con-vaincre de partir ainsi, alors que tout allait si bien, que le travail était abondant et que les chances pour lui d'avoir une promotion à moyen terme étaient excellentes. Malheureusement, il n'a pas laissé grand place à la négociation, ayant déjà accepté un emploi ailleurs.

J'ai donc dû me résigner à le laisser partir, non sans essayer de le retenir avec une augmentation salariale. Par contre, son départ a été pour moi une sorte de réveille-matin, un rappel à l'ordre, bref, une sonnette d'alarme !

J'ai finalement compris que quelque chose ne tournait pas rond dans ma gestion et je me suis mis alors à faire une analyse en profondeur de mon attitude en tant que gestionnaire. C'est au moment où j'étais en pleine remise en question sur mes compétences que j'ai réalisé que plus je tentais de comprendre le problème, plus je m'y enfonçais ! Je me suis alors souvenu de ce que ma mère m'avait dit un jour :

**«La meilleure façon de sortir du trou,
c'est d'arrêter de creuser !»**

Découragé de ne pas arriver à trouver la source du problème, j'ai décidé de demander conseil à celle qui saurait me donner une réponse sans détour et sans mettre de gants blancs : ma merveilleuse épouse Sophie !

Farce à part, cette dernière est de loin le meilleur conseiller que je puisse trouver; après plus de 18 ans de vie commune, elle me connaît sous toutes mes coutures et elle a ce pouvoir presque mystique de me faire réaliser et, surtout, de me faire accepter les erreurs que j'ai commises, de façon consciente ou non.

Son secret est très simple et très efficace : elle est en position de spectatrice et a ainsi tout le loisir de me regarder aller, du haut des gradins, en mangeant son *popcorn* et en se délectant du spectacle qui s'offre à ses yeux.

Son point de vue, qui était à un niveau bien supérieur au mien, lui a permis d'avoir cette vue d'ensemble, ce que les Américains appellent *the big picture* ou, si vous préférez, la vue globale. Ainsi positionnée, il était facile pour elle de voir l'interaction entre les autres et moi et, par conséquent, de déceler les sources de conflits.

Mais il lui manquait tout de même certains morceaux du casse-tête, et c'est pourquoi il lui était difficile de déceler tous les problèmes et ainsi de mettre en place des solutions adéquates car l'acteur principal, ce n'est pas elle mais moi ! Et seulement moi pouvais faire ce travail pas toujours agréable de me regarder moi-même et de m'évaluer objectivement.

C'est pourtant ce que j'ai dû faire, non sans peine ! Les résultats de mon évaluation ont été par contre des plus enrichissants : j'ai réalisé que mon plus gros problème était le fait de ne pas être en mesure de faire confiance à mes propres employés.

En effet, je passais toujours derrière eux, pour tout et pour rien, et je me gardais jalousement le soin de finaliser le produit final à leur place afin de m'assurer de sa qualité irréprochable.

Le perfectionniste que je suis s'est alors trouvé dans une situation des plus ridicules : je travaillais plus fort que mes propres employés à faire *leur* travail, et non le mien. En bout de ligne, ils n'avaient aucune chance de s'améliorer et moi, toutes les chances de ne pas faire correctement mon travail de gestionnaire !

Je réalisai alors que mes employés étaient démotivés et amers de ne pas recevoir cette marque de confiance si essentielle à leur croissance professionnelle et personnelle. Mais alors pourquoi est-ce que j'agissais de la sorte, moi qui avais de l'estime et du respect pour eux?

Une fois de plus, le fait de nous regarder de haut nous permet aussi de découvrir nos lacunes et nos erreurs cachées. Si j'agissais ainsi, c'est que je n'étais tout simplement pas en mesure de leur faire confiance, et la raison en était simple: je n'avais tout simplement pas confiance en moi-même! Et vlan dans les dents!

La vérité est parfois dure à avaler, mais c'était pourtant la triste réalité. Mais l'accepter et l'assumer est une véritable délivrance.

**Cette fameuse confiance,
je devais d'abord l'avoir acquise afin
d'être en mesure de la transmettre.**

En effet, j'avais tellement peur de me faire réprimander par mes supérieurs, par manque d'estime personnelle, que je préférais me taper tout le travail et ainsi récolter les éloges, le cas échéant! Je ne pouvais vivre avec la possibilité de me faire reprocher mon travail et ainsi mettre en doute mes compétences.

Et mes employés dans tout ça, qu'en advient-il? Eux aussi avaient besoin d'éloges et, surtout, de se faire dire qu'ils étaient bons! Ils aimaient qu'on leur donne des responsabilités, lesquelles avaient pour effet de faire grandir leur estime personnelle et leur sentiment d'appartenance.

La fierté découlant de ce changement de gestion serait alors bénéfique pour toute l'équipe, ce qui aurait pour effet d'augmenter la productivité et, de surcroît, la qualité du travail accompli.

Et qui, en bout de ligne, aurait le mérite d'avoir utilisé son leadership à bon escient? Tout cela, pour le plus grand bien de la collectivité!

De toute évidence, les impacts positifs découlant de ce changement d'attitude étaient si éloquents que je me devais de passer à l'action avant qu'il soit trop tard! Ce que j'ai fait avec brio, quelques années plus tard.

En effet, on ne change pas de vieilles habitudes simplement en claquant des doigts! Cela a été un long processus, mais le résultat final en a valu pleinement les efforts investis; j'ai été promu au titre de directeur de mon service, au grand plaisir de toute mon équipe, qui avait su m'aider à devenir un meilleur leader, un meilleur gestionnaire et, surtout, une meilleure personne. La leçon retenue était sans équivoque:

**C'est finalement en investissant en eux
que j'ai pu devenir meilleur!**

En ayant fait en sorte que chacun ait du succès, j'ai connu mes plus beaux et mes plus grands succès en carrière. Quelle belle récompense! N'est-ce pas là un bel exemple du pouvoir que peut engendrer le rôle si peu exploité de spectateur de sa vie?

**Le fait d'avoir le nez rivé sur le problème
m'empêchait littéralement de le voir!**

C'était comme si le fait de foncer tête première dans l'action m'empêchait du même coup de voir où j'allais. C'est ainsi qu'on se retrouve parfois dans le champ, à force de courir après sa vie, de courir après le temps.

Au fond, si on prenait simplement le temps de s'arrêter et de se regarder aller, on finirait par gagner du temps! En plus, ce sera du temps de qualité. Au bout du compte, j'ai réalisé une autre belle leçon de vie:

La plus grande erreur, ce n'est pas de se retrouver dans le champ... c'est plutôt d'y rester!

Encore là, il faut d'abord être en mesure de réaliser que l'on est dans le champ!

Alors, chers spectateurs de vos vies, installez-vous confortablement dans votre siège: vous êtes à la fois le metteur en scène et l'acteur principal de cette vie fabuleuse qu'est la vôtre. Vous avez d'ailleurs toute l'habileté et toutes les connaissances pour la diriger de main de maître.

En plus, c'est *vous* la vedette, la *star*!

Adieu problèmes, bonjour opportunités!

Voici maintenant comment votre attitude et votre perception face aux problèmes peuvent littéralement changer votre vie, au point de radier à tout jamais ce mot de votre vocabulaire!

En ce qui me concerne, ce mot ne fait désormais plus partie de ma vie depuis plusieurs années déjà. La raison en est fort simple : ma vie professionnelle, à une certaine époque, était devenue misérable, puisque mon travail consistait essentiellement à résoudre des problèmes!

Pour mieux vous situer, en 1993, j'étais responsable du service à la clientèle pour le soutien technique de logiciels informatiques. Nul besoin de vous dire à quel point ma patience et ma capacité à trouver rapidement des solutions ont été mises à rude épreuve. Néanmoins, c'est probablement un des emplois qui m'a apporté le plus de satisfaction personnelle sur le plan de l'accomplissement. Cela a été effectivement la meilleure école pour moi, car j'ai pu mettre en pratique ceci :

Dans la vie, il n'existe pas de problèmes, seulement des opportunités de dépassement !

J'irai même plus loin dans ma démarche en vous affirmant que c'est justement l'utilisation du mot « problème », que l'on utilise sans cesse pour décrire une situation hasardeuse, qui est un problème en soi !

C'est vrai : arrêtez-vous, ne serait-ce que cinq petites minutes, pour vous souvenir d'un problème vécu récemment. Maintenant, remplacez le mot « problème », que vous avez utilisé pour décrire cet événement, par le mot « opportunité ».

Mieux encore, remplacez-le par le mot « défi ». Intéressant, n'est-ce pas ? Voyez-vous, tout n'est finalement qu'une question de perception.

Changer sa perception face à un problème, c'est comme changer soudainement de paire de lunettes !

La plupart des gens voient parfois certains de leurs problèmes comme s'ils étaient de la grosseur d'un éléphant ! Imaginez-vous devant cette grosse bête pesant plus de six tonnes. C'est sûr qu'on peut être un tantinet ému, mais après ? C'est vrai, qu'est-ce que vous faites *après* ?

C'est à ce moment que tout se joue : c'est là qu'on sépare les proactifs des réactifs, les battants des battus, les vainqueurs des victimes et, enfin, les gagnants des perdants. Tout est une question du choix de sa perception personnelle !

C'est certain qu'un éléphant est gros et massif, surtout quand il est à quelques centimètres de son nez! Mais quand on s'y arrête, on réalise ceci :

Un éléphant, ça se mange une bouchée à la fois!

Dans le fond, il n'y a rien de plus simple : à force d'en prendre des bouchées, vous allez bien finir par passer au travers, peu importe la grosseur réelle du fameux animal ou, si vous préférez, du problème. Mieux encore :

Invitez des amis à se joindre à vous et dévorez ensemble cette bête imaginaire!

Eux aussi peuvent y participer en apportant à leur tour des solutions qui s'ajouteront à celles que vous avez préalablement envisagées. Sans vous en rendre compte, la tâche à accomplir semblera soudainement plus facile à digérer! Cette comparaison peut paraître quelque peu saugrenue, mais l'image qu'elle démontre est pourtant évidente.

La nature humaine étant ce qu'elle est, il est normal d'avoir peur devant un tel mastodonte. Mais si vous restez planté là, à le regarder de haut en bas, les yeux rivés sur cette montagne de muscles (au repos), vous figerez tout simplement de peur, si bien que l'éléphant, ou si vous préférez votre *problème*, va automatiquement vous passer sur le corps, écrasant du même coup votre courage et votre volonté de réussir.

Passons maintenant du côté des gagnants, ceux pour qui un problème devient automatiquement un défi à relever, une opportunité de grandir et d'apprendre, bref, une autre occasion de devenir meilleur, d'évoluer et de s'accomplir comme individu tout en savourant la satisfaction de s'être dépassé une fois de plus...

Je pense personnellement que les plus grandes satisfactions de notre existence viennent des difficultés que nous avons su surmonter au cours de notre vie. Ces accomplissements, fruits de tant d'efforts et parfois même de dur labeur et de peine, sont pour nous une grande source de fierté.

En effet, nos accomplissements sont en général tous parsemés de problèmes que nous avons non seulement résolus, mais desquels nous avons également appris. N'est-ce pas merveilleux?

Le poète et dramaturge Pierre Corneille (1606-1684) a d'ailleurs composé cette phrase célèbre, qui décrit bien ce principe de satisfaction intense relié à un effort soutenu et parfois douloureux:

«À vaincre sans péril, on triomphe sans gloire.»

C'est d'ailleurs pour moi la meilleure façon d'apprendre à nous connaître et à découvrir parfois des forces et des talents insoupçonnés qui sommeillaient en nous...

Cela sert aussi à évaluer où nous en sommes dans notre croissance personnelle ainsi que dans notre évolution vers l'accomplissement de soi. C'est un sentiment enivrant et bienfaisant qu'aucun bien matériel ne peut égaler. En bout de ligne, on peut résumer le tout en une phrase toute simple:

**La meilleure façon d'apprendre,
c'est par l'action!**

Retournons donc à nos moutons, ou plutôt à notre gros éléphant ! Nous revoilà à nouveau devant cette créature effrayante et imposante. D'accord, ça impressionne, ça ramollit un peu nos jambes, on a des sueurs froides, le cœur qui palpite, mais là s'arrête la contemplation !

**Il vous faut savoir lui tourner le dos
et ensuite regarder droit devant vous :
c'est là que se trouvent les *vraies* solutions !**

Même si vous restez là à le regarder, il ne bougera pas et ne fera que vous paralyser davantage.

Maintenant que vous avez détaché votre attention sur lui, c'est là que le vrai défi commence, cette recherche excitante et stimulante de la solution idéale, celle qui donnera le meilleur résultat et qui demandera le minimum d'effort.

Pour être en mesure de faire un tel choix, il faut d'abord avoir plus qu'une seule solution sous la main. Laissez-moi dire qu'il y en a toujours plus qu'une, peu importe la grosseur de l'éléphant ! Je me suis d'ailleurs follement amusé à en faire l'expérience au cours des 13 dernières années et les résultats ont été stupéfiants ! Comme tout exercice mental ou physique, plus on pratique, plus on devient bon.

Cette méthode est à la fois toute simple mais redoutablement efficace. C'est là que la résolution de problèmes prend une tout autre forme, qu'elle devient tout à coup un jeu, une aventure au dénouement imprévisible, mais ô combien valorisante et enrichissante.

Au fond, c'est une sorte de programmation de langage, car vous devez simplement réapprendre à votre subconscient à changer le mot « problème » par « opportunité ». Faites l'exercice, vous verrez, ça marche ! Cet art de transformer le négatif

en positif et de rediriger toute cette énergie autrefois gaspillée pourrait se résumer en une toute petite phrase :

Agir plutôt que subir.

En prenant ainsi le contrôle de la situation, vous serez en
mesure de transformer en un tournemain toutes les situations
négatives ! N'est-ce pas là une façon originale de faire face à
une situation négative ? N'est-ce pas le meilleur moyen de
dédramatiser un problème qui nous semble à l'origine impossible à résoudre ? Vous avez désormais le choix :

**La grosseur d'un problème peut être
un stimulant ou un paralysant,
c'est uniquement *vous* qui décidez !**

Voici maintenant un exemple typique qui démontre bien
que lorsqu'une situation arrive dans nos vies sans crier gare et
semble dramatique, elle peut subitement ou graduellement
se transformer en une situation des plus bénéfiques.

On vous annonce un beau matin d'automne, à vous ainsi
qu'à la dizaine de vos collègues de travail, que l'entreprise
pour laquelle vous travaillez va déménager son siège social
dans une autre province d'ici la fin de l'année ! Nul besoin de
vous dire que dans les minutes qui vont suivre, tout le monde
sera sous le choc.

Bon d'accord, il est vrai que ce genre de nouvelle peut
secouer, voire bouleverser, mais celle-ci, dois-je me répéter,
n'est ni bonne ni mauvaise à l'origine. Elle ne deviendra que
ce que vous aurez décidé qu'elle devienne :

**Soit une expérience pénible et souffrante, ou
bien une expérience stimulante et enrichissante.**

En effet, pour certains, ce sera la pire nouvelle qu'ils aient appris de toute leur vie et ils blâmeront le ciel et la terre de leur malheur. Ils passeront ensuite par toute la gamme des émotions : pleurer, rager, hurler, blasphémer, se morfondre, se rouler par terre, etc. Ils vont bien sûr se plaindre, alléguant que ce genre de malchance n'arrive qu'à eux, que la vie est injuste, allant même jusqu'à attribuer la faute à une malédiction quelconque. Bref, ils n'ont besoin de l'aide de personne quand vient le temps de s'apitoyer sur leur sort ; ils le font très bien tout seuls ! Au fond, cet événement inattendu est peut-être la meilleure chose qui pouvait leur arriver.

Pensez-y : combien de fois nous est-il arrivé de faire de la procrastination ou, si vous préférez, du surplace jusqu'au jour où la vie décide de nous faire bouger bien malgré nous, nous forçant à passer à l'action et ainsi à sortir enfin de nos fameuses pantoufles en béton ?

Saviez-vous que des centaines d'études, dont celle de la firme Watson Wyatt faite en 2005 au Canada, démontraient qu'en moyenne :

Seulement 3 % de la population active a un travail qui la passionne, qui la rend heureuse au point d'être même prête à l'exercer bénévolement !

Ce genre de passion pour le travail que l'on fait est vraiment très rare. Pourtant, c'est ce que la majorité des gens devraient avoir, non ?

Alors, comment expliquer que, toujours selon ces mêmes études, sur les 97 % restants, il n'y a que la moitié des travailleurs qui aiment plus ou moins leur travail, alors que le reste, soit plus de 46 %, n'aime tout simplement pas son emploi et songe à le quitter dès qu'il en aura l'occasion !

Le plus désolant dans tout cela, ce sont ceux qui détestent vraiment leur travail mais qui persistent à le garder! La plupart d'entre eux vous l'expliqueront d'ailleurs ainsi:

Ils considèrent qu'ils sont payés juste assez pour ne pas quitter leur emploi et travaillent donc juste assez pour ne pas se faire congédier!

C'est à se demander si, dans leur cas, l'esclavage n'a pas été légalisé! Car, voyez-vous, ils se rendent tout de même de plein gré à ce qu'ils appellent leur *prison* chaque matin, sans jamais tenter de s'en échapper. Intéressant, n'est-ce pas?

Si les chiffres sont exacts et que ces études sont fondées, cela veut dire que cet événement qui semblait au départ catastrophique est peut-être au contraire une occasion en or pour réorienter sa carrière!

C'est probablement le fameux coup de pied aux fesses que nous attendions depuis si longtemps, nous permettant de faire ce changement plus que nécessaire dans notre vie. Depuis le temps qu'on se plaint de ce travail routinier et ennuyant, voici enfin venu le grand jour du changement, celui du renouveau!

Si, au contraire, ce travail actuel vous passionne au point d'en oublier d'aller dîner, peut-être bien que l'expérience d'aller vivre dans une autre province que la vôtre sera des plus palpitantes. On ne sait jamais, c'est peut-être dans cette nouvelle ville que se trouve votre âme sœur ou votre prochaine promotion? Qu'en savez-vous? Cet incident est peut-être l'élément déclencheur d'une toute nouvelle vie!

Si j'ai réussi à vous faire découvrir une nouvelle façon de voir et, surtout, d'optimiser les situations négatives qui surviennent dans vos vies, j'en suis ravi! Vous saurez désormais comment mieux réagir de façon beaucoup plus calme et posée. Et cette façon d'agir, c'est beaucoup plus que d'être simplement positif, c'est d'être véritablement proactif.

L'information que vous irez chercher autour de vous afin de découvrir les opportunités cachées vous permettra de passer à l'étape supérieure : celle qui consiste à résoudre facilement, rapidement et efficacement ce qui était à l'origine comme un problème et de le transformer en une incroyable opportunité de se dépasser !

L'illustre savant Albert Einstein a d'ailleurs fait un jour cette déclaration célèbre et utilisée par des milliers de gens aujourd'hui :

« On ne peut résoudre un problème en restant au même niveau de pensée qu'il a été créé. »

N'est-ce pas fantastique ? La solution à nos problèmes quotidiens est tout simplement mathématique ! La théorie de M. Einstein est tout à fait logique. C'est pour cette raison que lorsque des situations problématiques surviennent dans nos vies, il faut être capables de prendre du recul et ne pas hésiter à aller chercher de l'information supplémentaire ailleurs.

C'est quand ça va mal que nous apprenons le plus, et non quand ça va bien ! Les plus grands enseignements proviennent d'ailleurs de nos erreurs.

Prendre des risques dans la vie, c'est risquer de se tromper, mais cela implique aussi le risque d'apprendre de grandes leçons de vie.

Vous avez donc le choix : vous vous servez de vos propres erreurs et vous souffrez un peu, ou vous apprenez de celles des autres et vous en sortez sans égratignure ! Une fois de plus, c'est vous seul qui déciderez du choix à prendre et de la façon d'acquérir cette connaissance essentielle à votre évolution.

Et quoi de mieux que le mentorat pour aller chercher les conseils et l'enseignement qui nous épargneront bien des peines et, surtout, bien des blessures. Apprendre des expériences personnelles des autres, de leurs victoires aussi bien que de leurs défaites. Les leçons acquises par ces gens sont d'ailleurs de véritables cadeaux de la vie.

Vous avez peut-être déjà remarqué ou même connu des gens qui, pour réussir ce qu'ils avaient entrepris, s'étaient grandement inspirés de quelqu'un qui représentait pour eux un modèle, voire une idole. Certains ont peut-être même eu le privilège d'avoir ce qu'on appelle un mentor.

C'est un genre de sage qui, par son expérience de la vie et l'étendue de ses accomplissements, est en mesure de nous guider et de nous conseiller. Il est donc en bonne position pour nous encourager à atteindre nos buts et nos objectifs de vie. Il n'est donc pas juste un symbole; il participe activement à notre évolution personnelle.

Ce mentor doit être une personne de confiance qui a de la crédibilité, compte tenu de son vécu, et qui a acquis beaucoup d'expérience au fil du temps. On dit souvent d'une telle personne qu'elle a une vieille âme.

La plus grande valeur de cette personne réside sans l'ombre d'un doute dans sa grande sagesse. Les leçons acquises et les enseignements appris par elle nous permettront ainsi d'évoluer et de grandir, afin d'atteindre justement cette sagesse et cette maturité tant recherchées.

Cette personne est très précieuse car elle est probablement une des rares à pouvoir vous donner l'heure juste et tous les outils nécessaires à votre périple, sans pour autant vous juger ou vous critiquer. Celle-ci veut d'abord et avant tout votre succès et votre bonheur. «Oui, mais beaucoup de mes proches le veulent aussi», me direz-vous.

Le problème, c'est que vos proches, surtout ceux qui vous aiment le plus, ont en même temps peur de l'inconnu, des obstacles qui inévitablement se produiront et que vous n'êtes peut-être pas en mesure d'affronter. De là vient cette crainte de l'échec, laquelle les poussera à vous faire la morale, à vous mettre en garde abusivement contre tous les dangers inimaginables qui risquent de vous tomber dessus à tout instant !

Au bout du compte, ils iront jusqu'à vous surprotéger, de peur qu'un quelconque malheur vous arrive. Ils deviendront malheureusement les rabat-joie contre lesquels je mets si souvent en garde les gens qui veulent se dépasser. C'est pour cette raison qu'il vous faut faire preuve de discernement, de façon à faire la distinction entre un conseil bienveillant ou un transfert de craintes, de peurs et de doutes.

Un mentor aura par contre ceci de distinctif : il aura pleinement confiance en vous, connaissant vos forces et vos faiblesses, sachant exploiter tout ce potentiel qui est en vous mais que vous ne voyez tout simplement pas ! Comme je dis souvent :

On est parfois le pire juge de soi-même.

Le plus beau dans tout cela, c'est qu'un mentor a les idées et, surtout, les connaissances pour que nous puissions atteindre nos objectifs. Il sait comment et pourquoi. Il connaît déjà la recette car, voyez-vous, il est déjà passé par là.

Sa grande expérience, acquise de ses nombreuses réalisations personnelles, est une source inestimable d'inspiration pour vous. Contrairement à bien d'autres, *lui* sait vraiment de quoi il parle, l'ayant déjà expérimenté à maintes reprises. Mais le plus important, c'est qu'il a appris et retenu toutes les leçons !

Ce qui est des plus agréable avec un mentor, c'est aussi qu'il est sincèrement fier de pouvoir vous aider. Pour lui, ce n'est ni une besogne ni une obligation, au contraire ! Il est stimulé par votre désir de réussir et par votre volonté indéfectible d'atteindre votre objectif.

Cette détermination et cette ambition qui vous habitent sont en effet contagieuses, et c'est cette énergie qui le nourrit ! En retour, il vous éclairera de sa lumière et vous accompagnera, tel un guide dans votre expédition, vers de nouveaux sommets qui sont encore inexplorés à ce jour. Mais comment trouver une telle personne ?

« Une personne aussi exceptionnelle ne se trouve sûrement pas à tous les coins de rue, et encore moins dans les petites annonces ! » me direz-vous. Eh bien, si je vous disais qu'elle se trouve probablement tout près de vous mais que vous ne l'avez tout simplement pas remarquée car vous n'étiez pas à sa recherche ou prêt à recevoir son enseignement !

Pour trouver un mentor, il faut d'abord regarder autour de nous et observer attentivement ceux qui semblent avoir accompli de grandes choses dans leur vie : ces gens sont généralement sereins et on les reconnaît souvent à leur sourire, qui dégage la paix et la confiance en soi. Leur cœur et leur âme ne font qu'un, car ils sont en parfaite harmonie avec eux-mêmes.

En d'autres mots, ils rayonnent, tout simplement. Et vous ressentez leur énergie ! Si vous prenez le temps de bien les regarder dans les yeux, vous y verrez cette flamme qui jaillit du plus profond de leur être et qui pétille de joie. C'est d'ailleurs à travers les yeux d'une personne que nous pouvons voir la force de l'âme.

Un mentor est en mesure de vous donner cette force, cette confiance en soi et ce courage pour la simple et unique raison qu'il les possède déjà. Pouvez-vous en dire autant de ces soi-disant conseillers qui prétendent connaître tout de vous et de la vie ? N'oubliez jamais ce principe universel :

**L'être humain ne peut donner
ce qu'il ne possède pas.**

C'est pourquoi les connaissances que le mentor possède peuvent sans nul doute faire toute la différence dans votre vie.

Tout comme l'*Alchimiste* qui, grâce à ses connaissances acquises, arrive à combiner le plomb, le cuivre et certains métaux et à créer ainsi de l'or massif ! Faites l'analogie : en fusionnant ensemble vos talents, vos dons, vos acquis ainsi que vos connaissances, cela pourrait vous donner comme résultat le plus beau des lingots !

De là l'importance de savoir bien nous entourer et idéalement de pouvoir trouver un mentor, car celui-ci pourra efficacement nous aider à anéantir le doute négatif de notre esprit, celui-là même qui, combiné à la peur, réussit à court-circuiter notre esprit créatif.

Le doute positif, par contre, est celui qui est bienveillant et qui nous protège contre l'impulsivité, en nous faisant réfléchir avant d'agir. Si vous vous choisissez un mentor à l'aveuglette, celui-ci pourra alors devenir un ennemi sournois, qui aura pour effet de vous paralyser littéralement et de vous empêcher du même coup de saisir les opportunités incroyables qui se présenteront à vous tout au long de votre parcours.

C'est d'ailleurs pourquoi il est important de ne pas « sauter » sur le premier venu, sous prétexte que vous avez un besoin urgent de conseils. Ce n'est pas comme le service à l'auto ou le genre de « livraison en 30 minutes ou c'est gratuit ! ». Bien au contraire :

Plus vous prendrez le temps de bien choisir votre mentor, plus grands seront les résultats.

Afin de pouvoir vous aider, si telle est votre démarche, laissez-moi vous raconter la façon dont j'ai rencontré mon mentor.

J'ai fait la rencontre de René, il y a plus de quatre ans déjà. Ce fut lors d'un dîner d'affaires, où l'un de mes clients et ami, Jean, avait cru bon me le présenter, question de voir s'il pouvait m'aider dans ma démarche d'affaires.

En effet, j'étais à la recherche depuis quelque temps d'une façon de m'établir à mon compte et de fonder ma propre entreprise. Je n'avais à l'époque encore aucune idée précise et j'étais par le fait même ouvert à toutes suggestions ! René a alors entamé la discussion en me posant des questions bien ciblées : ce que j'aimais dans la vie, quels étaient mes projets, mes rêves, mes buts tant sur le plan professionnel que sur le plan personnel.

J'ai trouvé son approche assez surprenante à ce moment-là. C'est effectivement très rare qu'on me pose ce genre de questions, et plus spécifiquement lors d'un dîner d'affaires. Je dois dire que cela ne m'a pas déplu, au contraire. Enfin, j'avais devant moi un homme d'affaires qui ne pensait pas seulement au côté *business*, orienté sur la négociation et la rentabilité, mais plutôt sur le côté humain, qui est si peu exploité lors de telles réunions.

En affaires, il y a les hommes d'argent, et il y a les hommes de cœur !

René avait d'emblée affiché ses couleurs, et cela l'honorait. Je me rappelle à ce moment-là lui avoir mentionné mon rêve d'écrire un jour un livre sur la motivation. Il a trouvé l'idée géniale, surtout à la suite de mes réponses précédentes, qui étaient toutes teintées de positivisme et d'espoir en l'avenir, ce qui démontrait du même coup ma grande détermination et ma façon originale de faire face aux problèmes et aux obstacles qui se présentaient dans ma vie. René caressait aussi ce genre de rêve, étant lui-même un grand adepte de tout ce qui a trait à la motivation, à la spiritualité et à la croissance personnelle.

À ma grande surprise, cet homme était une véritable bibliothèque ambulante ; il connaissait pratiquement tous les livres sur le sujet, me citant des auteurs célèbres tels que Earl Nightingale, Les Brown et Dale Carnegie. C'était fascinant de voir à quel point il pouvait se souvenir avec une grande exactitude de ces phrases célèbres, qui correspondaient parfaitement à chacun des thèmes que nous abordions. Il faut dire que René est ingénieur de formation, ce qui lui confère par définition le souci des détails.

Nous nous sommes alors mis à échanger sur nos idées et nos concepts sur la vie en général. C'est ainsi que s'est développée tout doucement cette complicité si essentielle que nous devrions idéalement tous avoir avec notre mentor. Celle-ci est primordiale et essentielle si vous comptez développer une relation à long terme avec une telle personne.

Si vous vous sentez inférieur ou dominé, ou si vous êtes sous l'impression que la personne vous impose ses idées, ses conseils et ses opinions, sous prétexte qu'elle sait tout et connaît tout, vous êtes sûrement en présence d'un de ces soi-disant mentors qui n'ont comme souci que leur propre intérêt et qui, de toute évidence, attendent impatiemment quelque chose en retour.

Laissez-moi vous dire que votre avenir est beaucoup trop précieux pour le laisser entre les mains de n'importe qui ! Peu importe ce que les gens vous diront, c'est toujours *vous* qui prendrez vos propres décisions et les assumerez.

N'oubliez jamais que c'est *vous* qui devez être assis dans le siège du conducteur.

C'est ainsi qu'après cette toute première rencontre, j'ai senti que René avait sûrement ce qu'il fallait pour devenir un bon mentor. Bien sûr, avant même de mériter ce titre honorifique, il lui faudrait d'abord faire ses preuves, passer le test comme j'ai souvent l'habitude de dire ! Parmi les critères requis pour l'examen final, on doit s'assurer qu'il a un parcours de vie qui parle de lui-même. S'il n'a peu ou pas d'accomplissements à son actif ou qu'il n'a jamais expérimenté concrètement les conseils qu'il vous donne, c'est très mauvais signe.

Ceux qui vous disent : «J'en connais un qui a déjà fait ceci, un autre qui a déjà fait cela» ne vous donnent sûrement pas l'assurance que leurs théories fonctionnent vraiment. Comme mon bon ami René m'a souvent rappelé :

«Aucun homme d'action n'est vraiment à l'abri d'un homme de théorie !»

Si, par contre, une personne vous parle de ses propres expériences en vous regardant droit dans les yeux, c'est de toute évidence qu'elle a assurément du vécu ! Ses expériences personnelles sont, à elles seules, suffisantes pour vous inspirer et vous aider à réaliser vos propres objectifs personnels.

Ce qui est fantastique avec ce genre de relation privilégiée, c'est que cela est bénéfique pour les deux parties impliquées. En effet, celui qui donne reçoit tout autant, et parfois davantage ! Il y a d'ailleurs une loi universelle qui stipule que plus l'on donne, plus l'on reçoit, mais pas nécessairement de la personne à qui l'on a donné.

C'est effectivement incroyable l'effet multiplicateur que peut générer ce type d'entraide. René a été pour moi et est toujours cette source intarissable de pure motivation. Il a ce merveilleux pouvoir de me redonner l'espoir lorsque je sens mes forces s'amenuiser. Il a cette capacité de faire disparaître le brouillard causé par le doute, la peur et la colère qui surviennent parfois lorsque je fais face à certains obstacles dans ma vie.

Il sait, grâce à sa grande sagesse et à son expérience de vie, me faire voir les opportunités, souvent bien dissimulées, qui s'offrent ainsi à moi. Et il le fait pour une raison fort simple : il a mon intérêt à cœur et, surtout, il croit foncièrement en mon potentiel.

**Un vrai bon mentor, c'est celui qui réussit
à vous pousser à l'action !**

En d'autres mots, c'est quelqu'un qui a le pouvoir de créer chez un individu les conditions idéales qui lui permettront de passer à l'action !

C'est grâce aux judicieux conseils de mon ami René que j'ai pu être en mesure de concevoir, au fil des ans, la méthode suivante que j'utilise pour passer à l'action chaque fois qu'un problème survient. Je lui ai d'ailleurs trouvé un nom qui résume très bien son application : la méthode « Êtes-vous prêt ? ».

Cette méthode de résolution de problèmes en quatre étapes faciles a été pour moi une véritable bénédiction ! Je me suis surpris à apprivoiser les situations problématiques qui se présentaient à moi, mais j'en suis venu aussi à aimer ça ! Et je peux vous assurer que l'essayer, c'est l'adopter !

Première étape
Vous dites : « Merci la vie, j'accepte le défi ! »

Quelle belle expression spontanée! Ces mots sont d'ailleurs bien mieux choisis que d'autres, beaucoup moins élogieux, que l'on prononce parfois sous le coup de la colère et qui ont pour effet de mettre le feu aux poudres.

Dites-vous que cette magnifique opportunité qui vient tout juste de s'offrir à vous va non seulement vous permettre de grandir, mais aussi vous inspirer grandement lors de votre ascension vers le succès, grâce aux leçons apprises!

Comme si ce n'était pas assez, celle-ci vous permettra de devenir plus grand et plus fort, alors que demander de mieux? C'est vraiment ce qu'on appelle un cadeau, une raison de plus de dire merci!

Deuxième étape
Vous partez à la recherche de solutions.

Au lieu de perdre votre temps à contempler le problème sous toutes ses coutures, amplifiant inutilement votre frustration et votre désarroi face à cette situation, faites-en un jeu et amusez-vous! Votre stress disparaîtra alors comme par enchantement et vous aurez ainsi les idées beaucoup plus claires afin de découvrir des opportunités jusque-là encore insoupçonnées.

Cherchez et vous trouverez! Vous verrez: plus vous trouverez des solutions, plus vous aurez du plaisir. Vous remarquerez qu'il est toujours excitant de se trouver devant plusieurs choix, tous aussi bons les uns que les autres. D'ailleurs, le vrai défi, c'est de justement deviner laquelle de ces solutions sera la meilleure et aura l'impact le plus positif sur le dénouement souhaité.

Troisième étape
Vous trouvez des gens susceptibles de vous aider.

Faites bien attention de ne pas « sauter » sur le premier venu, ce qui aura plutôt l'effet contraire, soit d'amplifier le problème existant, tout en prenant soin d'en générer de nouveaux! Choisissez donc des gens de confiance, débrouillards et créatifs. Et, très important, des gens qui ont vraiment votre intérêt à cœur.

Il est effectivement essentiel de pouvoir bénéficier de l'expertise et de la sagesse d'une personne de grande qualité.

Celle-ci pourra d'ailleurs faire toute la différence sur le résultat final, car c'est connu depuis longtemps : seuls, nous pouvons réussir de bien belles choses, mais en joignant nos forces, nos talents et nos connaissances, nous arrivons ensemble à créer de véritables petits miracles !

Vive la synergie et l'interdépendance !

Quatrième étape
Vous demandez.

Comme le dit le vieil adage : « Demandez et vous recevrez ! » Cela est sûrement le secret le plus méconnu de la terre. Le plus drôle, c'est que cette phrase existe depuis la nuit des temps : c'est même écrit dans la Bible !

Pourtant, au fil du temps, et plus spécifiquement depuis la révolution technologique des deux dernières décennies, on dirait vraiment que les gens ont cessé de demander. C'est comme si cette quête pour l'indépendance et l'individualisme avait pris le dessus !

Quand on s'y arrête pour y penser, on réalise qu'on a souvent le réflexe de ne pas oser demander aux gens, de peur de les déranger. Saviez-vous que dans la majorité des cas, les gens sont flattés qu'on fasse appel à leurs connaissances, à leur savoir, bref, à leur expertise? Car vous en conviendrez:

**Il est fondamental pour tout être humain
de se sentir valorisé Et, par-dessus tout,
de se sentir utile.**

C'est lorsque l'on surmonte toutes ces barrières psychologiques que l'on se rend compte que la plupart du temps, quand on ose demander, on reçoit! Et c'est souvent bien plus que l'on espérait au départ.

Sans trop savoir pourquoi, les éléments se mettent soudainement en place et la cohésion, cette synergie engendrée par les différentes personnes impliquées, provoque une sorte de raz de marée d'énergie positive qui fait que même nos rêves les plus fous se réalisent!

C'est d'ailleurs ce que René appelle affectueusement le facteur Aladin. Sauf qu'au lieu de frotter une vieille lampe poussiéreuse, on se concentre à frotter nos méninges!

Comme vous pouvez le constater, cette méthode est, elle aussi, à la fois simple et très efficace. Vous savez, j'ai mis des années à la peaufiner, effectuant plusieurs essais qui ont parfois généré certaines erreurs! Mais celles-ci m'ont permis de trouver finalement la bonne séquence, déterminant ainsi les bonnes étapes à suivre.

L'expérience acquise valait chaque égratignure, chaque larme et chaque soupir. Le sentiment de fierté qui en a découlé est plus précieux que tous les biens que l'on peut posséder.

**Et cet enseignement, j'ai le plaisir
de le partager avec vous aujourd'hui.**

Osez demander, mes amis, peu importe la réponse qui suivra. En effet, le pire qui puisse vous arriver, c'est que l'on vous dise non. Alors, où est le risque, mais surtout, pourquoi hésiter ? L'expérience acquise vous apprendra l'art de savoir demander.

La beauté du monde dans lequel nous vivons, c'est que nous sommes entourés d'une multitude de gens, tous différents les uns des autres, ayant chacun un bagage de vie unique et souvent très surprenant.

Au fond, on pense les connaître mais en réalité, on ne connaît pas vraiment les gens. Seuls ceux-ci se connaissent vraiment si, bien sûr, ils ont fait au préalable l'exercice essentiel qu'est l'introspection.

Cela dit, nous avons tout un chacun la chance incroyable d'apprendre de tous ceux et de toutes celles qui nous entourent, ne serait-ce qu'en allant chercher un tout petit morceau de leur expérience de vie.

**C'est comme si chaque personne
que l'on rencontrait nous laissait une petite
partie d'elle-même, un fragment de son âme.**

C'est de là que vient la merveilleuse sagesse, une denrée si importante à notre évolution et à notre épanouissement personnel. Contrairement à bien d'autres choses dans la vie, nous ne pouvons jamais prendre trop de sagesse ! Et ça, on dirait que nous n'en avons jamais assez : c'est comme si notre soif de connaissances n'était jamais rassasiée. Et c'est tant mieux ! Imaginez le privilège qu'il nous est donné :

**Pouvoir ainsi puiser à même les gens qui nous
entourent, c'est comme un buffet à ciel ouvert !**

Le plus fantastique dans tout ça, c'est que seule votre âme engraissera ! Elle deviendra plus volumineuse chaque jour de votre vie, devenant ainsi votre bien le plus précieux.

**La sagesse de votre âme,
c'est en quelque sorte votre coffre à outils.**

Vous pouvez donc vous y reporter à tout moment, comme bon vous semble. C'est à vous !

Vous aurez d'ailleurs l'occasion de pouvoir remplir ce coffre de nouveaux outils chaque fois que vous aurez la chance de rencontrer une nouvelle personne ! Mieux encore, chaque fois que vous prendrez le temps de connaître davantage quelqu'un que vous connaissez déjà mais dont vous n'avez jamais vraiment pris le temps de connaître à fond.

Savourez ainsi le plaisir de redécouvrir en quelque sorte cette personne que vous côtoyez depuis si longtemps. Ne vous est-il pas déjà venu à l'idée de lui demander à quoi elle rêve, d'où elle vient, quelle est son histoire, son passé, bref, *qui* elle est vraiment ?

L'accès à ce genre d'information est un véritable trésor qu'il vous faut apprécier et, surtout, emmagasiner soigneusement dans votre base de données, qui est ni plus ni moins que votre âme ! N'hésitez donc pas à l'enrichir de façon quotidienne.

Alors, qu'attendez-vous ? Partez dès maintenant à la conquête de ces milliers de petits morceaux d'âme. Ils sont là, disponibles en nombre illimité ! C'est une ressource inépuisable, aux bienfaits légendaires, qui a l'avantage non négligeable d'être totalement gratuite !

Alors, prenez-les et sachez partager l'enseignement reçu, de façon à créer cette synergie incroyable qui fait tourner la terre. Vous contribuerez ainsi à réduire de façon significative l'ignorance responsable de tant de conflits. Et comme je dis souvent à mes enfants :

«Nous avons tous ce pouvoir merveilleux de changer le monde par notre action concertée.»

Ainsi outillés, nous pouvons maintenant faire face de façon beaucoup plus efficace et constructive à toutes sortes de situations qu'on dit problématiques.

Maîtriser l'art de transformer un problème en une opportunité incroyable est un pur délice pour votre imagination débordante ! Car, voyez-vous, lorsque l'on prend le temps d'y penser, on réalise bien souvent qu'au fond :

Une situation n'est ni négative ni positive au départ. Elle ne deviendra que ce que *nous* aurons décidé qu'elle devienne !

C'est notre capacité à réagir promptement et positivement qui va venir faire toute la différence sur le résultat final ! C'est notre attitude qui, une fois de plus, déterminera si nous subissons en victimes ou si nous agissons en vainqueurs.

N'oubliez surtout pas : l'Univers tient mordicus à ce que chaque être humain réussisse, apprenne, évolue et grandisse, car le cycle de l'évolution humaine dépend effectivement de chacun d'entre nous. Alors, ne décevons pas notre créateur !

Voici une citation du célèbre psychologue suisse, Jean Piaget :

«L'intelligence, la vraie, réside en notre capacité d'adaptation à toutes situations.»

Savoir s'adapter aux changements de ce monde en constante évolution, c'est selon moi le plus beau et le plus stimulant des défis ! Dites adieu aux problèmes et sachez les transformer en véritables opportunités de dépassement !

Je conclus en disant haut et fort :

« Allez, l'Univers, surprends-moi ! »

Redécouvrir ses rêves, ses passions

Vous souvenez-vous de ce qui vous faisait vibrer lorsque vous étiez gamin? Adolescent, vous souvenez-vous de vos grandes ambitions de refaire le monde, de votre soif d'apprendre, de cette fébrilité pour l'aventure?

Vous souvenez-vous qu'à l'aube de votre vie d'adulte, combien grandes étaient vos attentes face à la vie?

Mais où est donc passée cette petite étincelle dans vos yeux, ce petit je-ne-sais-quoi qui illuminait votre visage à la simple pensée de réaliser un de ces rêves?

Vous vous devez, ne serait-ce que par respect pour vous-même, de retrouver ces rêves enfouis, ces désirs jadis oubliés. Vous souvenir des passions, parfois subtiles, qui vous habitaient tout jeune. Était-ce les arts, la chanson, la danse, les animaux, l'astronomie, les sciences, la nature, les technologies, l'industrie du spectacle, le cinéma?

Peu importe l'intensité de ces passions, l'intérêt généré pour ces multitudes de choses est une piste parfois surprenante qui vous mènera peut-être vers un changement de carrière ou la pratique d'un nouveau loisir qui vous passionnera au point de faire partie d'un nouveau mode de vie!

Les redécouvrir est une chose, mais en faire un objectif de vie ou un but à atteindre en est une autre. En effet:

Afin d'être en mesure de faire les bons choix, de prendre les bonnes décisions et de faire les bons gestes, il faut d'abord apprendre à se connaître à fond!

Cela implique qu'il faut connaître exactement quelles sont nos forces et nos faiblesses. Car ce n'est qu'en sachant qui nous sommes vraiment que nous arriverons à trouver le véritable sens de notre existence sur cette belle planète. Plus important encore, savoir quel est notre don, ce cadeau du ciel, celui qui fait de nous quelqu'un d'unique et d'authentique.

Le regretté auteur Léo Buscaglia a dit un jour cette phrase devenue célèbre: «Votre don, votre talent exceptionnel en quelque chose, est le cadeau que Dieu vous a fait à la naissance. Ce que vous ferez avec sera le cadeau que vous lui offrirez en retour.»

En fait, je crois foncièrement que nous avons tous reçu un don; que ce soit un don pour la musique, les arts, le sport, la communication, et j'en passe. Ce don est ce que nous possédons de plus précieux. Il est caché à l'intérieur du trésor qui se trouve en chacun de nous, à mi-chemin entre notre âme et notre cœur.

Et comme tout bon trésor qui se respecte, ce don est enfoui à un endroit bien spécifique qu'il nous faut effectivement découvrir ! Il nous faut parfois des années pour arriver à le voir, à le distinguer et à le remarquer. Ensuite, il faut apprendre à l'apprivoiser, à le développer, de façon à pouvoir en exploiter toute la force, toute la puissance.

Il faut donc être aux aguets de tous les indices susceptibles de nous guider vers une piste tangible, qui nous conduira vers ce lieu mystérieux, tenu secret, là où se trouve le fameux trésor tant convoité.

Mais encore là, certains sceptiques n'iront jamais à sa recherche, préférant l'idée qu'il est impensable qu'un bien d'aussi grande valeur soit disponible à l'intérieur de tous. D'autres, pourtant convaincus au départ de son existence, abandonneront en cours de route, prétextant que les nombreux obstacles rencontrés au cours de leur recherche auront eu raison d'eux. Heureusement, d'autres encore iront jusqu'au bout de l'aventure et finiront par découvrir ce merveilleux trésor, rempli de richesses inestimables !

Mais quelles sont au juste ces richesses inestimables qui font partie de ces trésors fabuleux, enfouis au fond de chacun de nous ? Eh bien, qui dit trésor dit forcément pièces d'or et bijoux. Ceux-ci sont en fait nos talents naturels et nos aptitudes innées. Ils sont parfois si éblouissants que certaines personnes se laissent envoûter par l'éclat de ceux-ci et négligent d'aller creuser plus profondément à l'intérieur de leur mystérieux coffre. Car, voyez-vous, c'est tout au fond de ce dernier que se trouve le véritable trésor :

Le *vrai* trésor, celui dont la valeur surpasse tous nos talents réunis, c'est ce que j'appelle notre diamant brut.

Je dis brut, car ce dernier est à l'état pur! Il a besoin d'être raffiné, d'être façonné et d'être poli, de façon à pouvoir faire ressortir toute la beauté flamboyante de ses reflets.

C'est ce don, qui vous a été donné à la naissance, et que personne d'autre ne possède. Il est unique et n'appartient qu'à vous. Il fut d'ailleurs destiné et *choisi* pour vous! Celui-ci est particulier et votre façon de le développer le sera tout autant. C'est pourquoi il doit servir au bien de la collectivité; c'est sa raison d'être! Ce privilège implique donc une certaine responsabilité, mais l'usage que vous en ferez est, bien sûr, libre à vous.

Comme bien des trésors, certains resteront enfouis à tout jamais, tout simplement parce que leurs propriétaires en auront ignoré l'existence de leur vivant. Et tout comme leur trésor, ils finiront leurs jours enfouis dans une boîte de bois!

Chers amis, si après de nombreuses recherches infructueuses vous ne l'avez pas encore trouvé, sachez que dans la majorité des cas, la plupart des réponses se trouvent souvent dans votre enfance. Ce fut d'ailleurs le cas pour moi.

En effet, il est intéressant, voire surprenant, de faire l'exercice suivant.

- Qu'est-ce qui vous démarquait des autres enfants lorsque vous étiez petit?
- Quels étaient vos points forts?
- Dans quoi étiez-vous meilleur que les autres?
- Qu'est-ce qui vous passionnait au point d'en oublier la notion du temps?
- Et surtout, pourquoi?

Prenez donc une pause de quelques minutes pour répondre spontanément à ces questions, pour éventuellement approfondir les réponses au moment que vous jugerez opportun. Vous verrez, cet exercice est incroyablement révélateur de ce que vous êtes vraiment !

Voici ma réaction après avoir fait l'exercice :

**C'est fou comme on oublie parfois l'essence
même de ce que nous sommes !**

Personnellement, j'ai trouvé dans cette démarche des réponses à des questions qui, elles, n'avaient jamais trouvé de réponses auparavant. Cela m'a enfin permis de comprendre les vraies raisons de certains échecs ou de certaines défaites qui sont dus à l'ignorance de mes origines intérieures, mon vrai moi !

Riche de cet apprentissage, vous aussi serez en mesure non seulement de savoir ce que vous voulez dans la vie, mais surtout ce que vous ne voulez plus subir dans votre vie !

**Découvrez d'abord qui vous êtes *vraiment*
et vous pourrez ensuite devenir la personne
que vous désirez être.**

C'est d'ailleurs pourquoi, après avoir fait l'exercice il y a plusieurs années, j'en suis venu à me poser la question suivante :

**Est-ce que je peux devenir meilleur
que ce que je suis devenu ?**

La réponse à cette question a été le point de départ d'une belle et merveilleuse aventure pour moi, tout comme celle que voici.

Laissez-moi vous raconter une histoire que j'ai entendue, il y a trois ans déjà et qui a changé complètement ma perception et mes croyances face à ces rêves que je croyais autrefois impossibles à réaliser.

L'histoire débute en 1942, pendant la grande récession aux États-Unis. Un jeune adolescent de 15 ans, fils de fermier, était assis sur le porche d'une vieille maison, toute délabrée, dont la structure avait peine à soutenir le poids des années. Il se demanda pourquoi la vie est si dure, si difficile.

« Pourquoi donc suis-je né dans ce monde où la pauvreté est omniprésente et où les gens doivent travailler d'arrache-pied pour un simple morceau de pain ? Pourquoi leur vie tout entière consiste-t-elle essentiellement à se lever tôt, à travailler dur toute la journée jusqu'au coucher du soleil et à n'avoir pour ainsi dire que quelques courts moments passés en famille, aux repas ? Comment font-ils pour se résigner, à la fin d'une journée épuisante et exténuante, que demain sera semblable en tout point à aujourd'hui, et que tous les autres jours le seront d'ailleurs tout autant ? »

C'était là une certitude, la dure réalité de la vie, comme le disait si souvent son paternel. « Mais est-ce là ce que *moi* j'attends de la vie ? » se demanda-t-il.

**« C'est comme si les hommes
avaient soudainement oublié leurs rêves,
leurs passions et s'étaient résignés à faire
comme tout le monde. »**

Ils donnaient l'impression d'avoir délibérément arrêté de penser au-delà de leur petit univers, comme si, à force de se concentrer sur l'écorce durcie d'un arbre, ils en avaient oublié la forêt dans laquelle ils se trouvaient, qu'en dehors de celle-ci se trouvaient des sentiers incroyables et encore inexplorés.

Lui, qui était à l'aube de sa vie d'adulte et qui avait la tête remplie de rêves et d'ambitions, ne pouvait concevoir que la vie se limitait à subvenir à nos besoins essentiels comme boire, manger et dormir. Même si son père lui répétait constamment : « Mon fils, cesse de rêvasser. De toute façon, les rêves sont un luxe qu'on ne peut se payer ! », le jeune adolescent était convaincu du contraire. Il se disait :

« Les hommes ne peuvent être réellement heureux en vivant une vie aussi prévisible, aussi terne et autant uniformisée. »

Il décida donc d'écrire sur une feuille tous les rêves et tous les désirs dont il avait si longtemps songé en secret, durant toutes ces années. La liste qu'il rédigea fut d'ailleurs si imposante qu'il dut utiliser plusieurs feuilles de papier. Elle n'avait d'égal que son imagination débordante !

Lorsqu'il eut terminé, il fut lui-même impressionné par l'ampleur de ses désirs et de ses idées originales. Il se mit alors à les numéroter, un à un, afin d'évaluer l'ampleur de la tâche à accomplir.

Il était déterminé à vivre sa vie pleinement et à en savourer chaque instant !

Pour lui, vivre signifiait s'accomplir, se réaliser en allant au bout de ses rêves, peu importe le résultat ! Il préférait de loin l'insécurité de l'aventure à la sécurité artificielle de sa vie morose. Sinon, à quoi bon vivre ?

Il valait beaucoup mieux vivre une vie courte mais bien remplie qu'une vie longue, terne et sans saveur.

Lorsqu'il finit par mettre au propre sa fameuse liste, il la relut avec tout l'enthousiasme qui le caractérisait et eut un sentiment de grande liberté.

À la simple lecture de celle-ci, il se voyait déjà en train d'accomplir chacun de ses rêves et désirs avec une joie indescriptible, un bonheur si fort qu'il lui donnait littéralement des ailes ! La satisfaction ressentie par la suite fut pour lui comme une libération. Il sentit alors son cœur battre la chamade. Il se sentait vivant !

C'est comme si, tout à coup, il réalisait que le monde s'ouvrait à lui et que plus rien ne semblait impossible. Il avait l'impression, pour la toute première fois de sa vie, qu'il prenait enfin le contrôle de sa destinée, qu'il avait trouvé un sens à sa vie. Il fit donc de la phrase suivante son leitmotiv.

La seule chose qui rend un rêve impossible, c'est la peur d'échouer !

La suite des événements fut tout à fait incroyable ! La liste qu'il avait écrite contenait pas moins de 125 rêves à réaliser ! Chacun d'eux fut soigneusement choisi et correspondait en tout point aux désirs les plus fous du jeune homme.

Il partit donc un beau matin pour sa grande aventure, celle de réaliser sa légende personnelle. Et savez-vous quoi ? Cet homme est décédé il y a quelques années déjà, à l'âge vénérable de 87 ans, en ayant réalisé plus de 109 des 125 rêves inscrits sur sa fameuse liste !

Impressionnant, n'est-ce pas ? Et dire qu'il venait d'une humble famille paysanne, dont le seul fait de subsister était en soi un défi de tous les jours. Maintenant que vous savez son histoire, que diriez-vous de dresser vous aussi une liste de vos rêves, même les plus fous ?

Qu'avez-vous à perdre, sinon une vie à gagner ?

Imaginez un seul instant que cette fameuse liste que vous vous apprêtez à écrire contienne la clé de votre destinée, la raison pour laquelle vous allez vous réveiller chaque matin. Alors, qu'attendez-vous? Prenez un crayon et une feuille, et commencez!

Que dire maintenant de ces petits bonheurs, ces petites joies toutes simples, que vous pourriez vous faire de temps à autre, question de briser la routine quotidienne et de vous refaire vibrer... Se sentir revivre à nouveau, à travers ces «douces folies» qui font grimper notre taux d'adrénaline et font battre notre cœur d'enfant à un rythme fou...

Vous voulez des exemples? Eh bien, rien de plus simple! Que diriez-vous d'aller à ce restaurant que vous adorez, accompagné de plusieurs de vos bons amis, et vous payer ensemble la folie suivante: commander tous les desserts qu'il y a au menu et vous faire ainsi une merveilleuse dégustation sucrée! Combien de fois avez-vous hésité pour choisir une ou l'autre de leurs délicieuses entrées ou l'un de leurs succulents desserts?

**Au diable le décorum,
on n'a qu'une vie à vivre, non?**

Vous avez en tête depuis des années de rouler dans une rutilante décapotable, une petite voiture sport ou un joli quatre roues motrices? Eh bien, laissez-vous aller: louez-en une pour la journée! Vous seriez d'ailleurs surpris de savoir à quel point ce genre de petite folie est facilement accessible.

Kidnappez votre tendre moitié au travail et emmenez-la faire un joli pique-nique à la campagne, le tout agrémenté d'une bonne bouteille de vin.

Et que dire de ces petits bonheurs qui ne coûtent absolument rien et que l'on oublie trop souvent de s'offrir? Comme lire un bon livre, assis confortablement sur une chaise près d'un lac paisible. Appeler un vieil ami d'enfance et en profiter pour rire et échanger avec lui sur les bons moments passés et les 400 coups que vous avez faits ensemble.

Pourquoi ne pas prendre un bon bain chaud, rempli de mousse, où l'odeur de fraises dégagée par une bougie parfumée enveloppe la pièce? Vous endormir tranquillement en écoutant cette musique douce que vous avez vous-même choisie?

Que diriez-vous de partir du bureau, en plein après-midi, pour aller chercher vos enfants à leur sortie d'école et faire ensuite avec eux un magnifique bonhomme de neige? Vous savez, cette neige idéale à la confection des bonhommes de neige, celle qui est juste assez collante et qui ne tombe qu'une fois ou deux au cours de l'hiver. C'est donc une raison de plus pour ne pas hésiter lorsque l'occasion se présente.

Vous savez, la vie passe souvent trop vite, aussi vite parfois qu'une étoile filante.

Parlant de douces folies, de rêves et de passions secrètes, j'aimerais maintenant partager avec vous une histoire que j'ai moi-même vécue et qui, je crois, saura sûrement vous captiver grâce au touchant message d'espoir qu'elle contient.

En septembre 2004, j'ai eu la chance de faire une rencontre extraordinaire qui m'a, une fois de plus, inspiré à écrire ce livre. J'étais en voyage d'affaires aux États-Unis et, contrairement à mon habitude, je n'ai pas pris la peine de demander au préalable à la préposée au comptoir de me réserver un siège dans une rangée de secours, où sont localisées les sorties d'urgence. Ces rangées ont d'ailleurs l'avantage d'offrir beaucoup plus d'espace pour les jambes que les autres.

Cette fois-ci, mon oubli m'a valu de me retrouver coincé entre deux grand gaillards du même gabarit que moi et j'avais l'immense privilège d'être la « boulette » de viande entre deux pains au sésame ! Nul besoin de vous dire que je n'étais pas très fier de moi, surtout qu'en regardant autour, je me suis rendu compte que l'avion était rempli à pleine capacité et qu'il n'y avait, pour ainsi dire, aucune autre place de disponible.

J'ai donc décidé de prendre mon mal en patience et de trouver une façon agréable de passer les quatre heures à venir, car c'était malheureusement un vol à destination de la Californie !

Au bout de seulement 15 minutes, j'ai réalisé que je n'aurais peut-être pas la patience requise et que je risquerais, avant longtemps, de perdre cette belle sérénité qui m'habitait bien avant de prendre ce vol. Le pire, c'est que nous n'avions même pas encore décollé !

Heureusement, mon regard s'est porté vers l'agent de bord qui passait à ce moment-là dans l'allée, afin de s'assurer que nous avions tous bien bouclé nos ceintures. J'ai remarqué alors quelque chose d'incroyable : il avait un sourire indescriptible, une sorte d'aura qui jaillissait dans tout l'avion et dégageait une onde de bonheur perceptible à des kilomètres !

C'était comme une sorte de langage universel, compris de tous : celui de l'enthousiasme, de la joie de vivre, bref, du bonheur à l'état pur.

Il semblait si heureux et si serein que j'en suis venu à me demander s'il ne venait pas tout juste de gagner à la loterie. C'est bien simple, il rayonnait par son sourire qui démontrait, hors de tout doute, qu'il avait trouvé son soleil, sa raison de vivre. La satisfaction qu'on pouvait lire dans ses yeux était palpable et, surtout, très apaisante.

Cela dit, il ne m'est pas arrivé très souvent dans ma vie de croiser un tel regard, de voir un visage aussi radieux au point d'en ressentir immédiatement les effets bénéfiques. C'est bien simple, son attitude était tout simplement contagieuse ! Moi qui rencontre des gens à profusion tous les jours et qui prends l'avion à maintes reprises depuis plus de 15 ans, jamais je n'avais vu un agent de bord aussi heureux de faire son travail !

Après avoir échangé un sourire avec lui, il s'est approché de moi pour me demander si j'aimerais mieux un autre siège, plus confortable et mieux adapté à ma grande taille. Je suis resté ébahi par la question, car c'était comme s'il avait lu dans mes pensées. C'est sûr qu'en me voyant avec les genoux appuyés sur le menton, il a dû se douter de mon inconfort ! J'ai donc accepté avec soulagement son offre, mais je me suis demandé en même temps où il pourrait bien avoir trouvé un autre siège libre alors que tous semblaient pris.

Peut-être bien que la soute à bagages m'était destinée !

Je me suis donc levé pour le suivre, ne sachant aucunement à quoi m'attendre. Il m'a guidé jusqu'à l'arrière de l'avion où se trouvaient non pas un, mais bien deux sièges de libres ! Les derniers disponibles dans tout l'avion. Quelle chance ! Non seulement il y avait largement de l'espace pour mes jambes, mais je pouvais aussi me payer le luxe de travailler sur mon portable ou de lire un bon livre, confortablement étendu.

J'ai remercié alors l'agent de bord d'une poignée de main chaleureuse. Il m'a alors dit qu'il n'y avait pas de quoi, que tout le plaisir était pour lui. Il a renchéri en me disant que le bien-être des passagers est la priorité de son travail ! Il est reparti aussitôt vaquer à ses occupations alors que moi, encore tout surpris de la chance que j'avais, j'ai décidé de lire un bon livre, question de me détendre un peu.

L'avion a pris finalement son envol, puis les deux agents de bord se sont mis à effectuer le service des boissons et de nourriture pour les passagers. Lorsque ce fut terminé, le fameux agent de bord est venu à ma rencontre, question de s'assurer que tout allait bien. Je lui ai fait part alors de ma grande admiration pour cette attitude incroyable qu'il avait démontrée depuis mon arrivée à bord et, surtout, ce don qu'il avait de répandre la bonne humeur. Il s'est alors senti très flatté du compliment et m'a dit simplement ceci :

« J'ai la chance incroyable de vivre mon rêve chaque jour ! »

Cela expliquait donc pourquoi il était si heureux et si attentionné dans son travail. Cette réponse a alors ouvert l'une des discussions les plus intéressantes et captivantes qu'il m'a été permis de vivre à ce jour, car le temps semblait soudainement s'être arrêté... à plus de 25 000 pieds d'altitude !

Il s'appelait Humberto et était originaire de Sao Paulo, au Brésil. Là-bas, il avait un très bon emploi, très bien rémunéré, qu'il occupa durant près de huit années. Il avait réussi à gravir tous les échelons de l'entreprise et était devenu, à l'âge de 31 ans, le directeur régional d'une vaste chaîne de restauration rapide.

Il gagnait alors beaucoup d'argent mais, en contrepartie, il faisait aussi beaucoup d'heures supplémentaires afin de remplir ses obligations professionnelles. Il devait aussi maintenir ce rendement élevé qu'il avait su atteindre au cours des dernières années et pour lequel son patron s'était habitué. Les attentes de ce dernier étaient d'ailleurs devenues, au fil des ans, de plus en plus élevées.

Bien sûr, avec un emploi du temps aussi bien rempli, il y avait peu de place pour entretenir une relation stable avec qui que ce soit. Même ses parents et amis étaient négligés. Il roulait à fond de train, croyant fermement que c'était là l'unique façon d'atteindre le succès.

Mais vint un jour où il se demanda jusqu'où cela le mènerait. Était-ce vraiment là sa destinée, son rôle dans la vie? Et si c'était vraiment le cas, comment se faisait-il qu'il n'en ressentait pas pleinement tous les effets bénéfiques, celui qu'apporte un emploi devenu une passion et pour lequel un salaire devient un extra, tellement il est gratifiant et enrichissant?

Ce genre d'emploi qui devient si captivant qu'on en vient à oublier les heures travaillées et les efforts dépensés. On vit littéralement pour celui-ci et la notion de travail disparaît alors soudainement, puisqu'il est maintenant devenu une raison de vivre, de se lever chaque matin.

Humberto réalisa que ce n'était malheureusement pas le cas avec son travail. Bien sûr, il aimait ce qu'il faisait, mais la notion de passion viscérale pour ce qu'il faisait n'y était tout simplement pas. Mais est-ce que ce genre d'emploi peut vraiment exister? Et si c'est le cas, comment faire pour le trouver? Eh bien, la réponse se trouvait en fait tout au fond de lui, dans le creux de son cœur.

**La réponse était enfouie en lui
depuis si longtemps qu'il en avait
presque oublié l'existence!**

Il se souvint alors que tout petit, soit depuis l'âge de huit ans, il rêvait de voler dans le ciel et de faire le tour du monde en avion! Chaque fois qu'il en voyait passer un, il devenait tout excité et se mettait alors à rêver au jour où son rêve deviendrait réalité. Et plus les années passèrent, et plus ses idées prenaient lentement forme.

Le plus surprenant, c'est qu'il ne voulait pas devenir pilote, mais plutôt agent de bord! Lui qui avait toujours été généreux de sa personne et aimait côtoyer les gens et les aider, savait que sa personnalité l'emmènerait un jour à travailler dans le public. Il était de toute évidence une personne orientée vers les gens, et cela l'honorait.

Il avait donc décidé, à l'âge de 17 ans, de suivre une formation sur le métier d'agent de bord. Ses parents étaient alors très réfractaires à l'idée, considérant que ce métier était plutôt réservé aux femmes. Imaginer leur fils devenir hôtesse de l'air les répugnait au plus haut point, surtout son père, un Brésilien fier comme un paon, pour qui un tel métier ne cadrait tout simplement pas avec les aspirations qu'il avait pour son fils.

Humberto avait décidé tout de même de suivre la formation, mais non sans heurts. Malgré sa grande motivation et son intérêt marqué pour ses études, il se faisait constamment critiquer son choix de carrière.

Malheureusement, à la suite des pressions constantes de ses parents ainsi que de son entourage, il décida finalement de tout laisser tomber pour aller étudier la comptabilité au collège. Ses parents furent alors satisfaits du nouveau choix de leur fils, mais celui-ci en garda un souvenir des plus amers.

Humberto fit donc carrière en administration et en gestion, comme le souhaitait si ardemment son paternel. Mais, à 33 ans, notre ami arriva à la croisée des chemins: lui qui avait jusque-là fait de son mieux pour plaire à ses parents, à sa famille, à ses amis, arrivait à l'étape de sa vie où il se posa la fameuse question:

**«Qu'est-ce qui me rend heureux
et me passionne dans la vie?»**

La réponse à cette question n'était évidemment pas facile à répondre, mais il savait que pour la trouver, il devrait faire un examen de conscience que seule une introspection de lui-même pourrait apporter. Lui seul pouvait et, surtout, devait y répondre.

Après de longues heures et de longues journées de réflexion, il trouva finalement la réponse tant recherchée ; elle se trouvait là, dans son enfance, qui est à la base de tout. Il se souvint de ses rêves, de ses passions et de ce qui le rendait si heureux dans la vie. Ce voyage dans le temps fut pour lui des plus fantastiques et des plus énergisants.

Il réalisa alors qu'il avait enfoui, bien malgré lui, un trésor inestimable : sa passion ! Combien de rêves avons-nous aussi enterrés ou abandonnés le long de notre route vers l'âge adulte ? Combien de chansons n'ont jamais été écrites, combien de toiles jamais peintes, de carrières jamais commencées et d'entreprises jamais démarrées ?

Heureusement pour lui, ce rêve n'avait pas été enterré trop profondément. Il s'empressa alors de le déterrer avec une pelle prénommée *ambition*, qui allait lui permettre enfin d'accomplir sa destinée et d'en faire une réalité !

Maintenant qu'il avait trouvé son rôle dans la vie, sa place à prendre, il ne lui restait plus qu'à trouver comment atteindre son objectif.

C'est à ce moment bien précis que l'on sépare les bâtisseurs des rêveurs.

Il est là le moment de vérité, celui qui fera la différence entre le vœu pieux, ce souhait devenu regret, et le projet qui deviendra succès ! Cela requiert deux choses essentielles : avoir la foi en sachant faire confiance à la vie et avoir la patience afin de pouvoir persévérer.

Chacun de nous rêve à sa belle plage dorée, mais plusieurs n'ont aucune idée comment l'obtenir. Pourtant, une plage est simplement constituée de millions de grains de sable et à force d'en déposer une poignée tous les jours, on finit par obtenir notre plage juste à nous, car tout vient à point à qui a la sagesse d'attendre.

Ces quelques phrases prennent vraiment toute leur saveur lorsque l'on prend le temps d'en comprendre le véritable sens. Mais devant sa crainte et sa peur de peut-être faire le mauvais choix, Humberto se disait alors : « Ah ! si je pouvais connaître d'avance l'avenir, je pourrais me préparer en conséquence et les événements seraient alors prévisibles et sans surprises. » En y pensant bien, il réalisa que :

« Si ce sont de bonnes choses qui vont arriver, ce sera agréable de les attendre, mais si ce sont de mauvaises, j'en souffrirai alors bien avant qu'elles surviennent ! »

Il suffisait donc pour lui d'être patient, car chaque chose arrive à temps. Au bout du compte, ce n'est pas important de savoir *quand* cela va arriver, mais plutôt se convaincre que cela va arriver. Laissant ainsi la providence ou, si vous préférez, le destin faire son œuvre.

Humberto fit alors face à un premier obstacle majeur : le temps ! Où allait-il trouver le temps pour étudier, lui qui travaillait plus de 70 heures par semaine ?

Réduire la cadence signifierait assurément sa perte ! Et il avait besoin plus que jamais de son emploi afin de payer ses études et continuer à mener le train de vie dont il s'était habitué et qu'il avait acquis à fort prix au cours des dernières années :

une grande maison dans un quartier cossu, une grosse voiture luxueuse, des vêtements dernier cri, aux marques prestigieuses, etc.

Mais là vient le hanter cette peur de tout perdre ces biens qu'il avait accumulés justement grâce à cet emploi qu'il pensait désormais quitter pour accomplir sa soi-disant légende personnelle! Et c'est sans compter cette peur de l'échec: «Et si ça ne marchait pas?» Que penseraient alors les autres, quel jugement ceux-ci poseraient-ils sur lui? Ah non, voici maintenant arrivées la peur du rejet, puis la honte, fidèle acolyte. «Ça suffit!» s'exclama-t-il.

Il réalisa alors que ce qu'il était en train de faire, c'était uniquement avoir peur d'avoir peur! Il voyait bien que, malgré tous les biens matériels qu'il avait acquis avec cet emploi payant et bien en vue, il restait tout de même sous l'impression qu'il pouvait faire mieux que ce qu'il était devenu.

Malgré cette apparence de réussite, il ne pouvait se mentir à lui-même. Il lui manquait quelque chose dans sa vie, cette flamme, cette étincelle qui fait que vous rayonnez tel un diamant fraîchement poli! Ce carburant qui vous donne cette énergie incroyable d'avancer dans la vie et vous permet de réaliser un tas de choses jusque-là inespérées. Eh bien, il faut prendre cette satanée peur et la convertir en courage!

Mais ne vous méprenez surtout pas, comme l'a si bien mentionné l'auteur et psychiatre américain Scott Peck:

«Le courage n'est pas l'absence de peur, mais l'action malgré la peur!»

Il ne fallait donc plus avoir peur d'échouer, car c'est cette crainte d'échouer qui l'avait empêché durant toutes ces années de réaliser son plus grand rêve. Bien sûr, il aurait pu le faire il y a 10 ans, mais au moins, il se sentait heureux de ne pas avoir attendu 10 autres années de plus ! Il lui faillait désormais cesser de rêvasser et faire le grand saut. Et ce dernier réalisa une chose importante :

**Ce n'est pas en sautant à l'eau qu'on se noie,
c'est seulement si on se résigne à rester au fond.**

Abandonner son rêve était désormais hors de question ! Trop longtemps il a fermé les yeux sur ses désirs, ses passions, de peur de déplaire aux autres ou d'en décevoir certains.

Trop souvent il les a mis de côté, croyant que la réalité était tout autre et que la plupart des rêves sont de toute façon faits pour rester dans notre imaginaire, faute de moyens. Lui qui a passé sa vie à essayer de plaire à tout le monde, à ses parents, à sa famille et à ses amis, réalise qu'il avait peine à se souvenir de ce qu'il avait vraiment fait pour lui-même.

Il connaissait pourtant le vieil adage : « Charité bien ordonnée commence par soi-même », mais pour lui, le bonheur des autres était sa priorité dans la vie. Il était donc normal de s'oublier car cela faisait partie inhérente du concept. Il se rendait compte que le fait d'avoir mis l'accent sur le bonheur des autres avait donné de bons résultats, car il avait très bien réussi dans la vie, mais cela ne voulait pas nécessairement dire réussir *sa* vie, ce qui est bien différent.

**Humberto comprit ce jour-là que la personne
la plus importante du monde, c'était lui !**

Il avait enfin décidé de faire le grand saut, celui qui allait le mener vers l'accomplissement de son rêve la plus cher, celui qu'il avait en lui depuis sa tendre enfance. Et le plus beau dans tout cela, c'est que :

**Pour une des rares fois de sa vie,
il le ferait pour *lui*, et seulement pour lui!**

L'allégresse de ce moment décisif dans sa vie l'envoûtait. Il se sentait envahi par un sentiment de liberté incroyable, car il se voyait enfin aux commandes de sa destinée, il avait désormais le pouvoir de choisir et, surtout, de décider de ce qu'allait devenir sa nouvelle vie.

Celle-là même que lui seul avait choisie, assumant pleinement les efforts à fournir, les obstacles à franchir mais aussi les joies à venir et les victoires personnelles à acquérir! Il en serait le seul récipiendaire, le seul à pouvoir monter sur le podium et dire: «J'y suis arrivé, ça y est, j'ai enfin réussi!» La fierté et la satisfaction obtenues seraient bien au-delà de n'importe quelle médaille, de n'importe quel trésor.

Humberto s'inscrivit alors, à 33 ans, à une formation pour agent de bord qui se donnait dans une agence tout près de chez lui, les soirs de semaine. À sa grande surprise, malgré son horaire déjà très chargé, il réussit à trouver le temps pour le faire car il avait enfin compris que ce n'était pas une question de ne pas avoir le temps mais plutôt de ne pas prendre le temps!

**Il allait finalement investir en lui-même,
ce qui est de loin le meilleur de tous
les placements qu'il ait jamais faits.**

C'est ainsi que quelques mois plus tard, il obtint son diplôme, avec mention s'il vous plaît, et put enfin postuler pour un poste d'agent de bord.

Bien sûr, il y avait toujours des gens autour de lui pour lui dire: «Mais voyons, tu ne penses tout de même pas qu'une grande compagnie aérienne va t'engager comme ça, sans aucune expérience !» ou : «Tu ne vas quand même pas lâcher ton emploi actuel pour ce soi-disant job ? De toute façon, tu ne gagneras jamais le salaire que tu gagnes maintenant ! » Bref, le genre de commentaires que l'on entend trop souvent et dont on peut se passer !

Avez-vous d'ailleurs remarqué à quel point certaines personnes ont immanquablement le don de vous ramener à la case départ, en vous transférant ainsi leurs propres peurs et leurs propres doutes ? J'ai surnommé cette étrange attitude :

Le syndrome de la boîte de crabe.

Lisez bien ce qui suit, car cela pourra sûrement vous donner le goût de faire le test vous-même.

Le syndrome de la boîte de crabe

Remplissez un seau avec plusieurs petits crabes de même grosseur et observez bien ce qui suit ; invariablement, un crabe tentera de sortir du seau et de prendre la fuite. C'est normal, il s'ennuie de la plage et a d'ailleurs sûrement un grand besoin de vacances ! Blague à part, vous remarquerez que tous les autres petits crabes vont tout faire pour l'agripper et le ramener dans le seau, en sécurité avec eux !

J'ai vu ce phénomène se produire devant mes yeux il y a quelques années déjà, alors que je me trouvais dans le port de Boston, là où les pêcheurs débarquaient leurs caisses remplies de poissons et de crustacés de toutes sortes. Je n'en revenais tout simplement pas de voir que même sans couvercle, aucun crabe ne s'échappait de la boîte !

Il fut alors naturel pour moi de faire l'analogie avec nous, les humains.

Le même principe s'applique à cette image des navires de guerre. Même le plus puissant des vaisseaux de guerre ralentira sa vitesse afin de s'assurer que le plus lent reste regroupé dans la formation et puisse ainsi suivre la cadence. Tous vont ainsi ralentir délibérément afin de rester parfaitement regroupés, au risque d'arriver en retard à destination! Cette image est ce qu'il y a de plus typique de la race humaine, de notre société moderne:

L'accent n'est pas mis sur le principe d'encourager le plus robuste à gagner, mais plutôt d'empêcher le plus faible de perdre!

Et c'est justement avec ce genre d'individus qu'Humberto devait composer chaque jour. Mais il avait ce que ces gens-là n'avaient pas, ou plutôt n'avaient plus: la foi en soi. Malgré toutes les influences extérieures, il possédait désormais la confiance en lui-même, en son plein potentiel, bref, il avait foi en la vie. Il savait que lorsque l'on veut très fort quelque chose et qu'on le désire de tout notre être, l'Univers tout entier conspire à nous permettre de le réaliser.

Pour une fois dans sa vie, Humberto ne dépendait que d'une seule personne: lui-même! Il était donc impensable qu'il se laisse lui-même tomber!

Humberto savait d'ailleurs que peu importe le résultat final, la victoire se trouverait dans l'accomplissement quotidien de sa marche vers son but tant convoité, son rêve si longtemps espéré.

Faire le petit plus dans sa vie et ainsi oser essayer faire une différence dans celle-ci était déjà une victoire en soi! Il aurait au moins l'avantage de ne pas avoir à dire, à la fin de sa vie, les tristement célèbres phrases:

**J'aurais donc dû... Si j'avais su...
J'aurais tant aimé...**

Ces phrases remplies d'amertume et de regrets profonds sont lourdes à porter, tout comme le souvenir pénible de ces occasions manquées. Humberto avait compris depuis bien longtemps déjà que :

Si un souhait ne se concrétise pas en *projet*, cela voulait dire qu'il finirait assurément en regret !

Et ça, c'est le genre de fardeau dont il ne voulait pas, préférant plutôt se rappeler le chemin parfois ardu parcouru pour atteindre ses nombreux rêves, et cela valait à lui seul le voyage !

Même dans le cas où il ne réaliserait pas exactement l'objectif escompté au départ, il en ressortira toujours gagnant, car il a eu le mérite d'avoir au moins essayé. N'est-ce pas là une victoire en soi ?

Et si tel était le cas, il pourrait toujours retrouver au minimum un emploi du même genre qu'il possédait auparavant, car il avait déjà les compétences acquises de son passé. On oublie d'ailleurs parfois cet immense avantage que nous possédons tous :

**La connaissance acquise de
nos nombreuses expériences de vie
est notre plus grande richesse.**

C'est le plus beau des filets, le meilleur des parachutes. En effet, le chemin parcouru pour atteindre les différentes étapes de votre vie vous a apporté des acquis inestimables, qui vous permettent à chaque nouvelle étape d'accomplir davantage, de faire mieux et de dépasser vos propres limites !

On aura beau vous enlever votre emploi, vos biens matériels, personne ne pourra vous enlever ce que vous avez entre les deux oreilles! Et c'est justement cela qui vous a permis d'acquérir au fil du temps tous ces biens.

Dans le fond, la vraie richesse d'Humberto résidait dans son attitude gagnante, sa persévérance légendaire et sa grande ténacité. Elle se trouvait aussi dans ses aptitudes, ses talents innés et sa capacité à produire de grandes choses.

Elle est donc là, mes amis, la *vraie* sécurité d'emploi!

Il avait donc tout ce qu'il fallait pour prendre la bonne décision. Pour une rare fois de sa vie, au lieu de se demander «Pourquoi?», il se demanda plutôt: «Pourquoi pas?»

N'écoutant que son courage et sa détermination, il envoya son curriculum vitae dans les trois plus grandes compagnies aériennes qu'il connaissait, parce que tant qu'à changer de carrière, il valait mieux le faire chez les meilleurs employeurs!

Même si ses proches et amis étaient sceptiques, il eut une réponse positive non pas d'une, ni deux, mais bien des trois compagnies convoitées! Lui qui, au départ, n'espérait simplement qu'un accusé de réception, se voyait maintenant offrir trois emplois, tous aussi alléchants les uns que les autres. N'est-ce pas merveilleux?

Il avait la chance de pouvoir enfin choisir sa destinée.

Il passa donc l'entrevue aux trois endroits, analysant par la suite chacune des offres soumises avec soin. Son choix s'arrêta finalement sur la plus prestigieuse des trois, qui lui offrait du même coup les meilleures conditions de travail et le meilleur salaire !

Il laissa donc tout derrière lui : sa maison, sa voiture et ses biens matériels, qu'il vendit au plus offrant, pour aller s'établir aux États-Unis ! Il vit maintenant depuis l'âge de 34 ans son rêve tous les jours, celui d'agent de bord pour la plus grande des compagnies aériennes du monde, American Airlines.

À la fin de mon entretien avec Humberto, qui s'est terminé dans un corridor de l'aéroport de Los Angeles, je lui ai posé la question suivante, qui me brûlait littéralement les lèvres :

« Si vous aviez le pouvoir de revenir en arrière, quelles sont les choses que vous changeriez à votre parcours de vie ? » Il m'a répondu avec le sourire qui caractérisait si bien sa joie de vivre :

« Eh bien, si j'avais le pouvoir de changer ne serait-ce qu'une seule chose dans ma vie, cela aurait été de pouvoir réaliser mon rêve 10 ans plus tôt ! »

C'est vrai que la vie est trop courte et qu'elle passe comme un éclair ! Il ne faut donc pas la laisser filer. Plus on s'approche de son rêve, de sa fameuse légende personnelle, plus grande est notre raison de vivre, car au bout du compte, demain n'existe pas.

De là l'importance d'arrêter de remettre sans cesse nos rêves, nos buts et nos projets à plus tard. Certains parleront alors d'urgence de vivre, mais tout ce que je veux vous dire, c'est de ne pas attendre trop longtemps car la vie est souvent imprévisible.

Vous aussi avez la possibilité de réaliser vos rêves dès maintenant ! Vous êtes désormais un aventurier en quête de trésors fabuleux. Et c'est seulement *vous* qui possédez le passe-partout qui ouvrira les cadenas de toutes les portes.

Découvrir ainsi son trésor personnel devient alors une nécessité, afin que tout ce que vous avez découvert le long de cette grande aventure puisse avoir un sens.

Quand ce sera fait, et que vous aurez enfin atteint la réalisation de ce rêve si longtemps désiré, se dessinera alors sur votre visage un sourire que nul autre n'aura, car vous aurez fait le choix de vivre pleinement votre vie et de ne pas vous contenter seulement d'assouvir les besoins de base de tout être humain, en prétextant que les rêves sont un luxe que peu de gens peuvent se payer. Mais, dois-je vous le répéter, seulement vous pouvez prendre cette décision.

De grâce, mes amis, ne renoncez jamais à vos rêves, car vous laisseriez ainsi s'éteindre en vous cette flamme qui éclaire votre cœur et votre âme, et qui contribue à rendre la vie plus belle et plus enivrante. Voici ce que mes deux enfants m'ont inspiré :

Il faut tenir à ses rêves aussi fort qu'une mère tient à ses enfants. Car, tout comme ces derniers, ils sont le prolongement de ce que nous sommes.

Abandonner un rêve qui nous est cher, c'est un peu comme laisser mourir une partie de nous-mêmes ou, pis encore, une partie de ce que nous aurions pu devenir.

Je n'ose imaginer ce que seraient devenus les Bill Gates, Henry Ford, Thomas Edison, Louis Pasteur et Alexander Graham Bell de ce monde, s'ils ne s'étaient pas accrochés à leurs rêves. Quel aurait été l'impact sur notre civilisation moderne ?

Je crois bien humblement que c'est en réalisant ses rêves que la vie devient vraiment intéressante et captivante. Mieux encore, je crois que c'est lorsque l'on est à la poursuite d'un rêve ou que nous l'accomplissons que l'on se sent le plus vivant.

La passion, c'est de l'amour en fusion! Et tout part de l'amour, ce sentiment si fort que même notre métabolisme n'arrive pas toujours à contrôler! C'est de l'adrénaline pure, c'est cela notre carburant.

Je crois que le bonheur est dans l'accomplissement d'un rêve à réaliser, bien plus que dans l'atteinte de ce dernier.

Lorsque nous sommes à la conquête d'un trésor, chaque jour devient fabuleux, car chaque heure fait partie du rêve de le trouver.

C'est lorsque nous nous rapprochons un peu plus chaque jour de ce trésor que notre vie semble valoir le plus la peine d'être vécue. Le temps n'a alors plus d'importance, car seule la vie est importante. Alors, si vous voulez vraiment réaliser un rêve, posez-vous la question suivante :

Qu'est-ce que je fais comme petits gestes dans mon quotidien pour être en mesure de me rapprocher un peu plus de mon objectif?

Si la réponse est rien, vous devez alors prendre la décision suivante :

- Le faire ;
- Le faire faire ;
- Le laisser faire.

Une chose est sûre : si vous n'arrivez pas à vous décider sur le sort de vos rêves, ils risquent fort de monopoliser inutilement votre subconscient, que j'appelle affectueusement notre disque dur. Ces rêves, non assignés, termineront leurs jours dans la fameuse boîte des regrets.

**La vie est d'ailleurs beaucoup trop courte
pour transporter dans votre sac à dos
l'immense poids des regrets!**

Et comme disent si bien les alpinistes:

**«Si on veut monter en altitude,
il faut apprendre à voyager léger.»**

Prenez donc cette saine habitude de vider de temps à autre votre sac à dos afin d'être en mesure de bouger plus vite et, par conséquent, de monter plus haut. Et vous en conviendrez, on ne peut remplir un sac déjà plein au rebord!

C'est donc le temps de faire le grand ménage: aux ordures les regrets, les vieux souhaits utopiques et les vieilles frustrations du passé! On a besoin de place pour de *vrais* projets, de vrais rêves qui nous emmèneront vers de nouveaux sommets.

Nous avons tous un rôle à jouer dans la vie, une place qui nous est réservée et qui est faite juste pour nous.

**Je pense que nous ne subissons pas l'avenir,
mais plutôt que nous le fabriquons nous-mêmes.**

Que ce soit par nos actions ou plutôt nos inactions quotidiennes, qui sont les décisions prises face à nos propres choix de vie et que nous devons assumer!

Ces obstacles parfois contraignants que la vie met sur notre chemin, ces fameuses embûches qui nous découragent par moments sont justement là pour nous préparer à réaliser de très grandes choses, qui forgeront à la fois notre caractère et notre fabuleux destin.

Découvrir ses passions, c'est ce qui nous permet de réaliser nos rêves les plus grands ! Pouvoir ainsi les réaliser est une chose extraordinaire, mais encore faut-il prendre le temps de les déguster.

Il faut savoir garder la foi en son rêve. Il ne faut surtout pas hésiter à mettre tout en place, à investir temps et argent afin de créer les conditions propices à sa réalisation. Les efforts et les sacrifices sont toujours récompensés lorsqu'ils sont faits pour les *bonnes* raisons.

Accomplir sa destinée en vivant pleinement nos passions est ce que nous devrions tous tenter d'atteindre au cours de notre passage sur terre. Pour cela, il nous suffit de simplement prendre le temps d'y penser, car nous finirons éventuellement par devenir ce que nous pensons ! Et cela peut se résumer en trois mots :

La pensée crée.

On devient
ce que l'on pense

L'empereur Marc Aurèle, reconnu comme l'un des plus grands philosophes romains, a un jour dit : « Ce qu'un homme pense, il le devient. »

À cette époque, où l'individu se sentait écrasé par la grandeur de l'Empire romain, l'introspection est vite devenue à la mode. Comme le bonheur ne pouvait désormais plus être collectif, il suffisait alors d'en trouver soi-même le chemin.

Earl Nightingale, le fondateur de l'industrie du développement personnel aux États-Unis, considéré, encore à ce jour, comme le parrain de la motivation, a renchéri en écrivant, puis en enregistrant en 1956 un disque sur le sujet et intitulé *Le secret le plus étrange*. Ce 78 tours est devenu le tout premier et le seul album parlé de l'histoire à atteindre le cap du million d'exemplaires vendus, le consacrant ainsi disque d'or.

Le fameux secret en question était et est encore de nos jours troublant de vérité. Simple et complexe à la fois, celui-ci se décrit d'ailleurs en quelques mots tout simples :

« On devient ce que l'on pense. »

Le plus impressionnant est que le message d'Earl Nightingale est toujours d'actualité, près de 50 années plus tard ! Celui-ci a d'ailleurs changé la vie de millions de personnes dans le monde et continue, encore aujourd'hui, à influencer positivement des millions d'autres.

Cet homme légendaire est considéré par plusieurs comme un des plus grands philosophes de son époque. Il a concocté son message dans le simple et noble but de réveiller les gens et de leur faire réaliser que le conformisme collectif est probablement le plus grand obstacle à notre évolution, voire à notre destinée. Son intention était pure, et l'impact de son message fut d'ailleurs purement incroyable ! Laissez-moi maintenant vous raconter son histoire fascinante.

Earl Nightingale est né en 1921 à Los Angeles, aux États-Unis, durant les plus graves années de la dépression économique qu'a connue l'Amérique du Nord. À cette époque, l'économie était en véritable crise et les gens devaient se battre pour subsister. M. Nightingale commença alors à se demander, dès l'âge de neuf ans, pourquoi ses parents et les membres de sa famille, malgré le fait qu'ils travaillaient comme des forcenés du soir au matin, arrivaient à peine à survivre, alors que d'autres familles semblaient au contraire connaître l'abondance et la prospérité.

Cette injustice le hantait constamment, eux qui étaient si pauvres et pourtant si travaillants. Il voulait comprendre ce que pouvaient bien faire les autres pour avoir une meilleure qualité de vie que la sienne. C'en était d'ailleurs devenu une véritable obsession et il se jura qu'un jour il finirait bien par trouver une réponse à sa question.

Il entreprit alors une longue recherche, dès son tout jeune âge, alors qu'il n'était encore qu'un gamin. Il se mit donc à lire tout ce qui lui tombait sous la main, obsédé par cette quête de savoir. Il était convaincu que :

Quelqu'un, quelque part, connaissait la réponse.

Ses recherches le conduisirent vers de nombreuses et fascinantes découvertes. Si bien qu'en 1956, soit près de 26 années plus tard, Earl décida de livrer au grand jour le fruit de ses découvertes. Il enregistra sur ruban magnétique un message de 40 minutes qui s'intitulait *Le secret le plus étrange*, ce fameux secret qui consistait essentiellement à devenir ce que l'on pense.

Son message était sans prétention, mais la puissance de ses mots résumait à eux seuls presque un quart de siècle de recherches intensives sur le comportement humain. Le contenu était si condensé qu'il était pratiquement impossible d'en retenir toute l'essence en une seule écoute !

C'est d'ailleurs pourquoi Earl décida de tester son matériel en faisant écouter l'enregistrement à un groupe d'amis et collègues de travail, par un beau samedi matin d'été, dans le sous-sol de sa résidence.

Il est important de mentionner ici que cela était un essai, que le but recherché était simplement de connaître la réaction des gens et si le message était aisément compréhensible par tous. Il craignait que les gens aient de la difficulté à saisir l'ensemble du message et deviennent confus.

Quelle ne fut pas sa surprise de voir l'engouement sur le visage de ses invités, à la suite de l'écoute de la bande magnétique. Ils étaient si impressionnés et si bouleversés par ce qu'ils venaient d'entendre qu'ils supplièrent Earl de leur en faire une copie afin qu'ils puissent le faire écouter à leur famille et à leurs amis.

Une idée incroyable traversa alors l'esprit de Earl : « Pourquoi ne pas en faire un disque ? Je pourrais alors partager mon message à un plus grand nombre de gens. De plus, cela pourrait devenir une source de revenu supplémentaire pour moi et ma petite famille. » Il était loin de se douter que cette décision allait bientôt changer sa vie à tout jamais.

Earl Nightingale entreprit la semaine suivante des démarches auprès de la compagnie de disque Columbia Records, afin de pouvoir enregistrer sur un 78 tours en vinyle le précieux message de motivation, qui avait eu un impact si positif sur ses collègues et amis.

Eh bien, croyez-le ou non, dans les mois qui suivirent, l'album se vendit comme de véritables petits pains chauds, si bien qu'à peine un an après sa sortie, et sans vraiment avoir fait de publicité ou de campagne de marketing, Earl en écoula plus d'un million, devenant ainsi le tout premier motivateur à obtenir un disque d'or !

Il n'en revenait tout simplement pas : toutes ces années de dur labeur étaient soudainement récompensées. Mais Earl était loin de se douter que son message deviendrait un classique, lui qui n'était alors âgé à l'époque que de 35 ans !

Encore aujourd'hui, tous les gens des domaines de la motivation, du spirituel et de la croissance personnelle vous diront unanimement que le message livré par Earl Nightingale en 1956 est, à ce jour, celui qui a eu l'impact le plus positif sur l'ensemble du monde.

Le nombre de gens qui furent influencés aussi positivement par ce message ne se compte plus : du simple ouvrier à l'homme d'affaires aguerri, le message à la fois simple et puissant a fait son œuvre pour le plus grand bien de l'humanité.

La vie de Earl fut dès lors complètement transformée, soulignant ainsi le début d'une carrière fulgurante qui allait le propulser au rang des plus grands motivateurs qu'ait connus le monde.

Il en vint d'ailleurs à créer sa propre émission de radio, qui fut à ce jour la plus écoutée. Celle-ci s'intitulait *Our Changing World* (*Notre monde en constant changement*) et jouait quotidiennement dans plusieurs pays, dont le Canada, les États-Unis, la Nouvelle-Zélande, le Mexique, les Bahamas, les pays d'Amérique latine, sans compter sa diffusion dans les bases des forces armées américaines et canadiennes.

Earl Nightingale meurt malheureusement en 1989 ; il n'était âgé que de 68 ans. Malgré tout, son apport à l'humanité est sans contredit inestimable et j'aimerais profiter de l'occasion qui m'est donnée ici pour le remercier personnellement pour l'impact incroyable qu'il a eu dans ma vie.

Je lui dois d'ailleurs la phrase merveilleuse qu'il a dite à la toute fin de son célèbre et légendaire message. En effet, il a suggéré aux gens de tester l'efficacité de son concept et de ne surtout pas hésiter à le faire car, au bout du compte, ils n'avaient rien à perdre, sinon une vie à gagner.

C'est ce qui m'a donné l'inspiration pour l'une des parties de ce livre ! J'ai même renchéri à partir de cette phrase et concocté, il y a quelques années déjà, cette expression qui est devenue ma marque de commerce : « Sortez de vos pantoufles en béton ! »

Cette phrase, qui incite à l'action, se marie parfaitement à ce principe que nous avons tout à gagner, si nous essayons seulement de sortir de notre zone de confort virtuel.

J'aimerais d'ailleurs explorer avec vous ce que voulait être ce concept révolutionnaire que Earl avait élaboré à l'époque et qui est en lien avec la rubrique précédente, « Redécouvrir ses rêves, ses passions ».

Nous allons maintenant en faire l'élaboration à travers une magnifique petite histoire que m'a racontée un jour un très bon ami à moi, Alain.

Un jour, un aigle laissa tomber, par mégarde, l'un de ses œufs en dehors du nid. Le petit œuf se mit alors à dévaler la montagne et, par miracle, se rendit jusqu'à la terre ferme, sans se briser !

Aussitôt arriva une poule sauvage, qui passait par là. Celle-ci, croyant que cet œuf était le sien, le prit sous son aile. Elle qui couvait à ce moment-là sa toute dernière portée ne fit pas de cas au fait que cet œuf était légèrement plus gros que les autres. C'est ainsi qu'elle apporta avec elle ce précieux trésor tombé du ciel et le déposa soigneusement dans son nid, parmi ses autres rejetons.

Au bout de quelques semaines, les œufs furent prêts à éclore et c'est alors que notre joli petit aigle vit le jour, entouré de ses frères et sœurs poulets !

Celui-ci ne remarqua pas le fait qu'il était quelque peu différent physiquement des autres membres de sa nouvelle famille : on lui donnait, au même titre que ses frères et sœurs, toute l'attention et toute la nourriture dont il avait besoin pour grandir, et c'était pour lui ce qui comptait le plus.

Il grandit ainsi petit à petit, se démarquant de plus en plus de son entourage. Comme il évoluait parmi les volailles, il se mit à développer les mêmes habitudes qu'elles, grattant le sol de ses pattes et picorant, ça et là, afin de trouver quelconques insectes à se mettre sous la dent.

Un beau jour, alors qu'il vaquait à ses habitudes quotidiennes, il entendit un cri strident venant du ciel. C'était un son qui était à la fois puissant et terrifiant.

C'est alors qu'il aperçut tout en haut un magnifique oiseau aux ailes déployées, qui semblait flotter parmi les nuages. Le spectacle était à couper le souffle ! Son cœur se mit à battre la chamade et il ressentit en lui un immense désir, plus grand que tout ce qu'il avait pu ressentir à ce jour. Il aurait voulu donner tout ce qu'il possédait pour avoir la chance de pouvoir ainsi voler, là-haut, dans le firmament de ce ciel d'un bleu éclatant.

Lui qui, comme ceux qui l'entouraient, était convaincu qu'il lui serait impossible de voler, et encore moins à cette altitude !

Il se comparait ainsi aux poulets, qui sont des animaux uniques en leur genre ; en effet, ils sont des oiseaux qui n'en sont pas vraiment ! Ils sont physiologiquement constitués comme n'importe quel autre oiseau, mais ils sont incapables de quitter la terre ferme et de s'envoler ! Ils sont ainsi cloués au sol pour la totalité de leur courte existence sur terre.

Notre petit aigle, lui, était complètement renversé par ce qu'il avait vu. Lui qui pensait être incapable de voler, voit du jour au lendemain un oiseau semblable à lui, aux ailes et au plumage identiques le faire ! Ce qui était étrange, c'est qu'il était à la fois différent et semblable.

Venait alors de naître en lui ce sentiment plus fort que tout, celui de se transformer, de devenir mieux que ce qu'il était devenu.

Pourtant, on lui avait dit depuis sa naissance que voler, c'est pour les autres, et non pour les volailles de son espèce! Mais cette envie de se déployer, de s'épanouir était beaucoup trop forte. Elle était plus forte que ce que lui dictait sa logique. Notre oiseau venait alors de réaliser quelque chose d'extraordinaire:

Lorsque notre conscience s'allume et s'éveille, elle ne peut plus jamais être éteinte.

C'était désormais son cœur et son âme qui contrôlaient ses pensées, et il avait ce sentiment étrange, tout au fond de lui-même, qu'il pouvait enfin devenir cet aigle majestueux.

Envers et contre tous, il décida un beau matin de faire le grand saut! Il s'approcha alors du rebord d'une falaise haute de plusieurs centaines de mètres. Il était terrorisé mais encore là, cette petite voix intérieure lui dicta de suivre son cœur. Il a peur, il n'a aucune idée s'il va être en mesure de s'envoler ou si, au contraire, il va tomber du haut des airs et s'écraser parmi les rochers, tout en bas de cette immense falaise.

C'est alors qu'il réalisa qu'il n'avait soudainement plus le vertige, cette peur des hauteurs qui, toute sa vie, l'avait empêché de s'approcher d'un quelconque sommet. Il se rendit aussi compte que c'étaient cette même peur et ces mêmes craintes qui l'avaient éloigné toutes ces années de sa vraie nature.

Il remarqua alors le souffle du vent qui poussait dans ses ailes, comme si c'était une sorte de message de l'au-delà. Mieux encore, comme si la terre tout entière avait soudainement besoin de lui!

Il sentit alors grandir en lui la force, le courage et l'espoir de jours meilleurs. Il était désormais prêt à risquer le tout pour le tout, car il devait à tout prix trouver un sens à sa vie, une *vraie* raison de vivre, et non simplement exister.

C'était maintenant ou jamais! Il valait mieux mourir en tentant d'essayer d'accomplir sa destinée que simplement survivre en tentant d'essayer d'être un autre que lui, qui, de toute évidence, ne serait jamais ce que *lui* était vraiment.

Il ne serait alors que la pâle copie de quelqu'un d'autre, et ça, il n'en était pas question!

C'est à ce moment qu'il ferma les yeux, laissant ainsi s'échapper l'angoisse, l'anxiété et le doute qui le hantaient depuis si longtemps, pour laisser place à la foi, au courage et à l'imagination débordante qui le caractérisaient.

Il s'élança alors du haut de cette interminable falaise, tel un ange. Lorsqu'il ouvrit les yeux, quelques secondes plus tard, il s'aperçut qu'il planait! Il pouvait, sans le moindre effort, flotter dans le ciel, contemplant ainsi du haut des airs ce monde merveilleux qu'il ne voyait auparavant que du haut de ses yeux de petit poulet, soit à peine quelques centimètres du sol. Le spectacle était sublime!

Il pouvait enfin explorer le monde à sa guise, aller là où bon lui semble, au gré de ses fantaisies, là où son cœur voudrait bien le transporter.

Il se mit à pleurer de joie, ne pouvant décrire le bonheur qu'il vivait à cet instant précis. Il ne pouvait pas croire que durant toutes ces années, il croyait dur comme fer qu'il n'était qu'un simple poulet, comme les milliers d'autres qui l'entouraient.

Peu de temps après son envol, vinrent le rejoindre ses semblables. Il se retrouva alors entouré de majestueux aigles à la tête argentée, qui avaient l'air de véritables chevaliers. Ceux-ci étaient fiers de l'avoir ainsi découvert. Il faisait désormais partie de la famille, *sa* famille.

«Vous savez, je n'ai réalisé que très tard dans ma vie que j'étais moi aussi un aigle.»

Pourtant, toute ma jeunesse, j'ai cru foncièrement que je serais toujours limité à n'être qu'un simple petit poulet, comme tant d'autres. Jamais je n'aurais pu imaginer que j'avais en moi les capacités de devenir un jour cet aigle tant convoité. Alors, de grâce, mes amis :

Ne laissez pas les circonstances de la vie vous empêcher de déployer l'aigle majestueux qui est en vous.

Donnez-vous donc la chance de le découvrir, car l'Univers a besoin d'aigle comme vous! Dites-vous qu'il n'y aura jamais trop de chevaliers ailés qui surplombent la terre de leur énergie puissante et bienfaisante. N'hésitez plus, ouvrez toutes grandes vos ailes et envolez-vous vers le ciel, car votre destinée n'attend plus que vous.

Je sais que certains d'entre vous me diront : «Mais on ne peut pas tous être des aigles, alors que faire si on réalise qu'on n'est en fait qu'un poulet?»

Je vous répondrai ceci : «Un poulet, qui sait pertinemment qu'il est un poulet, et qui réalise qu'il ne sera ni ne voudra jamais être un aigle, va alors accepter ce qu'il est et faire de lui le meilleur poulet possible, et ainsi vivre en paix avec lui-même.»

Il mérite d'ailleurs le respect de tous, y compris des aigles, car il possède l'amour et l'estime de soi, ce qui l'honore et fait de ses valeurs le plus beau des trésors !

Le malheur dans tout ça, ce sont ces aigles convaincus d'être des poulets. Ils passent à côté de quelque chose d'incroyable et en plus de se nuire considérablement, nuisent également à tous ceux qui les entourent, car tous sont privés des talents insoupçonnés qui permettent à l'aigle d'affecter positivement tout ce qu'il surplombe.

Vous qui avez entrepris cette démarche spirituelle, cette quête vers la découverte de votre destin, si, comme moi, vous avez ce sentiment intense que vous pouvez devenir mieux que ce que vous êtes devenu, les chances que vous soyez un aigle qui s'ignore sont probablement très fortes.

L'important, ce n'est pas d'être un poulet ou un aigle, car la terre a besoin tant de l'un que de l'autre ; il serait d'ailleurs impensable que celle-ci soit peuplée uniquement de poulets ou d'aigles ! Imaginez le chaos. Non, ce qui est vraiment important pour nous tous, c'est d'abord et avant tout ceci :

Savoir qui nous sommes vraiment, avec nos forces et nos faiblesses, et l'assumer pleinement en nous respectant nous-mêmes !

C'est la seule façon de découvrir ce qui est bon pour vous, et ainsi être en mesure de diriger votre vie vers le futur qui vous est réservé, cette place qui vous attend et qui est faite spécialement pour vous ! C'est votre rôle, votre place dans cette grande roue de la vie. Elle est là, votre fameuse légende personnelle !

Rappelez-vous ce que vous auriez aimé devenir étant plus jeune mais que vous avez laissé tomber lors de votre passage à l'âge adulte.

Allez plus loin encore dans cette démarche et ressortez vos rêves les plus fous et les plus secrets, ceux-là mêmes que vous chérissiez secrètement mais que vous n'osiez partager avec quiconque, de peur de vous faire dire que vous rêviez en couleurs !

Maintenant que c'est fait, laissez-moi vous proposer le jeu suivant. Imaginez un instant qu'une société fondée par des milliardaires philanthropes décide de mettre en place un programme visant à promouvoir le dépassement de soi !

Le moyen original qu'ils ont trouvé est de prendre des individus, comme vous et moi, et de leur donner la chance unique de devenir ce qu'ils ont toujours rêvé devenir un jour, de vivre des expériences vivifiantes en leur permettant ainsi de sortir de leur train-train quotidien. La façon d'y parvenir est d'ailleurs très ingénieuse :

On vous donne congé de tout paiement pour les 10 prochaines années !

Ce qui veut dire qu'ils s'occupent de toutes vos dépenses, que ce soit votre hypothèque, vos paiements d'auto, d'assurances, les études de vos enfants, vos cotisations à votre régime d'épargne retraite, votre épicerie, bref, toutes les dépenses que vous devez effectuer de façon quotidienne. Intéressant, n'est-ce pas ?

Le but de l'exercice est très simple : vous inciter enfin à faire le grand saut vers la réalisation de vos buts et de vos objectifs de vie personnels et professionnels. Fini ce frein psychologique qui s'appelle *l'argent* et qui rebute tant de gens à passer à l'action.

Imaginez, plus de soucis financiers pour les 10 prochaines années! Alors, que faites-vous?

Allez-vous enfin fonder une petite entreprise rien qu'à vous et laisser cet emploi qui vous empêche d'évoluer depuis tant d'années? Ou finir vos études que vous avez mises de côté pour fonder une famille ou pour accéder rapidement au marché du travail afin de pallier une situation financière précaire? Et que dire de ce changement de carrière et d'environnement que vous souhaitiez depuis si longtemps, sans trop savoir si un jour il serait réalisable?

Prendre enfin du temps pour vous, pour répondre à *vos* besoins!

Allez-vous enfin faire cette fameuse croisière dont vous rêviez depuis des années? Allez-vous hésiter encore longtemps à faire du parachutisme ou de la plongée sous-marine? Et ce voyage de rêve que vous aimeriez faire avec vos enfants ou vos petits-enfants? Il ne faut surtout pas oublier cette fameuse envie qui vous démange de partir à l'aventure durant trois mois à la découverte de l'Europe et de ses beautés, accompagné de votre tendre moitié.

Et que dire aussi de cette voiture sport, cette magnifique décapotable que vous pointez du doigt chaque fois que vous la voyez passer dans la rue? Allez-vous continuer d'attendre qu'elle soit démodée ou qu'elle ne soit plus disponible?

Mais encore là, il y a ces milliers de choses toutes simples que vous rêvez de faire, qui ne coûtent absolument rien, mais que vous ne faites pas faute de temps.

Puisque vous pourriez désormais avoir ce plein contrôle de votre temps, iriez-vous enfin voir cet ami d'enfance qui vous manque depuis si longtemps? Diriez-vous enfin à cette personne qui travaille au restaurant du coin que vous l'aimez secrètement depuis des années?

Eh bien, laissez-moi vous dire : ce genre d'exercice est un véritable délice pour votre subconscient et votre imagination! Vous n'avez pas idée à quel point ce petit jeu pourrait littéralement changer votre perception de la vie.

Trop souvent j'ai vu des gens mourir à petit feu, de maladies graves ou de problèmes de santé majeurs, le cœur rempli de regrets. Ils attendaient la mort en se torturant littéralement l'âme. Le fameux «Pourquoi moi?» suivi du très célèbre «Si j'avais su».

Alors pourquoi réalisons-nous seulement lors de telles tragédies la chance que nous avions? Ces occasions que nous avions mais que nous avons tout de même laissé filer, ces fameuses envies, ces si beaux rêves que nous nous acharnons à repousser aux calendes grecques?

On dirait d'ailleurs que nous sommes passés maîtres dans l'art de remettre tout à plus tard! C'est comme si nous, les humains, nous avions le pouvoir absolu de contrôler l'avenir, de contrôler la course du temps! Vous savez, le vrai problème est beaucoup subtil :

Le mal de ce siècle, c'est que les gens ont tout simplement cessé de réfléchir!

Cette déduction n'est pas de moi, mais d'un homme célèbre, récipiendaire du prix Nobel de la paix en 1952 : le docteur Albert Schweitzer. Celui-ci avait fait cette déclaration alors qu'il était interviewé sur le sujet lors d'une conférence de presse tenue à Londres, il y a une cinquantaine d'années déjà.

Pourtant, encore aujourd'hui, cette constatation est bel et bien d'actualité. Nous vivons à une époque prospère, où l'abondance n'a jamais été aussi présente dans nos vies et dans un pays où la qualité de vie est élevée, comparativement à il y a seulement 100 ans.

De nos jours, avec très peu de connaissances et sans même travailler, une personne peut être en mesure non seulement de survivre, mais en plus de pouvoir vivre une vie décente. Notre société moderne est d'ailleurs conçue pour assurer la subsistance et le bien-être de tout citoyen, à court et à moyen termes.

Dans le monde d'aujourd'hui, où tout est de plus en plus automatisé, où les besoins essentiels de la vie comme se loger, se vêtir et se nourrir sont plus accessibles que jamais, et où l'information sous toutes ses formes est illimitée et abondante, il semble paradoxalement que les gens ne se donnent plus la peine de penser, de s'interroger.

Comme si, du jour au lendemain, ils avaient cessé de se gratter les méninges!

L'effort à fournir aujourd'hui pour obtenir toutes ces choses est en effet substantiellement diminué. Mais au lieu de profiter de cette chance inouïe pour améliorer leurs propres conditions de vie et ainsi devenir prospères, certains décident plutôt de se conformer, de suivre le courant, sans trop se tracasser du *pourquoi* mais en disant plutôt «Parce que...», tout simplement parce que c'est ce que tout le monde fait!

En plus de ne pas savoir où ils s'en vont, ils ne savent même pas pourquoi ils le font! Ils suivent le troupeau, comme des petits moutons, en espérant que ce sera sûrement pour le mieux, puisque tout le monde s'en va par là, de toute façon. C'est le conformisme dans toute sa splendeur! Le plus désolant de l'histoire, c'est qu'ils vont tout de même avancer, car voyez-vous:

L'ironie du sort, c'est que même les poissons morts finissent par suivre le courant!

Et pourquoi feraient-ils autrement? Ces gens ont un emploi correct, qu'ils aiment plus ou moins, mais qui leur permet de payer les factures. Ils ont un toit sur la tête, de la nourriture dans le frigo et suffisamment de téléviseurs et de radios pour se désennuyer. Alors, que demander de plus?

Eh bien, si c'est vraiment le cas, alors je respecte pleinement leur choix de vie! C'est vrai: si ces personnes sont heureuses et satisfaites de ce style de vie qu'elles ont elles-mêmes choisi, je ne vois pas où il pourrait y avoir un problème. J'en connais d'ailleurs plusieurs qui se contentent de très peu dans la vie et qui apprécient pleinement leur qualité de vie. Leur petite routine les sécurise et leur apporte une tranquillité et une paix d'esprit qu'elles recherchent. C'est très bien ainsi.

Par contre, si ces personnes n'aiment pas vraiment leur style de vie, leur emploi ou leur conjoint, mais décident tout de même de persister à maintenir cette situation sous prétexte qu'elles ne peuvent rien y changer, je crois que c'est alors toute la collectivité qui a un problème!

Ce genre de personnes ne nuisent pas seulement à elles-mêmes, mais à des dizaines, voire des centaines d'autres, autour d'elles. Imaginez maintenant que des milliers de personnes comme celles-ci ont le même genre d'attitude. Quel en sera l'impact sur vous?

Ce sont justement ces personnes qui passent leur vie à dire que l'on ne peut rien changer au destin, que la vie est ainsi faite et que plus ça change, plus c'est pareil! Elles sont envieuses et convaincues que si elles devaient être riches et prospères, elles seraient nées dans une famille riche et prospère! De là l'expression « Né pour un petit pain », qui veut dire que dans la vie, on ne fait pas ce qu'on veut, mais bien ce qu'on peut!

Malheureusement, ces gens vont croire qu'on ne peut rien y changer et qu'on doit se fondre littéralement dans ce confort virtuel, comme tant d'autres, sans se poser trop de questions. Ces gens ont pour philosophie :

Ce n'est pas le paradis, mais c'est tout de même mieux que l'enfer! Ça pourrait aller mieux, mais ça coûterait plus cher!

Cet état d'esprit, cette attitude, est ce qui nuit le plus à la collectivité et au bien-être du monde qui nous entoure. Ces gens conformistes sont d'ailleurs ceux qui passent leur vie à être dirigés par des éléments externes.

Prenez l'exemple de ceux qui ont un emploi qu'ils détestent mais qui persistent délibérément à y rester, faute de volonté ou d'ambition. Ils se résignent alors à faire ce qu'on leur demande, car là est la raison pour laquelle on les paye! Ils sont très souvent frustrés du fait que l'on n'exploite aucunement leurs capacités et leurs talents, et expriment leur frustration dans la qualité de leur travail, leur interaction avec les autres et leur attitude en général.

Le plus désolant, c'est que cette situation est tout aussi dommageable que si cette même personne avait décidé de rester chez elle à ne rien faire et de se faire vivre par la société.

Il y a d'ailleurs une phrase célèbre du grand Félix Leclerc (1914-1988), que vous avez sûrement déjà entendue :

**« La meilleure façon de tuer un homme,
c'est de le payer à rien faire. »**

C'est exactement comme si on tuait son ambition et qu'on ignorait son identité et sa fierté d'homme. En somme, c'est comme si on lui enlevait ses rêves, son amour-propre et sa raison d'être. C'est dommage car en agissant ainsi, on vient de fermer la porte à ce qu'aurait pu être notre légende personnelle, notre destinée et ainsi se démarquer, sortir du lot, ou si vous préférez, de la fameuse boîte de crabe !

Pour être heureux, l'être humain doit s'épanouir, constamment apprendre et relever de nouveaux défis afin de pouvoir grandir un peu plus chaque jour.

**L'estime et la valorisation de soi
qu'il aura acquises seront son carburant.**

Il se sentira alors authentique et fier de l'être. Par contre, s'il décide délibérément de se conformer et se résigne à être et à faire comme tout le monde, les probabilités qu'il fasse mieux que les autres sont pratiquement nulles.

Si le destin existe, et que le nôtre est déjà tracé, alors pourquoi rencontrons-nous des gens pour lesquels tout réussit, alors que pour d'autres, c'est tout le contraire ?

Pourquoi, pour certains, tout ce qu'ils touchent se transforme-t-il en or, alors que pour d'autres, cela tourne au vinaigre en accumulant échec par-dessus échec ? On dit même qu'ils attirent littéralement sur eux la malchance !

Eh bien moi, j'ai ma petite idée là-dessus. Je crois que les concepts de chance ou de malchance n'existent tout simplement pas! Ma philosophie est d'ailleurs la suivante:

Nous sommes carrément l'artisan de notre bonheur, au même titre que de notre malheur.

Je crois que c'est là que réside d'ailleurs notre véritable pouvoir. Vous remarquerez d'ailleurs que l'on attire davantage ce que l'on respecte, au même titre que l'on repousse aisément ce pour quoi on n'a pas – ou plus ou moins – de respect dans sa vie.

Voici un exemple. À l'époque, j'avais un collègue de travail qui se plaignait constamment qu'il n'avait jamais d'argent, qu'il était toujours fauché! Il renchérissait en disant même que l'argent était la cause principale de son malheur, de sa vie de misère.

Cette même personne avait souvent l'habitude de dire: «L'argent ne fait pas le bonheur.» Ou bien: «Les gens riches sont malheureux, car ils n'apprécient jamais ce qu'ils ont. On dirait qu'ils n'en ont jamais assez!»

C'est d'ailleurs amusant de constater à quel point les gens qui disent cela n'ont pour la plupart jamais connu ce que c'était que d'avoir beaucoup d'argent. C'est là l'exemple même du rejet. Comment une personne peut-elle espérer attirer l'argent dans sa vie, si les valeurs associées à celui-ci sont négatives? Pour ma part, l'argent n'est qu'un véhicule qui nous permet de nous rendre du point A au point B, tout simplement.

Tout ce que l'argent fait, au fond, c'est changer de main.

Et lorsque celui-ci arrive de façon abondante dans la vie d'une personne, il devient ni plus ni moins qu'un amplificateur de ses valeurs. Et nos actions, vous en conviendrez, sont bien souvent le fruit de nos valeurs.

Effectivement, si vous êtes généreux de nature, que vous donnez régulièrement de votre temps, que vous appréciez être entouré de gens que vous aimez et que vous êtes du genre à aimer les surprises et faire plaisir aux autres, je peux vous assurer que si vous devenez riche du jour au lendemain, vos valeurs profondes se refléteront de façon exponentielle.

Mieux encore, j'irai même jusqu'à dire que l'argent vous permettra d'assumer pleinement qui vous êtes, montrant à ceux qui vous entourent votre vrai moi ! En somme :

L'argent n'est rien de moins qu'un amplificateur de nos valeurs profondes !

Prenons le bel exemple de la chanteuse Céline Dion. Elle est, comme vous le savez peut-être déjà, la cadette d'une famille de 14 enfants. Elle a toujours évolué dans un environnement où la famille, le respect et l'amour des autres étaient constamment présents. Les valeurs que ses parents lui ont inculquées et qu'elle a su conserver et développer au cours de sa vie sont encore aujourd'hui bien présentes chez elle.

La seule différence qu'a eue l'argent dans sa vie, c'est qu'il a simplement décuplé sa générosité et son amour envers les autres ! Elle a ainsi acheté une somptueuse maison de rêve à ses parents, qu'elle aime inconditionnellement et pour qui elle a une gratitude sans bornes. Elle qui adore aussi les enfants donne généreusement depuis des années à plusieurs organismes comme Opération Enfants Soleil et l'hôpital Sainte-Justine pour enfants. Elle est restée la même personne, à la différence que :

Sa fortune lui a permis de multiplier l'ampleur des gestes qu'elle faisait, bien avant de connaître la gloire, le succès et la richesse.

Malheureusement, l'inverse est tout aussi vrai! Les gens égoïstes de nature, mesquins, jaloux, envieux, irrespectueux, méprisants et contrôlants exhiberont avec arrogance toute leur richesse et tout leur pouvoir, n'hésitant pas à ridiculiser et à mépriser le petit monde comme ils se plaisent à dire. L'effet amplificateur prend alors une tournure insoupçonnée et c'est de là que viennent bien souvent nos perceptions négatives des gens riches.

Ces valeurs profondes qui nous habitent reflètent en fait ce que nous sommes, peu importe la grosseur de notre compte en banque ou l'ampleur de nos biens matériels!

Alors, la prochaine fois que vous penserez à l'argent, souvenez-vous de l'effet amplificateur qu'il aura sur vous. Peut-être que cela vous permettra finalement de voir celui-ci comme quelque chose de très positif et ainsi le respecter davantage, ce qui aura pour effet de l'attirer plus facilement dans votre vie.

Revenons maintenant sur ce principe que certaines personnes semblent réussir tout ce qu'elles entreprennent, alors que d'autres échouent lamentablement avant même de se rendre au bout de leurs objectifs. Il y a sûrement un élément déclencheur qui fait que le projet va se réaliser ou, au contraire, avorter.

Mais quel est-il au juste? Il est tellement simple que vous risquez de l'oublier si vous ne prenez pas le temps de l'écrire sur un bout de papier!

**Les gens qui réussissent toujours
ce qu'ils entreprennent ont simplement *décidé* de
ce qu'ils allaient devenir et prennent donc tous
les moyens pour y parvenir!**

C'est ce qu'on appelle devenir ce que l'on pense. Ces gens exceptionnels, ces visionnaires, ces bâtisseurs, ont su développer avec brio les cinq éléments suivants:

* l'imagination;
* la vision;
* la détermination;
* le courage;
* la foi.

Ces atouts, ils les ont développés au même titre que d'autres développent le pessimisme, le doute, l'anxiété, la peur, l'insécurité, la rancune et l'amertume.

C'est tout simplement une question de choix! Un choix qu'ils ont fait dans leur vie, suivi d'une décision qui les ont emmenés à un résultat prévisible et quantifiable. Leur méthode est pourtant bien simple:

**Les gens qui réussissent, contrairement à ceux
qui échouent, se voient déjà en train de réussir,
avant même d'avoir commencé!**

Par contre, il y a d'autres personnes qui s'imposent toutes sortes de limites, de barrières et d'obstacles avant même d'avoir posé la toute première pierre! L'échec est alors facilement prévisible, voire inévitable.

En effet, notre subconscient visualise instantanément le message qu'on lui envoie et fait en sorte que le conscient le concrétise. Car, rappelez-vous toujours ceci:

Notre subconscient ne fait pas la différence entre le réel et l'imaginaire.

L'histoire qui suit est d'ailleurs un bel exemple de cette théorie que l'on peut effectivement programmer notre subconscient afin de pouvoir littéralement devenir ce que l'on pense.

Au cours de ma carrière, j'ai occupé plusieurs emplois différents, qui étaient tous reliés de près ou de loin à ce que j'aimais avec passion : le design, la conception 3D et l'informatique. J'y ai toujours su démontrer un leadership, même si, au tout début de ma carrière, c'était de façon purement inconsciente !

Au fil du temps, je me suis mis à réaliser que j'aimais bien occuper le rôle de leader, et que cela pourrait sans nul doute devenir un bel objectif à atteindre. Je m'imaginais alors devenir un jour responsable d'une équipe, d'un groupe d'employés, et qui sait, peut-être même devenir éventuellement le grand patron.

Mais au début de ma carrière, j'avais un léger problème, et celui-ci était de taille : je n'avais pour ainsi dire aucune crédibilité sur le plan de l'image ! Et je parle ici de celle reliée à la discipline, à la rigueur et au sérieux requis pour le genre de responsabilités recherchées.

J'étais à l'époque plutôt du genre olé olé, un qualificatif pour le moins original que m'avaient donné les responsables des ressources humaines de cette multinationale où je travaillais.

En d'autres mots, j'étais toujours prêt à faire la fête, faisant des blagues à tout moment, riant aux éclats fréquemment, engageant spontanément la conversation à qui bon se trouvait sur mon chemin, bref, j'étais le boute-en-train de la place !

Mon leadership était alors incontestable : les gens embarquaient naturellement dans le rythme et, du même coup, cessaient tous de travailler ! Nul besoin de vous dire que mes patrons n'aimaient guère mon attitude et les réprimandes pleuvaient.

Il est important ici de vous mentionner que le volume de travail que je devais accomplir quotidiennement à ce moment-là était bien en dessous de mes capacités, alors il était évident, voire vital, d'utiliser mon énergie débordante à d'autres fins !

Je me suis alors impliqué dans le club social de l'entreprise, devenant quelques mois plus tard son président. J'organisais toutes sortes d'activités, toutes plus amusantes les unes que les autres, pour le plus grand bonheur des employés.

Encore là, les tournées de promotion que je faisais à l'interne pour mousser la vente des billets était une occasion de plus pour moi de fraterniser davantage avec mes collègues et, par conséquent, les retarder dans l'exécution de leurs tâches, soulevant inévitablement la colère de leurs supérieurs !

Pourtant, tout ce que je voulais, et c'est d'ailleurs ce que j'ai toujours voulu toute ma vie, c'est d'essayer simplement de rendre le plus de gens heureux autour de moi. Il est vrai que mon besoin d'aimer et d'être aimé a toujours influencé grandement mon comportement mais, vous en conviendrez, lorsque celui-ci est bien dosé, il a un impact positif des plus contagieux !

Pour moi, il n'y avait rien de mal dans ce que je faisais à ce moment-là, bien au contraire. En effet, les gens autour de moi étaient heureux et souriants, ils riaient d'ailleurs régulièrement et l'atmosphère de travail était des plus agréables.

En bon passionné que j'étais et que je suis toujours, j'ai réalisé que la modération avait parfois bien meilleur goût et que l'équilibre prenait alors ici toute sa signification.

Le plus drôle dans l'histoire, c'est que mon travail était irréprochable! Et c'est d'ailleurs ce qui rendait complètement dingue mon patron de l'époque! Effectivement, je livrais toujours dans les délais prescrits et le produit fini, lui, était sans contredit de grande qualité. Le perfectionniste que je suis s'est toujours répété la phrase suivante:

**Il faut toujours donner le meilleur
de soi-même dans tout ce qu'on entreprend.**

Et mon travail ne faisait pas exception à la règle! Ma mère m'a toujours dit: «Ce qui vaut la peine d'être fait mérite d'être bien fait. Sinon, à quoi bon le faire?»

Pourtant, il est vrai que si mon travail était exemplaire, on ne pouvait en dire autant de mes collègues que je dérangeais! Ceux-ci en étaient venus à m'en vouloir à la suite des réprimandes de leurs supérieurs à leur endroit. Pourtant, tout ce que je voulais, c'était d'avoir du plaisir en travaillant et que les gens autour de moi en aient tout autant! Par contre, la méthode utilisée n'était tout simplement pas appropriée.

Un jour, mon patron m'a lancé un ultimatum qui ne me donnait pas de choix: soit changer radicalement d'attitude, soit changer carrément d'emploi!

Devenir sérieux, entrer dans le moule de l'entreprise, être ce qu'on appelle politiquement correct, voilà ce qu'on attendait de moi! Mais avec la personnalité flamboyante que j'avais à cette époque, il était difficilement envisageable de me voir changer du tout au tout. Pourtant, c'est ce que j'ai tenté de faire au cours des six mois qui ont suivi.

Le résultat fut catastrophique! J'étais devenu en quelque sorte une véritable plante verte, me fondant littéralement dans le décor, étant réduit à faire strictement mon travail, lequel n'était plus aussi bien fait parce que le cœur n'y était plus. J'étais si malheureux que cette tristesse avait désormais le même effet contagieux que mon enthousiasme débordant des mois passés.

Et ce qui devait arriver arriva : ma déprime se transporta invariablement à la maison, au grand désarroi de mon épouse et de mes enfants. Il fallut donc trouver une solution, et vite! J'avais beau essayer d'être comme tout le monde et plaire à mes supérieurs, mais plus je tentais de me trouver une nouvelle image, plus je m'éloignais de ma propre identité, de mon vrai moi.

Je demandai alors conseil à ma femme qui, une fois de plus, trouva les mots qui réussirent à me mettre sur la bonne piste. En effet, elle me dit alors tout bonnement : « Richard, pourquoi essaies-tu de devenir quelqu'un d'autre que toi? Essaie plutôt de savoir quel genre de patron tu penserais être et fais alors tout ce qu'il faut pour le devenir. » C'est exactement ce que j'avais besoin d'entendre!

C'est vrai, pourquoi faire compliqué quand la vie peut être si simple?

Ce que ma tendre moitié essayait de me dire, c'est qu'au fond, je pouvais devenir celui que je voulais tout en gardant ma propre personnalité et ma propre saveur! C'est d'ailleurs ce qui fait de moi cette personne unique et authentique.

Pour y arriver, je devais tout simplement imaginer être déjà patron. Premièrement, j'ai fait l'exercice de visualisation intensive, qui consiste à me voir en détail vivre ce rôle quotidiennement. Cette étape est d'ailleurs déterminante. Cela impliquait qu'il me fallait imaginer de quelle façon j'allais m'habiller, parler et interagir avec mes collègues de travail ! En somme, il me fallait imaginer une journée typique dans ma nouvelle peau de superviseur et chef d'équipe.

C'est en faisant l'exercice que j'ai ressenti une sorte de bien-être intérieur, une sensation de bonheur apaisante. J'ai réalisé du même coup que c'était ce à quoi j'aspirais, c'est ce que mon moi intérieur désirait depuis si longtemps. C'est ce qu'on appelle en programmation neurolinguistique *le senti*.

La réussite de cette méthode ne réside pas simplement dans le fait d'être en mesure de visualiser ce que nous désirons devenir, mais aussi en cette capacité de ressentir les émotions engendrées par cette nouvelle position tant convoitée.

C'est la meilleure façon de nous assurer que ce que nous convoitons est bel et bien conforme à nos valeurs profondes et à ce que nous sommes vraiment. J'ai d'ailleurs une jolie petite phrase qui résume le tout :

**Savoir se respecter engendre
généralement de meilleurs choix !**

Je me suis donc levé le lendemain matin avec la ferme intention de commencer dès ce moment mon ascension vers mon objectif ! À l'époque, j'occupais le poste de concepteur-modélisateur et je faisais partie d'un groupe de six personnes, toutes très qualifiées et, surtout, très compétentes. Le défi était donc de taille et je savais que pour y arriver, je devais trouver une façon adéquate de me démarquer.

Et quoi de mieux que de commencer à porter la cravate ! Je sais que cela semble idiot à première vue, mais le vieil adage qui dit : « L'habit ne fait pas le moine » est parfois contradictoire avec ce que l'on peut voir sur le plan strictement professionnel. En effet, qu'on le veuille ou non :

**Notre façon de nous vêtir au travail
vient alimenter l'image que nous projetons
de nous sur ceux qui nous entourent.**

Et le fait de travailler toujours en jeans et en t-shirt ne cadrait pas vraiment avec le poste que je convoitais. Je sais, vous allez me dire que ça prend plus qu'une jolie cravate pour obtenir un poste de direction, et vous avez bien raison, mais comme j'avais toujours ce problème d'image relié à mon attitude flamboyante, je savais que j'aurais une bonne pente à remonter. Alors, autant mettre toutes les chances de mon côté !

Cela dit, j'ai donc commencé cette toute nouvelle journée en m'habillant de façon soignée mais sobre. J'ai mis une belle chemise blanche, accompagnée d'une cravate de bon goût, un pantalon noir classique et des chaussures assorties. Bref, j'avais l'air d'un jeune premier qui avait fière allure et dégageait le succès. Mais je savais pertinemment que j'aurais besoin bien plus qu'un bel accoutrement pour réussir.

Malgré tout, je me suis alors surpris à ressentir instantanément cet effet de réussite. Le fait de me sentir ainsi bien vêtu m'a donné aussitôt confiance en moi. J'étais bien dans ma peau et cette image que je voyais de moi m'inspirait, je dirais même m'encourageait à poursuivre ce rêve, cet objectif de carrière. Eh bien, croyez-le ou non, cela a tout simplement fait tourner le vent en ma faveur !

Mes supérieurs ont été agréablement surpris et ont commencé à faire des compliments sur ma tenue vestimentaire, me disant même à la blague que j'avais l'air d'un patron ! Bien sûr, mes collègues de travail n'ont pas raté l'occasion de me taquiner et même de rire de ce changement de look mais rapidement, leur perception s'est mise elle aussi à changer.

Et le premier à changer a été moi-même! Effectivement, le fait de me voir ainsi transformé extérieurement m'a motivé à changer aussi intérieurement et ainsi développer des habitudes et, surtout, une attitude cadrant davantage avec le poste de direction que je visualisais dans ma tête.

À mon grand étonnement, ainsi qu'à celui de mes collègues, je me suis mis à devenir plus sérieux, plus concentré sur mon travail et plus intéressé à ce que je faisais. Mais le plus incroyable, c'est que j'essayais maintenant de connaître le pourquoi au lieu du comment, afin de savoir de quelle façon on pourrait améliorer nos méthodes de travail et, par conséquent, le produit fini.

Je cherchais de nouvelles façons de gagner en temps et en productivité. J'ai alors proposé à mon équipe et à mes supérieurs mes idées et j'ai transmis à ceux-ci ma vision. Nul besoin de vous dire que cette attitude gagnante a eu les répercussions escomptées, et je dirais même plus, inespérées.

C'est alors qu'un beau lundi matin, le vice-président m'a convoqué à son bureau. Il n'était d'ailleurs pas seul, il y avait aussi mon superviseur. J'avais des nœuds à l'estomac, croyant à tort que ce dernier allait me réprimander, comme il l'avait si souvent fait par le passé ou, pis encore, me congédier, sous prétexte que son indulgence à mon égard avait atteint le point de non-retour.

Avec de telles idées, je n'avais vraiment pas besoin de me faire terroriser, je le faisais déjà très bien moi-même!

Bien sûr, rien de tout cela n'est arrivé, au contraire. Le grand patron a commencé la conversation en me félicitant de ma nouvelle attitude, se montrant agréablement surpris de la tournure des événements et mentionnant l'impact positif et constructif que j'avais eu non seulement sur mes collègues, mais aussi sur l'entreprise en général !

Je ne savais plus quoi dire, j'étais tout simplement bouche bée devant un tel discours. Je ne pensais jamais que les efforts des derniers mois étaient venus aux oreilles de la haute direction ! À ma plus grande surprise et, surtout, à mon plus grand bonheur, il m'a annoncé que je venais de mériter rien de moins qu'une promotion, celle de chef d'équipe !

J'aurais désormais sous ma supervision six nouveaux employés, que je pourrais d'ailleurs choisir moi-même. Je devenais ainsi responsable d'un tout nouveau service, celui de la modélisation 3D, créé tout spécialement pour moi. J'étais littéralement au septième ciel ! Et comme si ce n'était pas assez, on m'a offert une généreuse prime ainsi qu'une augmentation de salaire.

Ce fut pour moi le début d'une phénoménale carrière, accumulant tour à tour les nominations et les promotions. On a même décidé un jour de me donner des actions dans l'entreprise, afin de me récompenser pour ma contribution à la croissance phénoménale de celle-ci depuis sa fondation.

Imaginez, lors de mon embauche en 1992, nous n'étions à peine qu'une quarantaine d'employés. Une dizaine d'années plus tard, cette même entreprise était devenue rien de moins qu'une multinationale, comptant plus de 500 employés dans le monde ! Elle est d'ailleurs aujourd'hui une compagnie prospère, cotée en Bourse.

Les logiciels qu'elle a créés au cours des 20 dernières années se vendent maintenant dans plus de 43 pays et sont traduits dans plus de 12 langues! Cette entreprise formidable se nomme Technologies 20-20 et je suis très fier d'en avoir fait partie durant 13 merveilleuses années. Je suis encore à ce jour des plus reconnaissants à leur endroit, pour la confiance qu'ils ont eue à mon égard et les opportunités qu'ils ont su m'offrir et qui m'ont permis d'exploiter les talents qui sommeillaient en moi. Vous voyez, tout ce que j'ai fait, c'était simplement ceci:

Croire ce que je voulais être afin de le devenir.

Et plus vous réussirez à le visualiser dans votre tête, plus vous y croirez. Cela aura pour effet de vous inciter à faire les gestes, conscients ou non, afin d'atteindre graduellement votre objectif, votre rêve longuement imaginé. Devenir ce que l'on pense peut vous donner un pouvoir insoupçonné et les prouesses que cela permet de réaliser n'ont de limites que votre propre imagination!

C'est comme l'acteur et l'actrice qui ont un rôle à jouer au cinéma: ils doivent se mettre dans la peau du personnage, s'approprier sa personnalité, ses valeurs et ses émotions afin de ressentir intensément la scène à jouer, d'aller ainsi chercher l'émotion. La différence, c'est que ce rôle est celui de votre vie, et c'est vous qui avez le rôle principal, car c'est vous la vedette!

Alors, de grâce, cessez de courir, ne serait-ce que 15 petites minutes par jour, et arrêtez-vous pour simplement prendre le temps de penser à ce que vous aimeriez devenir. Croire en ses capacités, en ses talents, en son don. C'est pour cela que:

Visualiser, c'est la clé!

Les répercussions bénéfiques d'une telle habitude, cet effet boule de neige, vous permettront à coup sûr de devenir meilleur que ce que vous êtes devenu. Car, n'oubliez jamais:

**Nous sommes tous et toutes
des chefs-d'œuvre en devenir.**

Comment déjouer son subconscient

Saviez-vous que votre subconscient est capable de mémoriser et d'emmagasiner vos moindres paroles, y compris celles des autres, voire celles auxquelles vous n'avez prêté aucune attention ! Bien sûr, cela inclut également tout ce que vos yeux perçoivent, consciemment ou inconsciemment. En somme :

Le subconscient possède un pouvoir immense : celui de pouvoir enregistrer vos moindres pensées !

Sceptiques ? Eh bien, ce que je vous raconte ici n'est pas de la fiction mais la réalité. Les nombreuses lectures, recherches et analyses sur le sujet que j'ai consultées, combinées aux observations et aux tests que j'ai effectués m'ont littéralement étonné ! Je suis d'ailleurs encore sous le choc, impressionné de voir à quel point notre subconscient peut grandement nous aider, au même titre qu'il peut gravement nous nuire.

En effet, nous négligeons tous plus ou moins l'impact intangible que peut avoir notre subconscient sur notre vie. Pourtant, c'est un acteur majeur qui joue un rôle prédominant dans nos décisions, dans nos actions et, surtout, dans notre destinée ! Sans nous en apercevoir, le subconscient nous envoie constamment des messages subliminaux provenant essentiellement de pensées ou d'images perçues et enregistrées dans le passé. Il nous les projette alors de façon aussi spontanée qu'imprévisible.

Ces messages envoyés par notre subconscient influencent grandement nos choix et, par conséquent, nos décisions.

Prenez le légendaire boxeur Mohamed Ali. Ce dernier commença sa carrière professionnelle en 1960, après avoir remporté la médaille d'or aux Jeux olympiques d'été à Rome. Lui qui n'était alors qu'âgé de 18 ans affirmait déjà haut et fort qu'il était de loin le meilleur boxeur du monde ! Mieux encore, il criait à qui voulait l'entendre : « Je suis le plus grand ! »

Même si la plupart des gens trouvaient cette affirmation prétentieuse, voire arrogante, celui-ci renchérissait en affirmant qu'il serait incontestablement le prochain champion du monde des poids lourds, avant même d'avoir remporté son premier combat professionnel ! Pas besoin de vous dire qu'il a attiré sur lui les foudres des partisans et des journalistes reliés au monde de la boxe.

Pourtant, quelques années plus tard, soit en 1964, il devint exactement ce qu'il avait prédit quatre années plus tôt. Mohamed Ali, alias Cassius Clay, était devenu à l'âge de seulement 22 ans le plus jeune champion du monde des poids lourds de toute l'histoire de la boxe professionnelle !

Encore aujourd'hui, on relate ses exploits et il est devenu une légende plus grande que nature, au même titre qu'Elvis,

Marilyn Monroe ou Louis Armstrong. Comme toutes ces personnes qui sont devenues légendes, il s'était vu, bien avant tout le monde, tout en haut de l'affiche, au firmament, trônant au sommet du succès.

Comme tous ces personnages célèbres, la foi qu'il entretenait en son rêve était si forte et l'image qu'il voyait de lui dans ce futur espéré était si réelle dans son imagination qu'il pouvait littéralement y toucher. C'est ça, déjouer son subconscient !

Ce qui est incroyable, c'est que contrairement à notre conscient, notre subconscient ne fait tout simplement pas la différence entre l'imaginaire et la réalité ! Il est dénué de ce concept et, par conséquent, va interpréter de façon totalement différente les données que le conscient n'a pu sauvegarder.

Pour Mohamed Ali, le fait d'envoyer constamment le message à son subconscient, dès le tout début de sa carrière, qu'il était déjà le meilleur du monde a effectivement donné des résultats positifs, je dirais même extraordinaires !

Mais l'inverse est aussi vrai. Vous connaissez sûrement des gens qui passent leur temps à se rabaisser, à se dire des phrases telles que : «Je suis nul, je n'ai aucun talent.» Ou la populaire : «Regarde-moi le gâchis, j'ai les doigts plein de pouces !» et que dire de celle-ci : «Ah ! c'est rien qu'à moi que cela arrive ce genre de choses-là. On dirait vraiment que j'attire la malchance !» Et la meilleure, probablement parce qu'on l'entend très souvent : «Oublie ça, je ne suis pas capable !» Est-ce que ça vous sonne une cloche ?

Le problème lorsque l'on envoie ce genre de message, qui semble anodin, à notre subconscient, c'est que celui-ci prend la chose très au sérieux. Et si vous avez le malheur de le répéter souvent, vous êtes cuit !

Votre subconscient enverra alors le message à votre conscient qui, lui, convaincu par cet énoncé, provoquera diverses situations, toutes plus désagréables et incontrôlables les unes que les autres. C'est d'ailleurs ce qui renforce ma théorie au sujet des superstitions : elles se produisent parfois justement en raison de cette croyance que nous entretenons envers celles-ci, envoyant du même coup un message clair à notre subconscient. Ce dernier, convaincu de l'existence de ces superstitions, prévient immédiatement le conscient du danger potentiel à survenir.

C'est alors que se matérialise comme par magie la fameuse superstition tant redoutée !

Vous n'êtes pas obligé de prendre au pied de la lettre la théorie que j'avance, mais je vous encourage fortement à faire vos propres tests, vos propres analyses, et à en tirer vos propres conclusions. C'est même très amusant à expérimenter : passez de nombreuse fois sous une échelle, cassez un miroir et observez ce qui se produira dans les jours suivants. Vos croyances se chargeront du résultat !

Cela dit, mes analyses et mes observations sur le subconscient m'ont permis de réaliser à quel point nous étions vulnérables en n'étant peu ou pas conscients de l'impact que pouvait avoir notre subconscient sur notre vie et celle des autres. C'est comme une sorte de base de données, un véritable disque dur qui, comme je le mentionnais précédemment, enregistre et emmagasine tout ce qu'il entend, tout ce qu'il voit et tout ce qu'il ressent depuis notre tendre enfance, que ce soit par nos cinq sens – la vue, l'ouïe, l'odorat, le toucher et le goûter – ou par nos pensées qui ont tout autant de valeur, sinon plus, en termes de données. De là l'importance de non seulement considérer davantage le pouvoir de notre subconscient, mais de l'exploiter aussi à notre avantage.

**C'est en envoyant de l'énergie positive
par nos pensées que nous arrivons à stimuler
efficacement notre subconscient.**

En agissant ainsi, on coupe littéralement les «vivres» au côté sombre et obscur de notre loup intérieur. «Mais qu'est-ce que notre loup intérieur?» me direz-vous. Laissez-moi vous partager cette petite histoire inspirante que m'a un jour racontée un très bon ami à moi.

Il était une fois un grand-père assis sur le bord d'un quai en train de discuter avec son petit-fils âgé de 12 ans. L'homme répondait avec une patience exemplaire aux nombreuses questions du jeune garçon, qui était insatiable d'apprendre tout sur la vie. À un moment donné, son grand-père lui dit : «Tu sais, mon cœur, en chacun de nous cohabitent deux loups : un qui est doux, bienveillant, courageux et protecteur, ainsi qu'un autre qui est agressif, méfiant, envieux et pessimiste.»

Il renchérit en disant : «Ces deux loups, vois-tu, se disputent et s'affrontent constamment en nous.» Le petit bonhomme demande alors à son grand-père : «Mais Papi, lequel des deux arrive à gagner?» Et le grand-père de répondre :

**«Le loup qui domine est toujours celui
que tu choisis délibérément de nourrir.»**

Le message profond et puissant de cette petite histoire est un pur délice ! Surtout dans la façon différente, rafraîchissante et très imagée de nous montrer à quel point nous sommes, bien malgré nous, l'artisan de notre propre malheur, au même titre que de notre propre bonheur.

**Mais dites-moi, quels sont les messages que vous
envoyez quotidiennement à votre subconscient?**

Et de quelle façon arrivez-vous à vous rappeler les messages stimulants et inspirants qui sont en mesure de nourrir adéquatement votre bon loup? Une des façons les plus répandues dans notre société moderne, c'est l'utilisation des fameux *post-it*, ces jolis petits feuillets autocollants que l'on appose un peu partout afin de ne rien oublier. Les phrases que l'on peut y inscrire peuvent alors prendre une tournure des plus surprenantes si l'on sait utiliser le pouvoir insoupçonné des mots.

Servez-vous-en comme aide-mémoire motivant! Collez-les un peu partout à des endroits stratégiques tels que la façade du frigo, à côté du téléphone, près de l'endroit où vous déposez vos clefs, bref, là où vous êtes sûr de regarder au moins deux à trois fois par jour. Croyez-moi, ces petites phrases auront un effet persuasif très puissant pour votre subconscient.

Des phrases comme : «Aujourd'hui, j'ai pris la décision d'être heureux!» et «Je suis né pour réussir et le succès est inévitable!» sont un véritable délice pour votre intellect.

Soyez aussi précis que possible dans vos citations, si vous désirez quelque chose de très spécifique; voici d'ailleurs un bon exemple : «Je vais perdre 10 kilos d'ici le mois de mai prochain.»

Vous pouvez même y ajouter une date! Si vous êtes du type discipliné, cela vous stimulera davantage et, qui sait, augmentera peut-être les probabilités de voir se réaliser votre souhait dans le délai prescrit.

Faites juste l'essayer, vous verrez bien : de belles surprises risquent bien de se produire!

Et si vous voulez vraiment aider votre subconscient à se surpasser, vous n'avez qu'à utiliser régulièrement ce pouvoir incroyable que seuls nous, les êtres humains, avons :

Celui de pouvoir choisir nos pensées!

Ce sont justement ces mêmes pensées qui seront fidèlement enregistrées par votre subconscient. Réalisez-vous qu'avant même de réagir à une situation, de répondre à quelqu'un qui vous confronte ou de faire un geste quelconque, vous choisissez instantanément (de façon souvent inconsciente) une pensée? Celle-ci peut alors être négative ou positive, mais une chose est certaine, c'est de là que tout commence et, surtout, que tout s'enchaîne. La conséquence se concrétise car:

Une pensée agit comme une semence dans votre subconscient.

Et une semence, si elle est bonne et saine, fera pousser une magnifique fleur aux couleurs vives et flamboyantes. Si, par contre, elle est mauvaise et nuisible, le résultat sera alors sans équivoque: il en ressortira une mauvaise herbe, aux tiges difformes et terriblement envahissantes.

En effet, vous aurez beau avoir semé les plus belles fleurs, si vous laissez la mauvaise herbe se mêler à celles-ci, vos fleurs perdront en quelque temps tout de leur éclat, étouffées par la croissance effrénée et puissante de la mauvaise herbe. C'est bien connu, la mauvaise herbe pousse toujours plus vite que la plus vigoureuse des plantes même dans les conditions les plus difficiles!

De là l'importance de les choisir soigneusement et de tenter de semer le maximum de pensées positives, de façon à créer le plus d'ombre possible à ces incontournables mauvaises herbes, qui sont nos inévitables pensées négatives. Ainsi privées d'eau et de soleil, elles auront beaucoup moins de forces, diminuant considérablement le pouvoir néfaste qu'elles ont normalement sur nous.

**Il est donc primordial, voire crucial,
pour nous d'apprendre à contrôler nos pensées
en les choisissant avec soin.**

Aimeriez-vous découvrir une histoire fascinante qui démontre l'immense pouvoir de visualisation de votre subconscient?

Voici l'histoire vécue d'un homme que j'admire énormément, mon ami Michel. Cet individu au destin incroyable est pourtant quelqu'un comme vous et moi, qui vivait une vie tranquille et sans histoire. Sauf qu'il exerçait un métier quelque peu spécial. En effet, il travaillait dans un salon funéraire! C'était une entreprise familiale, fondée par son grand-père, et, par conséquent, son père et lui-même avaient perpétué la tradition.

Michel était alors âgé de 35 ans à l'époque et avait toujours évolué dans ce domaine depuis qu'il était tout petit. Il ne comptait plus le nombre de services funéraires, de messes et d'expositions auxquels il avait dû assister au cours de toutes ces années comme entrepreneur de pompes funèbres.

Mais il réalisa un jour que chaque fois qu'il se trouvait en compagnie de la famille du défunt, une phrase revenait constamment: «Ah! s'il avait su qu'il partirait si vite, il aurait tant aimé faire ceci ou cela. Mais il est trop tard maintenant!»

C'était comme si tout le monde s'était donné le mot! Mais au fond, la réalité était bien triste. Il est vrai que trop souvent, les gens meurent avant même d'avoir pu réaliser 5 % de leurs rêves. Et ça, c'est lorsqu'ils ont eu la chance d'en trouver et d'en réaliser quelques-uns.

D'ailleurs, le fardeau des regrets ne s'arrête pas simplement à la mort de cette personne, mais se transmet aussi à ses proches qui, eux, sont encore plus affectés de savoir que l'être disparu n'a pu en profiter.

C'est navrant de réaliser qu'un être cher n'ait pu capitaliser sur le temps qu'il lui restait pour réaliser ce qu'il aurait tant souhaité faire au cours de sa vie, du temps qu'il était encore vivant et, surtout, en santé! Le plus désolant dans tout cela, c'est que la plupart des gens ne s'en rendent compte que lors de tels événements. Comme le dit si bien l'auteur-compositeur et interprète Luc De Larochellière:

«Et la vie est si fragile...»

C'est d'ailleurs ce qui a fait réagir Michel à ce moment bien précis de sa vie, lui qui caressait depuis sa tendre enfance le rêve de posséder un magnifique catamaran, à bord duquel il pourrait naviguer sur les plus belles mers du monde. Ces eaux paradisiaques telles que les Caraïbes du Sud, où le soleil et les palmiers sont omniprésents.

Ce rêve, il l'avait en tête depuis si longtemps qu'il en était venu à se demander s'il n'était pas né avec! Mais comment pourrait-il bien se permettre un tel luxe, lui qui n'avait pour ainsi dire jamais eu d'autre emploi dans sa vie que celui qu'il occupait depuis toujours dans l'entreprise familiale? Et où trouverait-il bien l'argent nécessaire pour réaliser une telle folie? Car un catamaran ordinaire coûte environ 250 000 $. Et cette somme ne comprend évidemment pas les frais reliés à son utilisation et à son entretien qui, eux, sont tout aussi chers.

Comment alors convaincre son subconscient qu'un tel rêve est possible et que sa réalisation n'est qu'une question de temps?

Chose certaine, il ne voulait pas se retrouver comme tant de gens à la fin de leur vie : n'avoir que des regrets ! Regrets de ne jamais avoir eu la chance ou le courage de réaliser ses rêves, ses buts et ses objectifs. Mais il y a pire encore :

Le regret de n'avoir jamais su ce que cela aurait pu être, faute de n'avoir jamais *osé* essayer.

Il ne pouvait concevoir vieillir avec cela sur la conscience. Il ne voulait surtout pas que ce rêve si cher à ses yeux tombe dans l'oubli, faute de courage, de persévérance et de volonté. Mais comment ferait-il pour trouver les moyens d'y parvenir ? Comment ferait-il pour passer du rêve à la réalité ? Imaginez les idées qui peuvent nous passer par la tête devant un tel défi : « On fait quoi, au juste, dans de telles circonstances ? On appelle la ligne Info-rêve, on joue nos économies au casino ou on se met à acheter des billets de loterie en quantité industrielle ? » Eh bien, non !

Ce que notre ami devait faire pour commencer, c'est de définir exactement ce qu'il voulait, ce qu'il souhaitait vraiment obtenir. Après tout, c'était son rêve, c'était lui qui serait le tout premier à en bénéficier, alors pourquoi lésiner sur les moyens ?

Il ne faut surtout pas commencer à limiter ses désirs en fonction des légendaires contraintes de temps et d'argent, qui savent si bien freiner nos plus belles ambitions, nos plus grands projets.

Cette étape cruciale est d'ailleurs la moins coûteuse car, en fait, elle ne coûte absolument rien ! « N'est-ce pas merveilleux de pouvoir ainsi rêver gratuitement à nos rêves les plus fous ? » C'est pourquoi il ne faut jamais hésiter à le faire.

Et le meilleur temps pour décider de passer à l'action, c'est toujours *maintenant*.

C'est ce que fit notre ami : il prit une feuille et un crayon et se mit à décrire, dans les moindres détails, son fameux bateau : la couleur, la longueur, l'aménagement intérieur, etc. Aucun détail ne fut laissé au hasard !

C'est d'ailleurs la meilleure façon d'obtenir précisément et, surtout, promptement ce que l'on désire fortement. Je crois foncièrement, pour l'avoir expérimenté à maintes reprises, que :

Plus on est en mesure de visualiser ce que l'on désire, plus rapidement on l'obtiendra.

La raison en est simple. Pour être en mesure de trouver, il faut d'abord savoir ce que l'on cherche : plus on précise la définition de ce que l'on désire obtenir, plus ciblée sera notre recherche, gagnant ainsi un temps précieux. Il est d'ailleurs si facile d'en perdre lorsque l'on tente de trouver quelque chose qui ne correspond pas à son échelle de valeurs et qui ne respecte pas non plus les critères préétablis à l'origine.

Cet exercice terminé, Michel savait maintenant exactement ce qu'il voulait ! Il passa donc à l'étape suivante : déterminer la façon dont il pourrait s'y prendre pour faire de son rêve une réalité. De toute évidence, cela n'était pas une tâche facile car cela exigeait beaucoup d'imagination et de recherche. Mais Michel voyait cela comme le début d'une très grande aventure !

C'est effectivement très motivant et, surtout, très stimulant de pouvoir ainsi élaborer différents scénarios en sachant que l'un d'eux serait le bon et qu'il deviendrait le grand responsable de la réalisation du projet le plus important de sa vie !

Pour ce faire, il élabora donc trois différents scénarios. Chacun d'eux était évolutif, car même s'il ne possédait pas toutes les solutions au départ, il trouverait sûrement des idées en cours de route de façon à atteindre plus facilement et plus rapidement son objectif.

Il ne lui restait plus maintenant qu'à établir des dates de livraison! Effectivement, si on veut être en mesure de réaliser un rêve et de le concrétiser officiellement, il faut être capable de déterminer une date pour chaque étape ainsi qu'une date de fin. Celles-ci nous serviront de bornes routières, de précieux points de repère tout au long de notre parcours, de notre belle aventure! Elles serviront aussi à déterminer l'avancement, la progression de nos efforts, ravivant du même coup notre détermination à atteindre la prochaine étape. Chaque date ainsi établie servira non seulement de référence dans le temps, mais fera aussi de ce rêve, de ce souhait, un véritable projet concret! Autrement, celui-ci resterait une fantaisie, une sorte de rêve inaccessible, trop flou pour être concrétisé.

Dites-vous que les dates sont ancrées dans le sable et que, par conséquent, elles peuvent être déplacées, selon les événements imprévisibles que la vie s'amuse à nous faire vivre!

Rappelez-vous qu'elles ne servent que de guide, de positionnement dans le temps afin de mieux visualiser le chemin à parcourir et les différentes étapes à franchir.

L'important, c'est que votre objectif, *lui*, soit coulé dans le béton armé!

Ce qui implique, par définition, qu'il ne peut être bougé, déplacé ou perturbé d'aucune façon! C'est ainsi que Michel détermina que son rêve deviendrait réalité dans exactement 10 ans, soit à l'aube de ses 45 ans. Ayant élaboré un échéancier qui était réaliste, avec des objectifs atteignables, il s'assurait ainsi d'atteindre plus facilement ce rêve incroyable, cette douce folie qui le hantait depuis si longtemps.

En plus, cela lui donnait suffisamment de temps pour effectuer ses recherches et tenter de trouver les meilleures solutions possible. Il aurait ainsi suffisamment de temps pour recueillir les précieux conseils de gens qui ont une expertise concrète dans les différents aspects de ce projet, et non de ces personnes qui prétendent tout connaître et tout savoir et qui l'avaient si souvent induit en erreur dans le passé.

Michel commença donc ses démarches avec enthousiasme et, surtout, avec la conviction que son projet verrait le jour, peu importe les efforts et le temps à y investir. Il avait pris la décision que cela était désormais une priorité dans sa vie, créant ainsi un point de mire qui lui permettait de ne pas tomber dans le piège des distractions qui guettent constamment tout un chacun. Michel était désormais convaincu :

Avec une attitude gagnante et une conviction à toute épreuve, le succès est inévitable !

Non seulement celui-ci a-t-il réussi, après toutes ces années, à faire l'acquisition d'un magnifique catamaran, mais il fonda du même coup sa propre agence de voyages afin de pouvoir financer son projet ! Son entreprise offre désormais aux vacanciers du monde entier la chance de voyager à bord d'un voilier, à destination d'endroits paradisiaques uniques, rarement visités par les touristes.

Imaginez ce passionné de voile faire désormais le tour du monde à bord d'un catamaran de plus de 14 mètres de longueur sur 7,5 mètres de largeur, et offrant toutes les commodités d'un hôtel sur l'eau : quatre salles de bains complètes, six cabines, dont quatre doubles, une immense terrasse sur le pont pour prendre un copieux repas avec vue sur l'océan, et un beau grand filet de type trampoline vous permettant de vous faire bronzer entre ciel et mer. Que demander de mieux ?

Réalisez-vous l'ampleur insoupçonnée qu'a pris le rêve de cet homme ? Même dans ses rêves les plus fous, Michel n'aurait pu imaginer qu'un jour il pourrait voguer toute l'année sur les plus belles mers du monde : de l'Argentine au Brésil, des Antilles aux îles Vierges, des Bahamas aux côtes de la Floride, en passant par la Polynésie française et la mer des Caraïbes.

Et dire que la plupart des gens autour de lui n'y croyaient tout simplement pas. Ils disaient que ses attentes étaient beaucoup trop élevées, voire irréalistes (pour ne pas dire irréalisables !).

Mais, voyez-vous, Michel, lui, y croyait. Il avait ce sentiment au fond de lui, cette petite voix intérieure qui lui disait qu'il pouvait tout réussir, que c'était là sa nouvelle raison de vivre, que c'était peut-être même la raison de son passage sur terre.

Son intuition, une fois de plus, avait vu juste et l'avait merveilleusement guidé.

Ses pensées positives et créatrices, envoyées constamment à son subconscient afin de l'influencer positivement, ont fait en sorte que ce rêve, si longtemps souhaité et désiré, ne finisse pas en regret mais plutôt en un merveilleux projet devenu plus grand que nature. Quel bel exemple de dépassement !

Déjouer ainsi son subconscient, face à la réalisation d'un rêve qui semblait au début peu probable, voire impossible, est pour moi la plus belle des victoires. Quoi qu'il en soit, Michel est aujourd'hui le plus heureux des hommes, partageant sa joie de vivre et sa passion pour la vie avec les nombreux voyageurs

qu'il accueille chaque semaine, en compagnie de sa tendre moitié, Cécile.

**Il réalise, 12 ans plus tard, qu'il n'avait rien
à perdre mais une vie à gagner!**

Rien à perdre,
mais une vie à gagner

Yves, un très bon ami, m'a dit un jour avoir reçu de son père un conseil remarquable qui lui a servi tout au long de sa vie : « Dans la vie, lorsque tu n'as rien à perdre, mais que tu décides tout de même de ne pas l'essayer, ou de ne pas le demander, tu es un vrai perdant ! »

C'est pourtant vrai, combien de fois a-t-on hésité à demander l'aide de quelqu'un, sans même avoir la moindre idée de ce qu'il nous aurait répondu ? Pourtant, comme je le disais précédemment, la plupart des gens aiment que l'on sollicite leurs talents, qu'on fasse appel à leur savoir-faire et à leur débrouillardise. Certains n'attendent d'ailleurs que ça ! En voici un très bon exemple :

Le syndrome du pot de cornichons.

En effet, lorsque celui-ci semble impossible à ouvrir, tout le monde se jette littéralement sur le fameux pot pour montrer qu'*ils* sont capables de l'ouvrir!

Je sais, vous allez me dire que cela ne s'applique qu'aux hommes, mais il n'en demeure pas moins que la plupart des gens aiment bien se sentir utiles et valorisés. Le fait que l'on fasse appel à leur service, à leur aide, vient alors assouvir ce besoin inné de reconnaissance et d'estime personnelle. Alors pourquoi hésiter autant à le faire?

C'est vrai qu'on aime mieux déterminer soi-même l'hypothétique réponse, en s'imaginant bien sûr qu'elle sera négative. On s'improvise alors médium, ayant acquis le pouvoir de lire dans les pensées des gens! On est vraiment rapide lorsqu'il s'agit de déductions à l'emporte-pièce, ne trouvez-vous pas?

Mais, que voulez-vous, l'être humain que nous sommes aime présumer!

C'est vrai, on décide littéralement pour eux avant même qu'ils le sachent! C'est la raison pour laquelle on se donne parfois autant de misère à obtenir quelque chose, alors que d'autres arrivent à l'obtenir plus rapidement et, surtout, plus facilement et sans efforts! C'est ça l'interdépendance. Seul, on peut accomplir de bien belles choses, mais ensemble, on peut en réaliser de très grandes!

Quand je vous dis que vous n'avez rien à perdre mais une vie à gagner, c'est en quelque sorte une façon de vous dire de vivre votre vie comme si c'était aujourd'hui le dernier jour de votre vie. Car, un beau matin, ce sera vrai !

Vous n'êtes-vous jamais arrêté à y penser vraiment ? Peut-être que votre peur de la mort, consciente ou non, vous y empêche. Mais la mort, ça fait aussi partie de la vie, non ? C'est d'ailleurs une des seules certitudes de la vie. Un jour, chacun d'entre nous laissera échapper son dernier souffle, fermera ses yeux à jamais et s'éteindra tout doucement, marquant du même coup la fin de son passage sur cette merveilleuse planète qu'est la Terre. Elle qui nous a vus naître, grandir, nous épanouir, vieillir, puis nous éteindre : étape finale de cette grande aventure qu'est la vie !

Dites-moi, si aujourd'hui était la dernière journée de votre vie, comment aimeriez-vous la vivre ?

Si vous commencez à mettre en pratique dès maintenant ce principe simple, qui est de vivre pleinement chaque instant, de savourer la vie comme si chaque jour était un cadeau de plus, je peux vous garantir que votre peur de la mort s'estompera d'elle-même. C'est d'ailleurs pourquoi la peur de la mort fait que l'on devienne soudainement plus attentif à la vie. Car il y a bien plus douloureux que la peur de la mort elle-même :

C'est la peur de finir ses jours en n'ayant jamais vécu pleinement sa vie.

L'une des raisons les plus fréquentes qui nous empêche d'essayer, c'est sans nul doute la peur de l'échec. Cette peur de se tromper, de perdre pied, de trébucher et de tomber face première dans le gravier, en se râpant les genoux et la paume des mains au passage. Bref, peur de tomber et de faire une vraie bonne chute !

Mais, au fond, qu'est-ce qu'un échec? Qu'est-ce que ce mot signifie pour vous? Pour moi, il a une définition toute spéciale car ce mot, voyez-vous, ne fait plus partie de mon vocabulaire depuis 10 ans déjà.

Pour moi, l'échec n'est rien d'autre qu'une opinion !

C'est vrai, les gens ont l'étiquette facile et pour certains, tout essai qui ne réussit pas du premier coup est automatiquement catalogué comme un échec.

De plus, si une personne a un but à atteindre et qu'elle bifurque en milieu de course pour prendre un chemin différent qui la mène à un résultat autre que celui escompté, pour certains encore, c'est un signe d'échec !

Quand on regarde le chemin parcouru de cette personne, les leçons apprises, les découvertes réalisées et les leçons d'humilité, de courage et de ténacité acquises tout au long du parcours, n'est-ce pas là une victoire pleinement méritée?

Au fond, nous devrions plutôt voir nos échecs du passé comme des erreurs de parcours qui nous ont permis d'avancer, de franchir une étape de plus dans notre évolution personnelle, de faire un pas de plus vers la sagesse et la confiance en soi.

Faisons ensemble l'exercice suivant, si vous le voulez bien. Souvenez-vous d'un échec passé, d'une expérience vécue il n'y a pas si longtemps et pour laquelle vous avez eu ce sentiment d'être un perdant, cette frustration de ne pas avoir atteint votre objectif malgré tous les efforts déployés.

Pourtant, vous vous surprenez, après un certain temps, d'avoir remplacé ce sentiment d'amertume par celui de vous sentir grandi de cette épreuve vécue, n'est-ce pas? Eh bien, c'est là une preuve éloquente que toute expérience, bonne ou mauvaise, contient toujours son lot de petites victoires personnelles, ce gain évident de sagesse et de maturité.

C'est en vivant ces expériences difficiles que l'on devient plus fort, plus confiant, plus robuste et, surtout, plus fier de soi.

Les plus grandes satisfactions dans votre vie sont d'ailleurs sûrement celles ressenties après avoir travaillé fort, après vous être accroché à votre rêve, à votre objectif. Malgré les fortes tempêtes et les obstacles inattendus qui vous paraissaient infranchissables, le simple fait d'avoir su garder la foi en vous-même et en la vie vous a permis de trouver la force de vous battre. Et c'est en vous battant avec ardeur que vous avez soudainement réussi à dépasser vos propres limites, découvrant du même coup une force intérieure jusque-là insoupçonnée.

Cette force méconnue a sûrement fait jaillir en vous un puissant sentiment de satisfaction ainsi qu'une joie si indescriptible que le simple fait de vous en souvenir vous fait sourire à nouveau et vous remplit littéralement de bonheur.

Une belle preuve que rien n'est impossible dans la vie, c'est regarder une fleur pousser le long d'une route achalandée. C'est fascinant de constater que, bien qu'elle pousse en plein gravier, qu'elle soit entourée de mauvaises herbes et en contact direct avec le monoxyde de carbone des voitures et autres polluants présents dans l'atmosphère, cette fleur finit tout de même par pousser!

C'est stupéfiant de réaliser à quel point cette fleur, en dépit de tous les irritants et des contraintes majeures qu'elle doit surmonter chaque jour, non seulement survit mais trouve le moyen de s'épanouir et de déployer au grand jour ses plus belles couleurs!

N'est-ce pas là un des plus beaux exemples que vouloir, c'est pouvoir?

Qu'en est-il alors de nous, êtres humains, tous dotés d'intelligence, de cœur et d'esprit? Cet exemple est un de ceux qui m'inspirent le plus lorsque je doute de mes capacités et de mes chances d'atteindre l'objectif que je m'étais fixé et auquel je tiens tant. Il me permet de retrouver cette notion de courage et d'espoir si importante à la réalisation de mes rêves.

Se fixer un but et l'atteindre, déployant ainsi son plein potentiel, n'est-ce pas là, selon vous, une des raisons les plus fondamentales de vivre?

Et la vie, je crois, vous a fait la preuve à maintes et maintes reprises que le jeu en valait pleinement la chandelle! C'est d'ailleurs dans ces moments-là que la vie prend assurément toute sa saveur.

C'est bien évident que derrière chaque réalisation et chaque but à atteindre il y a une part d'épreuves et d'obstacles à franchir. C'est en quelque sorte la façon pour le moins originale que l'Univers a trouvée pour s'assurer que nous avons bien acquis les leçons apprises lors de ces épreuves. Il évalue ainsi ce que nous avons appris durant le parcours, mais surtout comment nous allons appliquer cette connaissance additionnelle dans les situations difficiles qu'il met volontairement sur notre chemin.

C'est en quelque sorte un test d'aptitudes dont vous ne pouvez vous soustraire! Tant et aussi longtemps que vous ne saurez pas utiliser à bon escient cette sagesse parfois durement acquise, ces tests de vie reviendront vous mettre au défi!

**C'est malheureusement à ce moment crucial
que bien des gens renoncent et abandonnent,
alors qu'ils sont parfois si près du but.**

Ces personnes ont de toute évidence perdu espoir en la bonté du monde. Elles ne se rendent pas compte que, dans la vie, l'heure la plus sombre est toujours celle qui précède le lever du soleil. C'est une façon imagée de nous faire réaliser qu'au fond ça ne peut pas toujours aller mal! Combien de fois avons-nous entendu: «Après la pluie vient le beau temps» sans toutefois en saisir le vrai message. C'est malheureusement le lot de bien des gens qui décident d'abandonner. Ils oublient soudainement les exploits qu'ils ont faits dans le passé, les accomplissements après tant d'efforts et qui génèrent fierté et satisfaction.

Imaginez maintenant, l'espace d'un moment, que vous vous réveillez un beau matin en n'ayant plus de rêves à réaliser, de buts à atteindre, de désirs à assouvir. Si cela vous arrive un jour, c'est que vous êtes mentalement décédé! Ce n'est pas moi qui en suis arrivé à cette conclusion, mais un homme légendaire au destin incroyable: M. Walt Disney. Il a en effet dit un jour:

**«La plupart des gens meurent à 20 ans.
Le problème, ce qu'on ne les enterre
qu'à l'âge de 65 ans!»**

Étonnant comme déclaration, mais combien troublante vérité! Vous côtoyez d'ailleurs ces gens tous les jours à votre travail et dans votre voisinage. Vous en avez même sûrement aussi dans votre parenté ou parmi vos connaissances! Ces gens-là, ce sont des humains comme vous et moi, à la seule différence que:

**Ils ont, à un moment donné de leur vie,
laissé mourir ce petit garçon ou cette petite fille
qu'il y avait en eux.**

Vous souvenez-vous lorsque vous étiez tout petit? Vous rêviez sans cesse à toutes sortes de choses, toutes aussi incroyables les unes que les autres. Votre imagination était sans limites, sans frontières.

Dites-moi, où est donc passée cette fébrilité en l'avenir qui vous habitait? Cet espoir inconditionnel en vos rêves, même les plus fous? Le désir d'obtenir ce que vous chérissiez dans vos pensées et votre cœur était si fort que vous étiez prêt à tout pour arriver à vos fins, n'hésitant pas à prendre le risque de vous faire gronder en tentant de prendre des raccourcis pas toujours recommandables, n'est-ce pas? Où sont donc passés toute cette fougue, toute cette énergie débordante et tout cet enthousiasme sans bornes et cet esprit hautement créatif?

**Ne me dites pas que vous les avez enfouis
tout au fond de votre âme lors de
votre passage à l'âge adulte.**

C'est ce que malheureusement tant de gens ont fait, devenant des enfants «détériorés». Sachez simplement que si c'est le cas, il n'est jamais trop tard pour retrouver cet enfant en vous et le montrer au grand jour. La vie est tellement plus stimulante et gratifiante lorsque l'on part à la conquête de la vie avec la fougue, la spontanéité, la candeur et l'émerveillement d'un enfant. Aujourd'hui, je suis resté ce petit garçon espiègle et intrépide, cet éternel adolescent pour qui la vie est un jeu!

Pour moi, la vie est une aventure fantastique et chaque jour renferme ses mystères, ses joies et ses peines, mais aussi ses surprises et ses obstacles remplis de défis. Sans oublier toutes ces occasions qui nous sont offertes à chaque heure, à chaque minute et à chaque seconde de notre vie.

Il faut arrêter de faire du surplace et passer à l'action, enlever ce frein à main psychologique qui est parfois rouillé et que l'on surnomme la peur.

Mais pour voir la vie sous cet angle, il faut non seulement y croire, mais aussi le vouloir!

Pour un cœur d'enfant, rien ne semble impossible. De plus, il est souvent dépourvu de doute, de rancune, de jalousie, de mépris, de complexes, de haine et de colère. Bref, tout ce négativisme qui sait si bien détruire nos projets, même les plus ordinaires.

Contrairement aux adultes qui mettent souvent l'accent sur le négatif et l'entretiennent inconsciemment, l'enfant utilise ce temps précieux pour laisser libre cours à son imagination, qui devient alors débordante, pour ne pas dire inépuisable!

Pourtant, un enfant a peur, et très souvent. Alors qu'est-ce qui explique le fait qu'il va se servir de sa peur pour la transformer en courage, alors que les adultes la voient dominer les obstacles quotidiens qui surviennent dans leur vie?

Cette peur qui est souvent le précurseur de nos abandons.

La peur d'échouer, la peur d'être jugé, la peur de perdre la face, la peur du rejet et, finalement, la peur de souffrir. Quand on y pense, la crainte de la souffrance est parfois bien pire que la souffrance elle-même! Et c'est sans compter le fait que:

85 % de nos peurs sont basées sur la perception d'événements qui ne se produiront jamais!

Si l'on approfondit davantage la réflexion, on se rend compte que, dans le cas d'un enfant, l'adrénaline engendrée par la peur est un stimulus essentiel à son développement, au même titre que celle-ci l'est pour les animaux et qui est vitale pour leur survie. La peur les pousse alors à avancer et à se dépasser!

Le danger et les risques font d'ailleurs partie intégrante de la vie. N'est-ce pas là deux des ingrédients qui font que la vie est plus excitante? Si, pour vous, la peur est un élément négatif, présent constamment dans votre vie et qui vous empêche d'aller de l'avant, répétez ceci:

Il existe une loi fondamentale sur cette terre qui stipule qu'il est impossible de revenir en arrière et, par conséquent, de changer le passé!

Cette phrase est pleine de bon sens, ne trouvez-vous pas? C'est vrai: ce qui est fait est fait. Voilà l'occasion en or pour ne se préoccuper que d'une seule et unique chose: trouver la meilleure façon d'aller de l'avant! Au fond, dites-vous que:

À défaut de pouvoir changer le passé, vous avez le pouvoir de changer votre perception!

C'est comme changer de lunettes afin d'avoir une perspective différente de celle que vous aviez initialement face à une situation donnée. C'est réaliser qu'au fond vous n'avez rien à perdre et tout à gagner! Vous savez:

La peur de l'inconnu est innée chez l'homme.

Ce sentiment est incrusté dans nos gènes à la naissance depuis que le monde est monde. Mais il y a une façon de surmonter la peur: c'est simplement d'avoir la foi! La foi en laquelle tout être humain est capable de conquérir ce qu'il veut et ce qui lui est nécessaire pour vivre heureux.

Nos ancêtres en ont fait la preuve éloquente et vous en voyez des exemples autour de vous chaque jour. Au fond, la seule vraie grande peur qui se cache sous cette peur de l'inconnu, c'est celle de perdre ce que nous possédons! Mais cette peur cesse lorsque nous réalisons pleinement toute la richesse qui se trouve entre nos deux oreilles.

Nos connaissances, nos aptitudes, nos expériences de vie et les leçons apprises sont là pour toujours et leur valeur est inestimable. Grâce à elles, vous pouvez tout recommencer, tout reconstruire. Malgré tout ce qui peut survenir au cours de votre vie, ce bien si précieux est à jamais en vous et, par définition, intouchable.

**Alors, pourquoi craindre de perdre
cette expérience de vie et cette sagesse
que nul ne peut vous voler?**

Pensez-y un instant et vous serez surpris de réaliser à quel point votre bagage personnel est riche de toutes ces expériences vécues au cours de votre vie. Vos combats, vos défaites, vos victoires et vos réalisations ne sont que quelques-uns des joyaux que contient le merveilleux trésor qui se trouve en vous. Vous avez donc tout ce qu'il faut en vous pour vous accomplir et vous réaliser pleinement. Observez un enfant l'espace d'un moment :

Son bonheur réside dans le moment présent!

Il ne vit ni dans le passé ni dans l'avenir. Il est branché à 100 % à la vie, il vibre au diapason de l'Univers qui l'entoure.

Comme lui, nous devrions vivre le moment présent avec les leçons de son passé et les rêves de son futur.

**Si nous prenons soin de notre présent,
l'avenir n'en sera que meilleur, assurément!**

L'enfant, lui, ne s'arrête pas pour se demander ce qu'il a à perdre, au contraire. Il n'a surtout pas peur de rêver et de souhaiter tout ce qu'il voudrait dans la vie. Pour lui, tout est clair, car sa vision n'est pas voilée par le doute et la peur de l'échec!

Et vous, que feriez-vous si vous saviez qu'échouer était impossible, que votre succès était garanti à l'avance? Que feriez-vous si on vous disait que vos ressources devenaient soudainement inépuisables et illimitées? Une chose est certaine: ce que l'histoire de notre civilisation nous a démontré au fil des siècles passés, c'est que:

**Il n'y a rien de plus fort au monde
que la volonté d'un être humain.**

Des hommes comme Walt Disney, Martin Luther King et Thomas Edison ont été l'exemple de leur vivant que lorsqu'une personne désire vraiment quelque chose de tout son être et de tout son cœur, l'Univers conspire à le réaliser, créant ainsi l'équilibre et l'harmonie dans cette grande roue qu'est la vie.

Au fond c'est simple, tel le fonctionnement de notre corps humain, la vie veut que chaque être vivant joue le rôle qui lui est prédestiné et qu'il assure ainsi la pérennité du cycle de la vie. Prenez cet exemple: lorsqu'un virus se trouve au mauvais endroit dans notre corps, celui-ci réagit aussitôt en envoyant des anticorps afin de déloger cet élément indésirable afin qu'il reprenne la place qui lui est destinée.

Mais que se passe-t-il si ce virus décide de résister et de rester bien ancré à cet endroit, malgré tous les éléments extérieurs qui font pression sur lui? Son acharnement se transformera en une masse qui bloquera rapidement le vaisseau sanguin qu'il occupe, provoquant ainsi une réaction en chaîne appelée maladie.

Certaines de ces maladies en mutation, comme vous le savez, deviennent parfois si virulentes qu'elles se transforment en un cancer. Celui-ci, à l'origine bénin, devient éventuellement malin s'il n'est pas délogé à temps.

C'est ce qui explique pourquoi le sort semble parfois s'acharner sur certaines personnes à qui tous les malheurs arrivent, alors que pour d'autres, c'est tout le contraire! Et cela n'a rien à voir avec la chance ou la malchance, loin de là: c'est simplement le rôle que l'on occupe dans la collectivité, consciemment ou non, qui déterminera l'impact que cela aura sur nous et sur tous ceux qui nous entourent.

Votre volonté de réussir, combinée à votre curiosité insatiable d'apprendre et d'oser essayer, risque fort de faire toute la différence!

Vous serez surpris de savoir à quel point, une fois de plus, votre attitude ainsi que le rôle que vous jouez présentement dans la vie peuvent affecter non seulement votre environnement immédiat, mais aussi une grande partie de la population.

Vous êtes-vous déjà arrêté à penser au nombre de personnes avec qui un être humain interagit au cours de sa vie? Alors, n'oubliez jamais que:

Chaque interaction a toujours un impact sur les autres, aussi petit soit-il.

D'ailleurs, j'ai découvert avec stupéfaction, au cours des dernières années, que le simple fait de changer soi-même faisait en sorte que les gens autour de moi changeaient comme par enchantement! Et dire que pendant une grande partie de ma vie, j'ai fait des pieds et des mains pour changer quelque peu les gens autour de moi, sans grand succès, pour finalement réaliser que:

La meilleure façon de changer les gens qui nous entourent, c'est de changer nous-mêmes!

Quand l'on s'efforce à devenir meilleurs que nous le sommes, tout autour de nous devient alors meilleur à son tour. Cela vient renforcer ma théorie sur l'impact insoupçonné que nous avons sur les gens qui nous entourent et que nous propageons sur tous. Ce pouvoir, s'il est bien canalisé, aura des effets extrêmement bénéfiques sur toute la collectivité.

De là l'importance vitale de trouver notre place dans la vie, notre rôle, cette mission qui nous a été assignée et que nous sommes les seuls à posséder les atouts spécifiques à sa réalisation. Trouver notre place n'est évidemment pas chose facile, mais le chemin pour y parvenir est exaltant et, surtout, enrichissant.

Viktor Frankl, psychothérapeute de réputation internationale et auteur du célèbre ouvrage *Man's Search for Meaning* (*La quête de l'homme sur le sens de la vie*), a dit un jour:

«Nous détectons notre mission plutôt que nous l'inventons.»

C'est une façon imagée de dire que notre mission nous cherche et veut que nous la trouvions.

Imaginez, ce que vous cherchez vous cherche !

Comme j'ai souvent l'habitude de dire aux gens dans de telles circonstances : « Pour être en mesure de trouver, il faut d'abord vouloir chercher ! » C'est d'ailleurs la base des gens à qui tout semble réussir, pour lesquels chaque jour devient un défi exaltant ! Ces gens sont performants pour la simple et unique raison qu'ils sont dans leur élément.

Ils sont à la bonne place, car c'est *leur* place, celle-là même qui les attendait et qui leur fut assignée rien que pour eux ! Trouver sa place dans la vie, sa mission, c'est une véritable bénédiction ! J'irais même jusqu'à dire que c'est ni plus ni moins qu'une délivrance. Le sentiment de contentement et la sérénité engendrée par sa découverte ne sont comparables à rien d'autre sur terre, sinon à l'amour.

Le bonheur engendré chaque jour vers cette quête de l'accomplissement de votre légende personnelle vaut à lui seul le voyage !

Cette satisfaction de sentir que vous avez enfin trouvé votre place dans la vie, que vous êtes en pleine réalisation de votre destinée et, par le fait même, en plein contrôle de celle-ci n'a pas de prix. C'est ce que tout être humain mérite ! C'est sans aucun doute le cadeau le plus merveilleux que nous devrions tous nous offrir. Alors, qu'attendez-vous ?

Partez vite à la recherche de cette fameuse place qui est la vôtre, en prenant bien soin de garder la foi en votre immense potentiel et, surtout, en la vie, qui veut vraiment votre réussite.

Cette recherche est ni plus ni moins que celle du bonheur et de la paix intérieure.

Laissez-vous donc guider davantage par votre intuition. Elle sait d'ailleurs mieux que quiconque ce qui est vraiment bon pour vous, car vous savez, la petite voix, ça ne ment pas !

Vous verrez, lorsque vous serez sur les traces de votre véritable destinée et que vous commencerez à y toucher, des gens croiseront soudainement votre chemin, comme par magie, vous apportant l'aide, le soutien et les conseils nécessaires à l'accomplissement de votre but ultime, sans rien demander en retour !

Lorsque cela se produira, vous serez alors étonné et surpris devant tant de coïncidences heureuses. Votre scepticisme face à la providence se dissipera alors tout doucement et vous en déduirez finalement qu'au bout du compte, le hasard n'existe pas. Vous réaliserez, en analysant de plus près ces belles surprises de la vie, ces rencontres inattendues et incroyables, que les hasards sont des incontournables parfois nécessaires à notre évolution.

C'est là qu'entre en jeu la fameuse providence, qui se manifeste généralement dans de surprenantes coïncidences...

La providence déclenche les coïncidences

Bien que plein de choses nous arrivent sans que l'on sache trop pourquoi, que l'on croise des gens incroyables qui, en quelques instants, marquent nos vies à jamais, influençant radicalement nos choix et nos décisions futures, nous restons tout de même sceptiques face à cette théorie qu'est la providence.

Au même titre que les prémonitions et l'intuition, la providence a ce petit quelque chose de mystérieux, et c'est pourquoi elle reste encore méconnue pour bien des gens.

On dit que la providence est une personne ou un événement qui arrive à point nommé pour sauver une situation, ou qui constitue une aide inespérée, une chance, un secours, bref, une aide exceptionnelle.

Ces circonstances imprévisibles et parfois improbables se produisent pourtant pour une raison souvent bien précise et toujours plausible. Y aurait-il là un message à comprendre, une raison qui expliquerait ce sentiment étrange que l'on ressent lorsque le hasard se produit?

Laissez-moi vous raconter ma philosophie à propos du hasard, de la chance ou, si vous préférez:

Les surprenantes coïncidences de la vie.

Un jour que j'étais assis avec mon épouse sur un banc de parc, à discuter de l'arrivée prochaine de notre petit garçon, Maxime, j'aperçus au loin un vieil homme qui nous regardait avec un doux regard, plein de tendresse et de sérénité, le sourire aux lèvres. Je lui esquissai alors un sourire, voyant dans ses yeux la joie de voir devant lui un jeune couple heureux et fébrile, qui attendait avec impatience la venue de leur premier enfant.

Je continuai la discussion que j'avais entamée plus tôt avec ma douce moitié, au sujet de la façon dont nous allions élever cet enfant dans les prochains mois et les prochaines années. J'étais terrorisé par l'idée, ne sachant pas quel genre de père je deviendrais, compte tenu de mon passé pour le moins tumultueux.

Je vous épargne les détails, car ce livre ne se veut pas une autobiographie, mais sachez simplement que je viens d'une famille de cinq enfants, au passé teinté de violence, de peine et de haine. Il est d'ailleurs préférable pour moi, vous en conviendrez, de ne pas vous détailler la douleur vécue par mes frères, ma petite sœur et moi-même au cours de ces années plutôt difficiles.

Ce que je peux vous dire, par contre, c'est que je n'avais pour ainsi dire aucun modèle de père sur lequel me baser pour élever mon enfant : les seuls souvenirs que j'avais du mien n'avaient malheureusement rien de très réjouissant. Disons simplement que mon paternel était un homme foncièrement malheureux.

Vous comprendrez alors l'insécurité constante qui m'habitait et qui me dévorait de l'intérieur : j'étais littéralement paralysé par la crainte et la peur d'être un mauvais père, de ne pas être à la hauteur. J'étais en effet déchiré entre ce très grand désir d'avoir cet enfant et cette immense peur de devenir potentiellement un père violent et froid, voulant tout contrôler, et qui aurait le cœur rempli d'amertume et de haine. Tout ce que je souhaitais, c'était simplement d'être un bon père aimant, qui n'a pour seul but dans la vie que le bonheur de ses enfants. Revenons maintenant à notre histoire.

Alors que je partageais à ma femme mes appréhensions face à la paternité, je vis s'approcher vers nous ce vieux monsieur, à qui j'avais souri quelques instants auparavant.

D'une voix timide et réservée, il nous dit ceci : « Excusez-moi, mais je n'ai pu m'empêcher d'écouter votre conversation et j'aimerais, si vous me le permettez, vous donner un conseil précieux qui, j'en suis convaincu, saura vous aider dans votre future vie de papa et de maman. »

Ma femme et moi étions bouche bée. Avant même que l'on puisse avoir la chance de répondre quoi que ce soit, il nous dit une phrase qui allait bientôt changer nos vies à jamais :

« Sachez que les enfants n'ont besoin que de deux choses dans la vie : l'amour inconditionnel et l'estime de soi. »

Quelle phrase incroyable, véridique et, surtout, remplie de sagesse! Moi qui tentais par tous les moyens de trouver une façon, une technique, un concept sur «comment devenir un bon père», voilà que cet homme, un parfait inconnu, me révèle tout bonnement la réponse à tant de questions restées si longtemps sans réponses.

Celui-ci renchérit en m'expliquant en détail le fondement de ses paroles: «Premièrement, il faut aimer son enfant inconditionnellement, peu importe ce qu'il fait et ce qu'il devient. Faire en sorte qu'il sache que peu importe où il se trouve, il y aura toujours quelqu'un sur cette terre qui l'aimera plus que tout au monde. Bref, qu'il soit convaincu qu'il sera toujours aimé.

«Deuxièmement, il faut lui faire sentir qu'il est important, qu'il est quelqu'un! Que quoi qu'il fasse dans la vie, quoi qu'il devienne, il y a aura assurément une personne sur terre qui sera toujours fière de lui et qui croira en son plein potentiel, en ses capacités et en ses talents.»

Il termina en me disant: «En tant que parent, vous devez avoir la conviction que cet enfant peut tout réussir dans la vie, que ses ressources sont illimitées et qu'il possède à l'intérieur de lui-même tout ce qu'il faut pour être pleinement heureux. Cet enfant sera inévitablement fier de ce qu'il est, car on lui aura toujours fait sentir qu'il est et sera à jamais un être humain exceptionnel!»

Ce conseil judicieux est d'ailleurs le meilleur et de loin le plus efficace que j'ai reçu à ce jour concernant l'éducation des enfants. N'est-ce pas là une histoire extraordinaire? Pouvez-vous imaginer l'impact incroyable que cet homme a eu dans ma vie? Et le plus fou, c'est que je ne sais même pas son nom! Il est reparti, comme il est venu.

À cet homme, où qu'il se trouve, je veux qu'il sache qu'il a, en quelques minutes, transformé ma vie de façon tellement positive et qu'il a en quelque sorte réussi à exorciser mes démons.

Il a réussi à faire fuir à tout jamais mes doutes et mes craintes au sujet de mon rôle de père. Son enseignement m'a permis de devenir non seulement un bon père, mais aussi un père doux, aimant, dévoué et attentionné.

Je réalise aujourd'hui que lorsque l'on inonde un enfant d'amour et de respect, celui-ci ne pourra faire autrement que s'aimer et se respecter lui-même et être ainsi en mesure de transmettre à son tour ces belles valeurs aux gens qui l'entourent.

De tous les accomplissements que j'ai pu réaliser dans ma vie, c'est celui d'être finalement ce père que je suis devenu aujourd'hui qui me rend le plus fier et qui fait de moi le plus heureux des hommes.

Merci à la providence, ainsi qu'à vous, monsieur, d'avoir ainsi changé ma vie. Sachez que je vous en serai éternellement reconnaissant.

Et ce n'est là qu'un seul exemple de cette force incroyable qu'est l'Univers. Mais si, pour vous, le sujet reste un mystère, un tabou, ou que tout simplement le scepticisme vous empêche de résoudre cette énigme de la vie, laissez-moi partager avec vous l'une de mes plus belles découvertes littéraires des dernières années, L'alchimiste[1], un conte philosophique du remarquable Paulo Coelho. Cet homme exceptionnel est aujourd'hui considéré comme l'un des auteurs les plus prolifiques de son

---

1. Paulo Coelho, L'alchimiste, Paris, A. Carrière, 1994.

époque. Ses ouvrages se sont vendus à ce jour à plus de 60 millions d'exemplaires, publiés dans 56 langues et vendus dans plus de 150 pays ! Ce best-seller, qui est devenu un classique, est souvent comparé au *Petit Prince* d'Antoine de Saint-Exupéry. Après la lecture de cet ouvrage culte, je me suis dit :

Il est fascinant de voir à quel point les événements de la vie ont tous une raison d'être et que, par conséquent, le hasard n'existe pas !

Mieux encore, il nous permet de déchiffrer le message souvent subtil et intangible qui se cache derrière ces coïncidences de la vie, cette chance qui, tout à coup, nous sourit. Cela venait confirmer cette perception que j'avais depuis si longtemps : rien n'arrivait pour rien dans la vie et qu'il y avait toujours une raison bien précise pour chaque événement.

Dans son livre, Paulo Coelho mentionne que les hasards de la vie, les idées spontanées, les surprenantes coïncidences et les fameux signes sont simplement la manifestation de Dieu (ou si vous préférez de l'Univers), afin de nous aider à trouver le chemin ou à nous ramener vers celui-ci. Il a aussi pour but de nous aider à retrouver l'espoir, à regagner la confiance en soi, faisant en sorte que les choses deviennent parfois plus faciles.

J'aime bien cette façon de décrire cette force intangible et mystérieuse qui nous entoure. Malheureusement, beaucoup de gens n'en tiennent pas compte ou ne la voient tout simplement pas. Tout comme notre petite voix intérieure qui nous habite, combien de fois n'est-elle pas écoutée ? Pourtant, celle-ci est le langage de notre âme et de notre cœur, car elle est reliée directement à ceux-ci.

Cette intuition qui vibre en nous, tout comme l'amour, est inexplicable.

C'est d'ailleurs pourquoi il ne faut pas chercher à comprendre, mais plutôt essayer de l'écouter et ainsi en saisir le sens, car sa puissance est tout simplement phénoménale et, surtout, illimitée !

J'aimerais maintenant vous raconter l'histoire fascinante d'un de mes bons amis, Louis, qui a eu un jour une sorte de sentiment étrange face à la multitude de coïncidences qui se produisaient successivement dans sa vie. Celles-ci semblaient d'ailleurs beaucoup trop nombreuses pour être ignorées. Il s'est alors mis à écouter les signes que l'Univers lui envoyait subtilement et sa vie en fut transformée !

Louis et moi nous connaissions depuis plusieurs années déjà. Il fut d'ailleurs l'un des meilleurs formateurs que j'ai côtoyés et avec qui j'ai eu la chance de travailler.

Louis est un homme pragmatique et cartésien. Il prend toujours le temps de tout analyser, et même deux fois plutôt qu'une ! Il est d'un naturel minutieux et ne laisse jamais rien au hasard. Pourtant, durant de nombreuses années, il n'était pas satisfait de certains de ses choix et, par conséquent, n'était pas pleinement heureux.

Il avait des regrets au sujet d'une opportunité qu'il n'avait pas su saisir, il y a de nombreuses années. Je suis sûr que vous en connaissez qui vivent le même sentiment de frustration et de culpabilité relié à cette phrase qu'on entend si régulièrement :

« Ah ! si j'avais su… J'aurais donc dû ! »

C'est justement ce genre de phrase que j'essaie de bannir de mon vocabulaire aujourd'hui, afin de m'assurer une vieillesse remplie de beaux souvenirs heureux, teintés d'aventures toutes plus mouvementées les unes que les autres. De loin l'idée sordide de finir sa vie le cœur rempli d'amertume et de regrets ! Malheureusement, c'est le cas de bien des gens.

Selon une étude faite par le physicien Pierre Morency et publiée dans son livre *Demandez et vous recevrez*[2] :

Plus de 95 % des gens meurent malheureux !

Nul besoin de vous dire que ces données m'ont jeté par terre ! J'ai dû néanmoins me résoudre à l'évidence des résultats de ces analyses, faites de façon très scientifique et échelonnées sur plus de 20 ans de recherche.

C'est dire alors à quel point les regrets pèsent lourd sur les années.

Il vaut mieux vivre avec la demi-satisfaction d'avoir au moins essayé de réussir quelque chose que le regret et l'amertume de ne pas avoir *osé* essayer, et ne pas savoir si cela aurait pu marcher ou ce qui aurait pu arriver le cas échéant.

C'est d'ailleurs ce qui tourmentait tant Louis : lui et son père rêvaient, il y a plus de 16 années de cela, d'acheter un très bel édifice à revenus situé en plein centre-ville de Montréal. Celui-ci était très bien situé et combinait des logements locatifs et des locaux commerciaux, ce qui ajoutait à sa valeur.

À l'époque, le prix était très alléchant, mais l'investissement requis pour le capital initial représentait les économies de toute une vie. Malheureusement, au moment venu de faire

---

2. Pierre Morency, *Demandez et vous recevrez*, Montréal, Transcontinental, 2002.

la fameuse offre d'achat, le père de Louis se mit soudainement à douter de la légitimité de son geste, générant du même coup la crainte de ne pas y arriver et remettant ainsi en question la nature même de son rêve pourtant si fort.

Bien sûr, Louis tenta de le convaincre, lui rappelant à quel point il tenait à cette acquisition, mais rien n'y fit! Les peurs et les doutes de son paternel prirent rapidement le dessus sur sa foi et son courage, laissant tomber du même coup le projet, au grand désarroi de son fils. «Mais papa, nous étions si près du but!» disait-il, en désespoir de cause. L'opportunité d'acheter l'immeuble s'envola donc en fumée, tout comme le rêve de Louis, si longtemps désiré.

Son père n'osait d'ailleurs plus regarder son fils dans les yeux, de peur que celui-ci voit dans son regard la tristesse du perdant, la déception de l'homme qui est passé si près du but qu'il pouvait pratiquement y toucher, mais qui a décidé tout de même d'abandonner, avec les conséquences que cela implique.

Le temps finit bien sûr par cicatriser certaines plaies, mais chose certaine:

Il restait toujours cet éternel sentiment, celui d'avoir passé à côté d'une si belle opportunité.

C'est alors qu'un beau matin du mois de mai 2005, Louis passa par le centre-ville pour se rendre chez un client. Fidèle à son habitude, il ne pouvait s'empêcher de faire un petit détour pour passer devant le fameux édifice qui hantait toujours ses pensées.

Devinez quoi? Le même édifice était de nouveau à vendre, plus de 16 années plus tard!

Pur hasard, simple coïncidence ou signe de la providence?

Le seul problème, c'est que le prix demandé était légèrement supérieur au prix d'il y a 16 ans. Ne se laissant pas décourager pour autant, Louis se rendit immédiatement chez le concierge de l'immeuble, afin de connaître le propriétaire actuel. Eh bien, c'était toujours le même qu'à l'époque! Celui-ci, n'ayant pas eu le prix convoité à l'époque, avait décidé de le garder, question de le vendre plus cher plus tard.

Louis se demanda alors: «Est-ce là un autre signe du destin, une manifestation de la providence ou tout simplement le fruit du hasard?» Il s'empressa donc d'aller sonner à sa porte, espérant que l'homme allait le reconnaître.

Son intuition avait vu juste, une fois de plus!

Le propriétaire de l'immeuble se souvenait encore de Louis. C'est alors que celui-ci lui demanda s'il pouvait lui faire à nouveau une offre. Le vieil homme était par contre mal à l'aise de répondre, compte tenu qu'il avait déjà mandaté un agent immobilier afin qu'il trouve un acheteur potentiel. Par conséquent, il était dans l'impossibilité de transiger directement avec Louis. Le propriétaire lui répondit tout de même ceci: «Laisse-moi tes coordonnées et si je n'ai toujours pas vendu mon immeuble d'ici deux mois, je te rappellerai car je ne serai alors plus lié à mon agent.»

Louis devint perplexe. Lui qui avait pourtant senti et écouté les signes évidents du destin, ne comprenait pas pourquoi il devait soudainement attendre deux mois de plus! Le pire, c'est qu'il n'avait aucune garantie qu'il pourrait éventuellement reconquérir son rêve, si longtemps enseveli sous le sable du temps. C'est alors qu'il eut la brillante idée de m'appeler au bureau!

J'étais heureux d'avoir de ses nouvelles, n'ayant pas eu la chance de lui parler au cours des derniers mois. Celui-ci me demanda si j'étais libre pour le lunch et à son grand étonnement, c'était le cas!

J'étais en effet à l'époque très occupé, car je voyageais plusieurs fois par année à l'extérieur du pays. Alors quand j'étais au bureau, mon agenda affichait complet pendant huit à dix jours. Était-ce là un autre signe du destin d'avoir ainsi pu me libérer pour mon vieil ami? Nul ne sait, mais c'est quand même amusant de l'imaginer!

Je m'amuse d'ailleurs à penser que c'est le cas chaque fois que les coïncidences se manifestent dans ma vie et lorsque ma journée se termine, j'ai alors la certitude que:

Tout est dans la synchronisation du temps et des événements!

Si vous préférez, être là au bon temps et au bon moment, comme disait ma défunte grand-mère Yvette qui, en passant, était elle aussi écrivaine!

En tout cas, mon ami Louis ne prit pas le risque de remettre notre rendez-vous et se présenta, comme prévu, au restaurant où nous avions convenu nous rencontrer préalablement.

Durant le repas, celui-ci me raconta alors l'aventure rocambolesque qu'il était en train de vivre et en profita pour me demander mon opinion. Il voulait savoir si je pensais qu'il devait s'accrocher à ce rêve, qui n'avait que 50 % des chances de se réaliser, ou, au contraire, oublier tout ça!

Effectivement, il ne cessait de se tourmenter depuis des semaines avec le faible espoir que l'édifice tant convoité soit toujours disponible dans deux mois, date à laquelle se terminerait officiellement le mandat de l'agent immobilier. D'un autre côté, si cet édifice ne trouvait pas preneur à la date d'échéance, le propriétaire devrait logiquement réviser à la baisse son prix, puisqu'il n'aurait plus à débourser la commission de 7 % normalement versée à son agent. Ce montant représentait, à ce moment-là, plus de 37 000 $! Mais devait-il prendre un tel risque car, au bout du compte, c'est long deux mois.

Ma réponse à sa question fut sans équivoque: «Accroche-toi à ton rêve, mon Louis, mais il faudra aussi que tu apprennes à lâcher prise et que tu mettes ton projet en veilleuse pour quelque temps.» Il fut estomaqué par ma réponse et trouvait mon opinion quelque peu contradictoire.

Je lui ai alors expliqué les deux principes suivants. Premièrement, il y a l'importance des rêves, des objectifs et des buts dans la vie. Lorsque l'un d'eux se manifeste plus fort que tout en nous, qu'il revient régulièrement à la charge, c'est ce que j'appelle une prémonition. C'est en fait notre intuition qui tente de nous révéler quelque chose et elle est sûrement de connivence avec son bon ami, l'Univers! Dans ce cas, il faut prendre en considération les messages subtils que l'intuition nous envoie et investir le temps nécessaire afin de trouver des façons de concrétiser le rêve, l'objectif ou le but recherché. En somme, il faut établir des scénarios fictifs, des plans de match différents et innovateurs. Chose certaine, il ne faut surtout pas lésiner sur l'originalité! De plus, il ne faut jamais oublier que:

**La plus grande satisfaction
est dans l'accomplissement d'un rêve,
et non dans son résultat final.**

Deuxièmement, il y a toute la partie que l'on ne contrôle pas : il faut alors savoir accepter les choses pour lesquelles nous n'avons aucun contrôle et savoir lâcher prise. Cela ne veut pas dire abandonner son rêve et l'oublier, bien au contraire ! En résumé, il faut savoir tenir compte de certains aspects techniques et logiques de faisabilité, afin de ne pas agir uniquement en fonction de son intuition.

Il faut toujours s'assurer de bien combiner l'intuitif et l'intellect !

Pour ma part, je vois parfois le côté logique de notre intellect comme un sournois frein à main, alors que le côté passion relié à notre intuitif me donne plutôt l'impression d'être un puissant moteur qui nous fait avancer malgré la peur, le doute et la colère.

Il faut donc savoir bien doser ces deux éléments, en s'assurant surtout que la logique sera considérée davantage comme un *filet* de sûreté plutôt qu'un générateur d'obstacles virtuels.

Si, pour Louis, le seul moyen de pouvoir financer plus aisément son projet est de devoir attendre deux mois de plus, c'est ce qu'il doit faire ! Cela pourrait signifier la possibilité d'acquérir cet immeuble à bien meilleur prix, respectant ainsi sa capacité de payer. Il lui fallait donc se faire à l'idée qu'il n'avait d'autre choix que d'attendre car :

Il faut savoir faire confiance au destin, à la providence.

J'ai toujours cru que si on est dû pour quelque chose, cela se présentera tout naturellement à nous, sans complications et, surtout, sans douleurs ni souffrances. Comme dit la chanson : *Qué séra, séra !*, ou ce qui doit arriver arrivera.

Fort de cet enseignement, Louis décida de cesser de se tourmenter et d'attendre que le propriétaire le rappelle, idéalement pour lui annoncer que l'immeuble n'était pas vendu. Il savait aussi que c'était là un risque à courir, car rien n'est jamais garanti.

Il lui faudrait donc qu'il fasse confiance à la vie. Cette vie si belle qui est en fait un cadeau du ciel qui nous est donné quotidiennement. Il faut d'ailleurs en apprécier chaque moment, car elle passe souvent beaucoup trop vite !

Mais Louis était perplexe. Je dirais même qu'il commençait à douter des probabilités de réussite de son projet. Je lui servis alors la phrase la plus célèbre de mon répertoire, que vous connaissez maintenant très bien :

Si tu n'as rien à perdre, mon ami, mais que tu décides tout de même *délibérément* de ne pas l'essayer, tu seras alors vraiment perdant !

Il décida donc de prendre son mal en patience et d'attendre. Deux mois passèrent, sans aucune nouvelle. Louis voulut alors appeler le propriétaire, mais puisqu'il avait convenu avec celui-ci d'attendre son appel, il n'en fit rien. L'édifice avait peut-être déjà trouvé preneur, qui sait ?

Trois mois passèrent, et toujours aucune nouvelle.

C'est alors qu'un beau dimanche matin, comme par enchantement, Louis reçut un appel du propriétaire ! Le destin l'avait sûrement voulu ainsi puisque, après plus de 16 longues années, les deux hommes étaient de nouveau réunis afin de discuter de l'achat de ce fameux édifice.

Les négociations débutèrent les jours qui suivirent. Celles-ci furent d'ailleurs beaucoup plus ardues que prévu. Durant plus de trois mois, les deux hommes essayèrent, chacun de son côté, de tirer leur épingle du jeu et d'aller chercher le maximum de cette importante transaction.

Le propriétaire tenait fermement à vendre selon la valeur marchande, alors que Louis voulait payer selon le prix basé sur l'évaluation municipale. L'écart entre les deux montants était alors très important. Puisque chacun restait sur ses positions, les chances de conclure l'entente s'amenuisaient peu à peu, jusqu'au point de cesser toute communication.

Mais la providence
n'avait pas dit son dernier mot!

Alors que le propriétaire s'était presque résigné à ne plus vendre une fois de plus, il décida de partir un beau samedi matin dans la région des Cantons-de-l'Est, question d'aller visiter son village natal, une tradition annuelle.

Fier de ses origines, il alla donc montrer une fois de plus à son épouse la jolie maison de son enfance, située dans un quartier paisible, tout près d'un lac où il allait souvent se baigner lorsqu'il était gamin.

Alors qu'il passait dans la rue qui l'avait vu grandir, il aperçut cette magnifique maison au bord de l'eau : c'était celle de la famille Lemieux. Une somptueuse demeure de style victorien qu'il affectionnait particulièrement depuis sa tendre enfance. Devinez quoi ? Celle-ci était à vendre !

Les propriétaires actuels avaient dû mettre en vente la demeure à la suite d'un récent divorce. L'homme eut alors un frisson dans le dos. Il se rappela à quel point il adorait cette maison depuis qu'il était tout petit et, surtout, combien il rêvait, au cours de sa vie, posséder une telle demeure. Il appela aussitôt le numéro affiché sur l'enseigne à vendre.

Après avoir discuté de longues minutes avec l'agent immobilier, l'homme sut que le montant demandé était non seulement raisonnable, mais qu'il représentait pour lui une véritable aubaine !

Lui qui s'entêtait depuis toutes ces années à avoir un montant élevé pour son immeuble à revenus, se trouve aujourd'hui devant la maison de ses rêves qui se vend à un prix qu'il avait les moyens de payer, sans même s'endetter.

Notre homme prit alors le chemin du retour, tout excité de ce qu'il était en train de vivre ! Chemin faisant, il en discuta avec sa femme et celle-ci lui fit part de son désir de s'établir à la campagne, question de profiter pleinement de leur retraite.

C'est ainsi que Louis reçut un appel qui allait finalement permettre d'en arriver à une solution équitable : le propriétaire décida de couper la poire en deux, allant à mi-chemin entre son prix et le prix de Louis. La fameuse transaction finit donc par se conclure, à la grande satisfaction des deux parties.

Louis n'en revenait tout simplement pas, il jubilait ! Après toutes ces années de frustrations, il réalisait enfin ce rêve si cher à ses yeux. Pour lui, il était évident que cela devait se produire tôt ou tard.

Louis pouvait désormais vieillir avec le sentiment de satisfaction du rêve accompli, plutôt que dans le regret de n'avoir jamais su faire ce petit plus qui aurait pu faire toute la différence dans sa vie !

Comme vous pouvez le constater, son objectif ultime s'est réalisé en grande partie grâce à l'intuition presque *viscérale* que Louis avait en son projet, en son rêve.

Il était aussi très attentif aux coïncidences qui surgissaient parfois de nulle part!

De là l'importance d'apprendre à reconnaître les *signes* que la vie nous envoie et être en mesure d'en découvrir le message codé. Pour y arriver, il suffit simplement de prendre le temps de nous arrêter pour regarder plus attentivement l'environnement dans lequel nous évoluons.

Nous y découvrons alors des choses surprenantes qui sont là, autour de nous depuis toujours, mais pour lesquelles notre regard ne tenait plus compte, car il s'était habitué à son environnement immédiat. Notre cerveau a alors délimité un champ de vision bien spécifique, qui répondait parfaitement à ses besoins essentiels, sans se poser davantage de questions!

C'est justement cette conformité à laquelle nous nous sommes habitués graduellement au fil du temps, qui nous empêche encore aujourd'hui de reconnaître ces fameux signes qui se présentent à nous de façon répétitive et constante dans nos vies.

Ils ne font malheureusement qu'effleurer notre esprit et disparaissent aussitôt dans l'oubli!

Lorsqu'un événement inhabituel arrive soudainement dans votre vie, chamboulant votre quotidien et bousculant vos vieilles habitudes de vie, arrêtez-vous et posez-vous la question suivante: « Pourquoi cela m'arrive-t-il à moi? » Votre intuition vous répondra:

« C'est peut-être que vous avez rendez-vous avec votre destin! »

Ne le faites surtout pas attendre, sinon cette nouvelle opportunité deviendra peut-être un autre rendez-vous manqué avec la vie !

Si votre existence prend soudainement une nouvelle tournure, c'est peut-être bien le commencement d'une vie meilleure ! Si votre route semble parfois pavée de cailloux, peut-être bien que ce fameux chemin que la vie tente de vous montrer est en fait une toute nouvelle route fraîchement asphaltée qui, en plus d'être très agréable à rouler, vous permettra d'aller beaucoup rapidement.

**Au bout du compte, vous pourrez faire
de plus grandes distances, avec le même plein,
la même énergie dépensée.**

Ressentir et percevoir ces signes qui nous entourent est assurément un art qu'il faut apprendre à développer et à apprivoiser afin de pouvoir en retirer tous les bienfaits. De là l'importance de reprogrammer en quelque sorte son cerveau, de façon à pouvoir se reconnecter avec l'Univers qui nous entoure. Se remettre au diapason de la vie, quoi !

Il faut alors ouvrir tout grands nos yeux et nos oreilles et rester en éveil, car cette vie regorge d'opportunités et de trésors insoupçonnés.

**Car c'est par les coïncidences
que la providence nous récompense !**

L'attitude
de la gratitude

Avez-vous remarqué à quel point nous avons tous tendance, en tant qu'êtres humains, à tenir souvent pour acquises les choses pour lesquelles nous n'avons jamais à débourser un sou?

Aussi surprenant que cela puisse paraître, c'est lorsque l'on doit débourser une forte somme d'argent pour un bien ou un service que l'on semble le plus l'apprécier! Dans notre société de consommation, ce phénomène est très normal, car il est pratiquement inculqué, voire encouragé! Pourtant, je suis de ceux qui croient aujourd'hui que les choses pour lesquelles nous pouvons apposer un prix sont celles qui ont le moins de valeur dans la vie, car il s'agit de biens qui sont remplaçables.

À l'inverse, celles dites inestimables sont :

Toutes les choses auxquelles on ne peut attacher un prix ou une valeur en argent. Car, voyez-vous, tout ce qui a un prix déprécie !

Pensez-y un instant : l'amour, la santé, l'amitié, la liberté, le bonheur, les souvenirs. On ne peut pas acheter cela au magasin du coin ou sur Internet ! Même tout l'or du monde ne pourra jamais remplacer un amour ou une amitié perdu et encore moins la santé. Et que dire de la liberté qui, à elle seule, représente une des plus belles richesses.

C'est très différent lorsqu'il s'agit du monnayable. Si votre maison brûle, vous pouvez la faire reconstruire ou en acheter une autre. Il en va de même pour une personne qui a perdu tout ce qu'elle possédait à la suite d'une faillite personnelle. Avec le temps, elle peut acquérir de nouveau pratiquement tout ce qu'elle possédait, peut-être encore plus rapidement qu'avant et de façon encore plus abondante ! Et c'est facile à comprendre :

Elle s'y est déjà rendue une fois et connaît maintenant les raccourcis.

D'ailleurs, de toutes les choses non monnayables que je viens de vous énumérer, il y en a une qui, lorsque nous la perdons, a tellement d'importance dans notre vie que nous serions prêts à donner tout ce que nous possédons afin de la retrouver. Et j'ai nommé : la santé !

Mais dites-moi, combien de fois oublie-t-on la valeur, l'importance de la santé ? Combien de fois abuse-t-on de notre corps, sous prétexte qu'il est capable d'encaisser et qu'il va récupérer d'une façon ou d'une autre ?

D'ailleurs, c'est souvent dans les moments où nous nous y attendons le moins que notre corps nous envoie des petits messages tels que mal de tête, douleur passagère, chute de pression, nausée, petit rhume agaçant, mal de gorge, et j'en passe. Ces messages ont pourtant tous un but très précis :

**Ils veulent nous dire de ralentir la cadence
et de faire un temps d'arrêt afin
de prendre soin de notre corps.**

Et le meilleur remède dans la plupart des cas est quelque chose qui, lui aussi, est tout à fait gratuit : le repos ! Pourtant, nous préférons rester sourds aux appels de détresse et aux avertissements subtils de cette magnifique machine qu'est le corps humain.

C'est pourquoi je suis persuadé que lorsque nous nous entêtons à ne pas l'écouter, notre corps est suffisamment perfectionné pour décider lui-même de stopper la fameuse machine, et c'est malheureusement ce qui arrive lorsque nous tombons gravement malades. C'est là que nous réalisons vraiment la chance que nous avions.

Nous avions effectivement la chance inouïe d'être en santé et nous n'en étions même pas conscients ! C'est dans ces moments-là que se produit ce que j'ai surnommé affectueusement « la bêtise humaine ».

**La plupart des gens ne réalisent
vraiment ce qu'ils ont que le jour
où ils l'ont *vraiment* perdu !**

Combien de gens, pensez-vous, seraient prêts à faire n'importe quoi pour retourner en arrière et changer le cours du temps ? Pourtant, depuis les dernières années, nous n'avons jamais été aussi sensibilisés aux problèmes de santé. Imaginez :

si un cadeau aussi précieux que la santé n'arrive pas à nous conscientiser suffisamment de façon que nous l'appréciions pleinement et que nous lui donnions toute l'attention qu'il mérite, qu'en est-il de notre cerveau?

De toutes les choses incroyables qui nous sont données gratuitement, celle qui est le plus souvent considérée comme acquise et qui est de loin la plus souvent négligée est sûrement notre intelligence!

Je ne vous apprendrai rien en vous disant que l'être humain moyen n'utilise que 10 % de sa capacité cérébrale. Le potentiel du cerveau est tout simplement phénoménal! Mais comme toute chose acquise facilement et sans effort, on s'en désintéresse rapidement de façon inconsciente. Pourtant, notre cerveau est de loin le meilleur microprocesseur qui existe, mieux que n'importe quel ordinateur du monde!

Ayant moi-même travaillé la majeure partie de ma vie en informatique, je me suis longtemps amusé à comparer un ordinateur à un grille-pain! La comparaison semble peut-être ridicule, mais elle avait l'effet magique de dédramatiser la peur souvent viscérale que mes étudiants ou mes clients avaient envers l'informatique et les technologies en général.

Contrairement à notre cerveau, un ordinateur ne fera qu'exécuter les demandes qu'on lui soumet, un point c'est tout! Mais, avouons-le, il a tout de même le mérite d'être la plus rapide et la plus efficace des calculatrices qui puissent exister! Mais là s'arrête les compliments.

Un ordinateur, contrairement à vous et moi, est dénué d'intelligence, de jugement et de sentiment. Pis encore, il n'a pas d'intuition! C'est pourquoi il exécute ce qu'on lui demande sans jamais se demander pourquoi.

Si un ordinateur était humain,
il serait l'exemple parfait du conformiste!

C'est pourquoi nous devrions vouer une certaine admiration à notre cerveau. En effet, ce sont des cerveaux comme les nôtres qui ont inventé tout ce qui nous entoure, à commencer par la chaise sur laquelle vous êtes assis en ce moment!

Ceux qui ont réalisé ces choses indispensables pour la collectivité ont fait ce petit plus, celui de développer et d'exploiter davantage leur matière grise, au grand bénéfice des générations actuelles et futures.

Nous avons tous le privilège d'avoir eu en cadeau l'intelligence. De plus, nous avons tous la chance inouïe d'en exploiter le plein potentiel, sans oublier que notre imagination, elle, est tout simplement illimitée!

Pensez à tout ce que nous pouvons faire et accomplir juste avec notre cerveau, lui qui nous donne ce pouvoir de penser, de réfléchir et de choisir! Nous avons même le pouvoir incroyable d'imaginer ce que pourrait être notre futur, de visualiser d'avance ce que serait notre destinée! N'est-ce pas merveilleux?

Les animaux, eux, ont-ils cette chance? Imaginez: de toutes les espèces vivantes sur cette planète, nous sommes les seules qui bénéficient de ces pouvoirs tout à fait gratuitement! Le plus fou dans tout ça, c'est que je suis convaincu que:

Si les gens devaient *payer* pour y avoir accès,
ils décideraient de l'exploiter au maximum
afin d'en avoir pour leur argent!

C'est d'ailleurs ces valeurs que nous avons face à l'argent qui me fascinent encore aujourd'hui. Avez-vous remarqué à quel point il est parfois aberrant de constater comment certaines personnes peuvent se placer dans une situation financière précaire, uniquement basée sur le fait de pouvoir correspondre aux critères de réussite que la société nous impose ?

Voici d'ailleurs un exemple typique de ce qui peut nous conduire à vouloir impressionner la galerie, en essayant de prouver à ceux qui nous entourent que, nous aussi, nous avons du succès financièrement.

J'appelle cela le syndrome du voisin gonflable. Si quelqu'un de notre entourage fait l'acquisition d'un bien matériel enviable, tels une nouvelle piscine, une auto neuve ou un tout nouveau téléviseur, cela implique qu'il nous faudra se le procurer ! Et, de préférence, plus beau, voire plus cher. C'est ce que l'on surnomme le jeu de la suprématie égocentrique !

Voici ce qui se produit inévitablement par la suite. On fait l'achat de quelque chose dont on n'a pas vraiment besoin, que l'on paye avec de l'argent qui n'est pas vraiment à nous (crédit), pour impressionner des voisins, des collègues de travail ou des personnes que l'on n'aime pas vraiment ! Tout ça, dans le simple but de projeter l'image du soi-disant succès, ce statut qui fait de soi quelqu'un de respectable et de respecté !

Il y a, bien sûr, ceux qui le font par simple plaisir, croyant aveuglément que le bien convoité les rendra plus heureux et mieux dans leur peau. Malheureusement, le bonheur n'est pas une option à l'achat.

Soyons sérieux pour un moment et, surtout, soyons honnêtes avec nous-mêmes : avons-nous vraiment besoin à ce point de plaire, de nous endetter inutilement afin d'espérer obtenir une quelconque reconnaissance et le fameux respect de ceux qui nous entourent ?

Je pense que se poser la question, c'est y répondre! Je crois que l'on devrait plutôt déterminer la *vraie* valeur d'une personne à son «valoir» plutôt qu'à ses avoirs! Comme le disait si bien l'écrivain Erich Fromm:

> **«Si je suis ce que j'ai, et que je perds**
> **ce que j'ai, alors qui suis-je?»**

De mon côté, j'ajouterais ceci:

> **Notre vraie richesse est en nous,**
> **c'est pourquoi il est si important de la cultiver.**

Ce qui est fascinant à propos de notre richesse intérieure, c'est-à-dire nos expériences de vie et nos valeurs profondes, c'est que personne ne peut nous les prendre, nous les voler ou même nous les emprunter.

> **Ces richesses exigent, bien sûr,**
> **un entretien constant mais, en contrepartie,**
> **sa valeur ne dépréciera jamais!**

Le problème de nos jours, et tout spécialement dans notre société de consommation, pour ne pas dire de surconsommation, c'est qu'il est beaucoup plus facile de rechercher la richesse visible, en l'occurrence la richesse matérielle, plutôt que celle qui est impalpable.

C'est vrai qu'il est parfois tentant d'acquérir tel type de maison ou de voiture, en voyant que les personnes qui les possèdent *semblent* davantage heureuses. Mais il ne faut pas non plus compromettre certains aspects de sa qualité de vie afin de pouvoir projeter cette image de bien-être personnel.

Une fois de plus, c'est tout à fait normal, car nous sommes tous humains. Ce besoin d'être apprécié, d'être reconnu, au même titre que celui d'être aimé et d'aimer en retour, est ce qui nous distingue des autres espèces vivant sur cette belle planète.

L'équilibre joue alors un rôle crucial : équilibrer équitablement sa vie professionnelle et personnelle, afin de parvenir à cette harmonie qui nous procure satisfaction et appréciation de ce que l'on a et de ce que l'on a la chance de vivre, tout en laissant place au désir stimulant de ce que l'on aimerait acquérir ou atteindre sur le plan matériel ou spirituel. Il faut donc être en mesure d'apprécier ce que l'on possède et, surtout, ce qui n'est pas visible à l'œil nu, comme :

- la joie d'être en santé, d'être autonome ;
- la liberté d'action, de pensée ;
- la sagesse, parfois si durement acquise ;
- nos merveilleux talents, qu'ils soient développés ou non ;
- nos enrichissantes expériences de vie, ce bagage si précieux.

Je crois que nous avons suffisamment de richesses en nous pour ne pas être envieux des autres.

Bien sûr, cela ne nous empêche pas de rêver aux belles choses que l'on aimerait éventuellement vivre ou posséder, ni rêver à ce que l'on aimerait devenir un jour. Je dirais même que c'est essentiel de le faire, afin d'évoluer et de s'épanouir continuellement tout au long de notre vie.

Cette vie que nous vivons est d'ailleurs celle que nous avons délibérément *choisi* de vivre.

C'est nous qui, par nos pensées, nos choix et nos décisions, façonnons notre vie chaque jour. Il est donc dans notre plus grand intérêt que celle-ci soit toujours un peu plus belle et un peu plus enrichissante. Comme j'aime souvent me rappeler :

La meilleure façon de s'assurer d'un avenir meilleur, c'est améliorer son moment présent.

De toute façon, on ne peut changer le passé ! Par contre, celui-ci s'avère une excellente référence en ce qui concerne les expériences vécues et les importantes leçons apprises. J'ai d'ailleurs toujours gardé en mémoire cette jolie phrase : « N'oublie jamais d'où tu viens » ou, si vous préférez, « Ne renie jamais ton passé, tes origines. »

Lorsque notre qualité de vie atteint un niveau de grand confort, il arrive trop souvent de nous plaindre de petites choses insignifiantes qui viennent atteindre notre fameuse zone de confort. Pourtant, c'est dans de tels moments que nous devrions être le plus indulgents envers la vie, en nous souvenant de notre chance d'avoir atteint cette qualité de vie si agréable et, surtout, si plaisante.

Maurice, un homme d'une générosité et d'une bonté exceptionnelles, qui m'a vu évoluer au cours des 18 dernières années, m'a souvent répété la phrase suivante :

« Mon garçon, tu as tout ce qu'il faut pour être heureux. Alors, si tu ne l'es pas, c'est tout simplement *ton* problème ! »

Nul besoin de vous dire que ces belles paroles me suivent encore aujourd'hui ; elles transcendent le temps. De plus, elles ont, à elles seules, suffi à me rendre heureux tous les jours de ma vie !

C'est la vision de Maurice face à cette loi de la gratitude universelle qui régit désormais toute mon existence. Je lui en suis d'ailleurs à jamais reconnaissant. En me rappelant cette phrase puissante, il s'assurait que je ne dorme pas sur mes lauriers, en ne voyant plus toutes les richesses exceptionnelles qui m'entouraient. Maurice se souvenait encore très bien du chemin que j'avais parcouru, bien avant que je connaisse le bonheur de vivre une vie confortable et remplie de satisfaction, de joie et d'amour.

Il est vrai que j'ai la chance fantastique de me réveiller chaque matin avec une femme exceptionnelle à mes côtés et deux beaux enfants extraordinaires! Ce sont eux, ma plus grande richesse, mon plus beau trésor. Grâce à eux, j'ai trouvé un véritable sens à ma vie et, de plus, je me sens pleinement vivant. Le Dalaï-Lama a dit un jour la phrase suivante, qui est devenue un classique:

> **«Les gens les plus heureux sur cette terre
> sont ceux qui ont de la gratitude.»**

Je crois d'ailleurs que les personnes le plus heureuses dans la vie, qui apprécient les moindres petites choses qui les entourent et qui rayonnent littéralement sur les autres, sont celles dont le cheminement de vie est comparable à un puits: plus la souffrance l'a creusé, plus de bonheur il contient!

> **Pour eux, l'essentiel dans la vie se trouve
> dans l'être, et non dans le paraître.**

C'est justement en côtoyant ces personnes rayonnantes qui dégagent une joie de vivre et transpirent littéralement de bonheur, que l'on réalise qu'elles sont assurément devenues des millionnaires de la vie.

Merci, la vie!

Millionnaire
de la vie

Cette expression originale est devenue ma carte de visite ! En effet, je dis régulièrement aux gens que je rencontre quotidiennement que je suis devenu millionnaire de la vie !

Je suis effectivement convaincu
que je possède désormais tout ce que l'argent
ne peut pas acheter !

Que ce soit l'amour, la santé, l'amitié, le bonheur et, surtout, cette insatiable joie de vivre ! Le plus triste, c'est que certaines personnes bien nanties ou très riches finissent un jour par perdre l'essentiel, pensant à tort pouvoir tout posséder. Vous avez d'ailleurs sûrement déjà entendu un jour la phrase suivante :

«On perd parfois sa vie à vouloir la gagner.»

Je crois que si nous n'avons pas été en mesure de développer la gratitude et la reconnaissance envers la vie en général et les gens qui nous entourent, on perd alors inévitablement certaines valeurs de la vie essentielles à ce bonheur parfois si fragile.

C'est ce qui m'amène à vous parler de ma philosophie du succès. Mais n'ayez crainte, je ne prétends pas ici détenir la connaissance absolue, le fameux savoir, communément appelé la sagesse des dieux, loin de là. Tout ce que j'ai fait au cours de mon existence, c'est observer, interroger, me questionner, lire, demander et, finalement, chercher, chercher encore et encore jusqu'à ce que je trouve le pourquoi du comment.

Ce que j'ai appris au cours de ces longues années d'observation et d'apprentissage sur le comportement humain est stupéfiant de simplicité. Le légendaire Earl Nightingale l'avait d'ailleurs défini comme suit :

« Le succès est la réalisation progressive d'un idéal de valeur. Avoir un but et le réaliser, c'est ça le succès ! »

On ne peut évaluer le vrai succès qu'en tenant seulement compte des chiffres et des données quantifiables. La femme qui désirait ouvrir un jour son propre salon de coiffure ou l'homme qui rêvait de devenir un bon père de famille, malgré une enfance difficile, et qui finissent tous deux à atteindre leurs objectifs, c'est ça, d'après moi, la vraie recette du succès qui mène au bonheur ! Celui-là même qui amène l'exaltation ultime, cette fierté personnelle d'accomplissement de soi qui va bien au-delà des chiffres, de l'argent, des trophées ou des médailles.

Le plus drôle, c'est qu'avant d'entamer des recherches sur le sujet, j'avais déjà une idée préconçue de ce qu'étaient les préalables indispensables aux gens qui aspiraient à atteindre le succès. J'ai réalisé, après coup, que certaines de mes hypothèses de l'époque étaient totalement fausses et non fondées.

Prenez cet exemple typique d'un homme travaillant. C'est celui qui se lève très tôt, tous les matins, et qui travaille avec acharnement, à la sueur de son front, consacrant ainsi beaucoup plus d'heures à son travail que la majorité des gens. Il ne prend pas ou peu de congé, et encore moins de vacances. Il démontre ainsi sa grande persévérance, et qu'il a du cœur au ventre !

Ce véritable bourreau de travail était pour moi un fier exemple à suivre. J'étais alors convaincu que ce genre de personne était voué à connaître de très grands succès, compte tenu de sa rigueur, de sa ténacité et du grand dévouement à son travail. Eh bien, j'avais tort. Car, voyez-vous, le travail acharné n'est pas un gage de réussite qui mène éventuellement au bonheur. Un certain équilibre doit prédominer !

Bien sûr, il est vrai que certaines personnes correspondant à cette description connaissent effectivement beaucoup de succès, mais encore là, on ne peut affirmer que ce qu'elles font dans leur quotidien est la recette qui mène invariablement au bonheur, loin de là.

Ce que j'essaie d'expliquer ici, c'est que je connais beaucoup de gens qui ont travaillé très fort toute leur vie et qui n'ont, pour ainsi dire, jamais accompli de grandes choses, réalisé de grands projets, bref, qui ne se sont jamais démarqués de la masse. Et le plus désolant, c'est que :

**Beaucoup d'entre eux se sont retrouvés
au cours de leur vie malheureux et seuls,
faute d'avoir su équilibrer davantage leur vie.**

D'autres exemples démontrent bien le paradoxe dans lequel les gens sombrent parfois. J'ai vu des personnes bourrées de talents, qui avaient vraiment tout pour réussir, mais qui ont tout de même fini par échouer dans leur domaine d'activité faute d'efforts, de persévérance et de travail acharné. Elles estimaient que les longues heures à investir pour exceller dans un domaine spécifique étaient facultatives pour elles, compte tenu des nombreux talents innés qu'elles possédaient et de la facilité parfois déconcertante avec laquelle elles exécutaient une tâche. Elles succombaient alors trop souvent à la légendaire paresse et au manque de volonté, de courage et de détermination. Il existe d'ailleurs une expression dans le sport professionnel qui résume très bien ma pensée :

«Le talent, à lui seul, ne suffit pas!»

Il faut être discipliné, très déterminé et, surtout, ne jamais cesser d'investir du temps pour s'améliorer de façon continue. Prenez l'exemple du célèbre joueur de golf Tiger Woods. Il a toujours investi et investit encore aujourd'hui quotidiennement de nombreuses heures à peaufiner son art. Il pratique son sport sans relâche, de façon à s'assurer de garder ce haut niveau de performance qui l'a rendu si célèbre. Tiger Woods vous dira sans hésiter que la seule façon de déployer un talent à son maximum et d'en optimiser tout le potentiel, c'est :

Investir du temps, car sans les efforts d'un travail soutenu, le talent est inutile.

Une autre constatation que j'ai faite au cours des dernières années et qui m'a grandement fasciné est que :

Les gens qui ont du succès tentent instinctivement de reproduire le succès.

L'inverse est tout aussi éloquent : ceux qui subissent régulièrement des échecs semblent ironiquement les accumuler ! Pourtant, on parle ici de gens ayant le même niveau de scolarité, issus de la même classe sociale et évoluant dans un environnement de vie similaire.

Je crois personnellement que les gens qui ont du succès sont ceux qui ont choisi délibérément ce qu'ils voulaient faire de la vie et, surtout, ce qu'ils voulaient être dans la vie. Personne ne leur a imposé ces choix.

Ce sont eux qui prennent leurs *propres* décisions, avec fierté et conviction, assumant *seuls* la pleine responsabilité de leurs choix !

Ils ne sont surtout pas de ceux qui s'acharnent à blâmer les autres. Ils assument pleinement les erreurs de parcours, car c'est de celles-ci qu'ils enrichissent leurs précieuses expériences de vie. Ce sont eux qui sont aux commandes de leur navire et qui contrôlent leur propre destinée.

Par exemple, cette enseignante qui exerce son métier avec cœur et passion, car c'est ce qu'elle a toujours rêvé de faire dans sa vie, et cet homme qui est propriétaire du petit restaurant du coin, car c'est ce qu'il a toujours souhaité. Que dire de cette femme au foyer qui est heureuse d'avoir la chance de prendre soin de ses enfants. Elle peut ainsi leur donner le meilleur d'elle-même et les voir grandir et s'épanouir dans le confort douillet de cette belle petite maison remplie d'amour qu'elle a su décorer avec soin.

Ces gens vivent la vie qu'ils ont délibérément choisi de vivre, car là était leur désir, celui de se réaliser pleinement et d'être heureux :

Pour moi, c'est *ça* le succès !

Ces exemples représentent pour moi le fondement même de l'accomplissement qui mène au succès. On est donc loin ici de l'image des gens riches et célèbres qui, pour bien du monde, est la seule véritable preuve du succès.

Ce qui est beau dans tout ça, c'est que ces gens sont tous passionnés non seulement pour ce qu'ils font, mais aussi pour ce qu'ils sont. Ils ont réalisé à un moment donné de leur vie que :

Lorsque notre travail devient une véritable passion, la notion de «travail» disparaît aussitôt !

Mieux encore, ils ont des buts et des objectifs bien précis et sont convaincus de réussir avant même d'avoir commencé !

Le moment précis où cela se produira, nul ne le sait, car on ne peut contrôler le temps, on ne peut contrôler que *son* temps ! C'est pourquoi il est essentiel pour ces gens de lâcher prise sur les choses pour lesquelles ils n'ont aucun contrôle et de mettre plutôt leur énergie sur celles qu'ils peuvent contrôler.

Notre énergie est un bien très précieux, c'est pourquoi il faut savoir la dépenser intelligemment !

Depuis le début du millénaire, on parle souvent d'environnement et d'économie d'énergie afin de préserver nos ressources naturelles. Mais nous sommes-nous déjà arrêtés à nous demander comment nous pourrions aussi résoudre les crises d'énergie qui se produisent régulièrement à l'intérieur de nous-mêmes ?

Il nous faut donc apprendre à lâcher prise en faisant du « délestage », comme disent si souvent les compagnies qui nous vendent de l'électricité, en supprimant momentanément le courant électrique dans un secteur donné. D'ailleurs, savoir comment répartir cette énergie physique et psychique, si difficile à renouveler, et que nous tentons sans cesse d'optimiser est aujourd'hui devenu un art ! C'est pour cette raison que les gens passionnés réussissent autant dans ce qu'ils font, c'est parce qu'ils *sont* ce qu'ils font.

Ces gens vibrent de bonheur, ils sont bien et en paix avec eux-mêmes, car ils ont trouvé leur place, leur rôle dans la vie, trouvant du même coup leur raison de vivre et de se lever chaque matin.

**La détermination, la foi et la persévérance
d'un être humain, reliées à sa volonté de réussir,
sont de loin les ingrédients les plus puissants
pour atteindre le bonheur.**

Lorsqu'une personne s'est fixé un but et qu'elle y met toute sa foi, celle en son potentiel ainsi que celle en la vie, rien ne peut alors résister à cette volonté indéfectible, qui sera présente jusqu'à l'accomplissement de son objectif. Le regretté auteur et politicien de renom, Disraeli, né au début du XIXe siècle en Angleterre, a dit un jour :

**« Tout peut arriver si l'homme
a la patience d'attendre.**

Ces paroles remplies de sagesse et de bon sens ont tôt fait de lui un homme respecté et bien en vue. Et c'est ainsi qu'il est devenu, au fil des ans, le conseiller personnel de la reine Victoria !

Dans le fond, combien de fois a-t-on laissé tomber un projet parce que le temps ne semblait pas jouer en notre faveur? Combien de fois a-t-on baissé les bras parce que les choses n'arrivaient pas assez rapidement à notre goût?

Pourtant, nous savons tous que la base de la réussite d'un objectif, d'un idéal est de savoir se concentrer sur celui-ci. Il faut donc savoir développer cette foi en la vie et, surtout, cette confiance en notre capacité d'exécution. L'effet du temps, à longue échéance, joue toujours en notre faveur lorsque la base de notre objectif est noble et honnête.

Vous savez, on peut réussir de belles grandes choses dans la vie, mais pour cela, il ne s'agit pas simplement d'y croire, il faut y croire vraiment! Le sentiment de dépassement, l'exaltation de l'accomplissement, l'adrénaline engendrée par la réussite d'un but, il n'y a rien de plus stimulant. L'être humain a besoin de ce genre de stimulus, afin de se développer tout au long de sa vie. Un enfant, c'est connu, doit être constamment stimulé afin qu'il acquière rapidement sa motricité, son langage, ses connaissances et sa compréhension du monde qui l'entoure.

Pourquoi alors, devenus adultes, cessons-nous de le faire?

Cet instinct de repousser sans cesse nos limites, d'aller de l'avant, nous l'avons tous en nous. Cette peur qui nous habite a du bon aussi: c'est grâce à elle si nous développons le courage. Comme je me plais souvent à dire à mes enfants:

C'est normal d'avoir peur juste avant de passer à l'action, c'est *ça* qu'on appelle avoir du courage!

On ne peut avoir du courage si on n'a pas une petite dose de peur; c'est indissociable. Autrement, ce n'est pas du courage, mais bien de la témérité !

Voilà pourquoi il est si important de toujours avancer, quoi qu'il arrive, peu importe les obstacles et les contretemps qui surgissent au moment où l'on s'y attend le moins. Il faut savoir composer avec les imprévus et apprendre à être patient, car c'est bien connu :

La patience est la mère de toutes les vertus.

Voici un texte inspirant du grand Martin Luther King qui décrit bien l'importance de toujours aller de l'avant, d'avancer lentement mais sûrement vers la réussite qui, dois-je vous le rappeler, est inévitable !

« S'il vous est impossible de voler, eh bien courez.
S'il vous est impossible de courir, eh bien marchez.
Et s'il vous impossible de marcher, eh bien rampez.
Mais quoi que vous fassiez, assurez-vous de rester toujours en mouvement. »

À mesure que nous avançons dans la vie, il est important de semer : pas seulement de temps en temps, mais de façon constante, avec patience et persévérance. Il faut développer cette habitude afin qu'elle soit ancrée en nous, de façon que nous semions instinctivement tous les jours de notre vie. Ce principe est la base même de l'agriculture :

**Tout ce que vous semez, jour après jour,
vous apportera une récolte tôt ou tard,
qu'elle soit bonne ou mauvaise.**

C'est pourquoi la qualité et, surtout, le *type* de semences qui seront ainsi semées seront déterminantes. La terre dans laquelle vous choisirez de les déposer aura bien sûr une incidence directe sur le résultat, mais il y aura évidemment l'entretien de ces fameuses semences à court, à moyen et à long termes qui pourra faire toute la différence.

Ces graines que l'on plante par-ci, par-là, il est très important de les choisir avec soin.

Si l'on sème la méfiance, la haine, le doute, la méchanceté et l'envie, nous nous retrouverons sous peu entourés de gens qui ne nous feront pas confiance, qui seront jaloux et envieux de nous. Ceux-ci tenteront alors de nous rabaisser, de nous envahir de leurs pensées négatives et destructrices (voir le syndrome de la boîte de crabe)! Ils anéantiront peu à peu nos rêves et nos espoirs d'une vie meilleure, au même titre que le font les mauvaises herbes auprès d'une fleur qui est à la fois si forte et si fragile.

Si, par contre, vous semez la confiance, l'entraide, l'amitié, la gratitude et la joie de vivre, les gens qui se retrouveront sur votre chemin seront positifs, bienveillants, fiers de votre succès et désireront contribuer activement à vos réussites et à votre épanouissement personnel.

Ce que je vous dis là, je l'ai expérimenté de façon intensive au cours des 13 dernières années et les résultats furent bien au-delà de mes attentes! Mieux encore, de parfaits étrangers m'ont rendu service et m'ont guidé vers des gens ou des opportunités incroyables, sans rien demander en retour! Aujourd'hui, la qualité de mon entourage n'a d'égal que la qualité des semences et du temps investi dans l'entretien de celles-ci.

L'eau et le soleil nécessaires à la croissance de vos semences ne sont nul autre que l'amour. Et c'est en combinant ces trois

ingrédients que l'on peut accomplir de très grandes choses!
C'est d'ailleurs pourquoi:

La patience, la persévérance et l'amour sont les engrais les plus efficaces!

Vous voyez, c'est le même principe que construire un jardin, développer une relation à long terme ou élever un enfant. Combien de grandes réalisations ont vu le jour grâce à ces trois éléments fantastiques? Vous en êtes d'ailleurs un de ceux-là.

Semez constamment, quotidiennement, et le succès vous sourira pour une raison fondamentale: le travail a toujours été le prédécesseur du succès. Car, voyez-vous:

«Le seul endroit où le succès arrive avant le travail, c'est dans le dictionnaire!»

Cette citation incroyable nous vient d'un homme à qui on a donné le surnom de «Monsieur Détermination» tellement il a travaillé fort pour arriver au succès. Il est aujourd'hui considéré comme l'un des plus grands animateurs de télévision au Québec, ayant réalisé plus de 14 000 entrevues au cours des 30 dernières années! Cet homme exceptionnel est nul autre que Michel Jasmin. C'est d'ailleurs sa grande générosité qui est aujourd'hui sa plus belle marque de commerce...

Donner sans rien attendre en retour, voilà une façon simple et efficace de semer le bonheur autour de nous et d'en récolter les plus beaux fruits! Combien de fois avons-nous fait l'erreur de donner en espérant un retour d'ascenseur, un signe de gratitude, une démonstration de joie ou une reconnaissance sincère du receveur? Et ne serait-ce que l'attente minimale d'un simple remerciement? Nous sommes tous humains et nous avons tous besoin de remplir de temps à autre ce petit réservoir appelé valorisation et estime de soi.

Vous remarquerez d'ailleurs que la plupart des conflits sont justement liés aux attentes préconçues et présumées par rapport à la réalité de ce qui a été livré ou de ce qui a été promis, peu importe l'époque, le lieu ou les personnes impliquées dans le fameux conflit ! La nature humaine étant ce qu'elle est, l'homme ne peut s'empêcher de vivre des attentes face aux gens et aux événements qui interagissent dans sa vie.

J'irais même jusqu'à dire que :

**L'art d'être heureux dans la vie,
c'est de savoir gérer nos attentes,
ainsi que celles des autres face à nous.**

Et le plus important, c'est de bien les valider, tant avec soi qu'avec autrui ! Combien de fois a-t-on vécu de la colère, de la frustration ou du ressentiment à cause des fortes attentes que nous avions face aux autres ou de celles que les autres avaient envers nous ? On dirait que l'être humain a ce talent inné de se faire un court métrage dans sa tête et, ainsi, générer des attentes qui sont parfois complètement démesurées et contraires à ce qui se produira dans la réalité.

C'est pire lorsque ces attentes sont dirigées envers une personne que l'on estime et considère grandement. En effet, l'intérêt et l'amour que nous avons envers nos êtres chers n'ont souvent d'égal que l'ampleur de nos attentes envers eux, qui, lorsqu'elles ne sont pas atteintes, se transforment inévitablement en déceptions ! Voici un exemple.

La célèbre chanteuse québécoise Ginette Reno a dit un jour en entrevue quelque chose d'incroyable qui m'a marqué pour la vie.

La journaliste qui l'interviewait lui a fait part du grand engouement et du grand intérêt que les *fans* de la chanteuse avaient toujours pour elle, après toutes ces années passées dans le monde du spectacle. Elle a alors demandé à la chanteuse comment elle expliquait que son public ait, encore aujourd'hui, cet amour phénoménal et inconditionnel envers elle. Sa réponse fut des plus surprenantes. D'une voix remplie d'émotion, elle a répondu :

« Malgré tout l'amour reçu par ces milliers de personnes, qui m'ont dit sans cesse : "Ginette, on t'aime", rien n'a jamais pu remplacer l'impact que cette phrase aurait eu si elle était venue de la bouche de ma propre mère. Car, voyez-vous, cette phrase, elle ne me l'a jamais dite. » C'est pour vous dire à quel point :

L'estime que nous avons envers une personne est toujours proportionnelle à la valeur que nous donnons à son opinion.

C'est intéressant de constater que l'inverse est tout aussi vrai. Avez-vous remarqué que si quelqu'un, pour qui vous avez très peu d'estime, vous lance une phrase désobligeante et dénigrante à votre endroit, son impact sera si minime qu'elle ne fera qu'effleurer votre esprit, tombant du même coup dans l'oubli ? De là l'expression bien connue : « Vos commentaires coulent sur moi comme l'eau sur le dos d'un canard ! » Ou celle-ci que j'aime particulièrement : « La pluie de vos insultes n'atteint point le parapluie de mon indifférence ! » C'est pour vous dire à quel point tout est encore une question de perception et d'attitude face à une situation donnée.

Bien sûr, si les mêmes paroles désobligeantes viennent d'une personne que vous avez en haute estime, l'effet sera dévastateur ! De là l'importance de ne jamais perdre de vue l'impact que pourrait avoir une simple phrase ou un commentaire anodin fait à vos collègues de travail, à vos proches ou à vos enfants. Ces personnes qui vous aiment et vous estiment sont consciemment ou inconsciemment affectées par :

Le pouvoir et la *puissance* des mots.

Même les phrases les plus courtes et les mots les plus simples que vous semez, ici et là, peuvent avoir un immense impact, positif ou non, sur les gens qui vous entourent.

Si vous saviez combien de fois des gens que je ne connaissais peu ou pas sont venus me voir un jour pour me remercier pour une phrase, une pensée ou un conseil que je leur avais tout bonnement donné, alors que je me demandais s'ils l'avaient vraiment retenu. Ce n'est qu'en les écoutant raconter leur récit que j'ai compris tout l'impact que j'avais eu sur eux. J'ai des amis qui, grâce à de simples phrases que je leur ai dites, ont trouvé en elles l'espoir et le courage qu'il leur fallait pour réaliser leur plus grand rêve.

J'aimerais maintenant vous raconter l'histoire de l'une de ces personnes passionnées qui, à mon avis, représente pour moi l'une des plus belles réussites en carrière qu'il m'a été donné de voir et dont j'ai été le témoin privilégié. Elle s'appelait Louise.

Celle-ci travaillait dans une entreprise de marketing en tant que directrice générale. Elle adorait ce qu'elle faisait et donnait le meilleur d'elle-même chaque jour, ne comptant pas les heures supplémentaires.

Les plus grandes multinationales s'arrachaient littéralement les services de cette entreprise, qui jouissait d'une réputation enviable dans le marché et qui avait une large clientèle très fidèle.

Louise avait entrepris, plusieurs années auparavant, des études pour parvenir à la carrière dont elle rêvait. Elle avait donc réalisé, au fil des années, tous les efforts et tous les sacrifices nécessaires pour gravir, un à un, les échelons de l'entreprise.

Ses efforts furent bien sûr récompensés lorsqu'elle fut nommée directrice générale, au bout de 11 années de loyaux services, prenant ainsi sous sa responsabilité tous les services de la compagnie. Son rêve était enfin devenu réalité.

Louise était aux anges et tout allait pour le mieux! Les clients étaient satisfaits et la relation qu'elle entretenait avec chacun de ses employés était au beau fixe. Ceux-ci, heureux de leurs conditions, étaient des plus performants.

C'est pourquoi je fus surpris de recevoir d'elle un appel de détresse, par un beau vendredi après-midi, presque trois ans après sa nomination que nous avions tous fêtée ensemble au restaurant.

Louise était alors complètement désemparée et découragée! Elle qui aimait tellement son emploi songeait maintenant à l'abandonner, même si elle avait acquis, au fil des années, une expertise des plus enviables. Ce n'était assurément pas la Louise que je connaissais.

Effectivement, celle que je connaissais depuis tant d'années était une femme sûre d'elle, pleine d'entrain et en parfait contrôle de ses émotions. Celle qui me parlait au téléphone me semblait soudainement fragile, désabusée et souffrant de grande insécurité. Elle était de toute évidence remplie de tristesse et d'amertume pour ce travail qu'elle chérissait pourtant de tout son cœur. Je lui posai alors plusieurs questions, afin d'être en mesure de bien comprendre l'ensemble du problème et d'avoir une vue globale de la situation.

J'étais donc devenu, l'espace d'un moment, le spectateur de sa vie!

J'appris alors qu'un conflit majeur avait éclaté il y a long-temps, entre elle et son patron, qui était d'ailleurs le fonda-teur de l'entreprise. Celui-ci était du genre très contrôlant, voire envahissant, et intervenait régulièrement dans les décisions que prenait sa directrice générale. S'ensuivaient des querelles in-terminables qui détérioraient alors grandement l'ambiance sereine qui régnait auparavant au travail.

Heureusement, le patron ne venait plus très souvent au bu-reau, car après s'être investi corps et âme pendant de longues années à faire de son entreprise un succès fort enviable, il pou-vait enfin se payer du bon temps et profiter ainsi davantage des plaisirs de la vie. C'était d'ailleurs un grand passionné de voile et allait régulièrement faire de belles promenades en bateau, durant les beaux jours d'été.

Mais la situation que vivait Louise au bureau pendant ce temps était loin d'être paradisiaque. En fait, elle était deve-nue tout simplement insupportable! Même si son employeur était absent la majeure partie du temps, il l'appelait presque quotidiennement afin de faire le suivi des différents projets, essayant de tout diriger à sa place.

Et lorsque la discussion tournait au vinaigre, il allait jus-qu'à lui raccrocher la ligne au nez lorsque Louise n'approuvait pas son opinion! Bref, rien n'allait plus entre elle et son patron.

Louise, pourtant si calme et si posée, était désormais au bord de la dépression, ne sachant plus quoi faire pour arrêter cette situation. La seule solution envisageable pour elle était de quitter son emploi! C'est à ce moment que je décidai de lui porter secours.

Fidèle à mon habitude, je n'allais pas porter de jugement ni lui imposer mes opinions. Je crois d'ailleurs que la meilleure façon d'aider une personne en détresse, c'est l'écouter attentivement, en lui posant de temps à autre des questions bien ciblées afin de lui montrer par la suite une facette différente de la situation. L'aider en quelque sorte à changer de paire de lunettes !

Il faut alors mettre en place, de façon subtile, suffisamment d'éléments pour emmener la personne à trouver elle-même la solution à son problème, qu'elle connaît probablement déjà, mais qui est voilée par l'émotion. En lui faisant prendre conscience des différentes possibilités qui s'offrent à elle, cela lui laisse le choix de décider elle-même du chemin à prendre. Dans ces moments-là, il est toujours impressionnant de voir à quel point un seul mot, une simple anecdote ou une seule phrase peut faire toute la différence.

C'est ce qui se produisit dans ce cas bien précis. Au cours de notre conversation, je réalisai que la principale source du problème était la façon dont Louise réagissait à l'attitude néfaste et contrôlante de son patron. Celui-ci, qui lui avait pourtant donné tout le pouvoir décisionnel, remettait constamment en doute ses décisions, discréditant inconsciemment le jugement de Louise.

Celle-ci n'osait plus prendre position, de crainte d'envenimer davantage la situation et ainsi risquer de perdre cet emploi qu'elle aimait tant. Incapable de prendre position et de lâcher prise face à l'attitude de son patron, Louise en était rendue à douter d'elle-même, de ses compétences et, par conséquent, de sa propre capacité à gérer l'entreprise.

J'ai donc tôt fait de remettre les pendules à l'heure avec elle. En effet, dans ce genre de situation, où la personne est en train de perdre toute possession de ses moyens, il faut appliquer cette technique infaillible :

**En cas de doute momentané de soi-même,
il faut se rappeler ses bons coups
et ses accomplissements du passé !**

Ce n'était sûrement pas le fruit du hasard si elle occupait aujourd'hui un poste aussi important dans cette entreprise ! D'ailleurs, comment expliquer le fait que tant les clients que les employés de l'entreprise n'avaient que de bons mots pour elle ? Eh bien, c'est tout simplement parce que Louise avait tout ce qu'il fallait pour faire ce travail ! Tout ce qui restait à déterminer, c'est si elle continuerait d'évoluer dans cette entreprise ou dans une autre.

Afin qu'elle puisse trouver et analyser convenablement les solutions qui s'offraient à elle, et ainsi faire des choix éclairés, je lui suggérai ceci :

**« La seule façon d'être en mesure de prendre
une telle décision, c'est d'être
en mesure d'enlever de sa conscience la peur,
le doute et la colère. »**

Ces trois mots furent une véritable révélation pour Louise ! Elle sentit alors monter en elle un regain d'énergie, nourri soudainement par l'espoir, cet espoir de pouvoir se relever plus forte de cette épreuve et de devenir meilleure. Pouvoir ainsi apercevoir la fameuse lumière au bout du tunnel ! Elle était de nouveau convaincue de pouvoir redevenir la grande gagnante qu'elle était, car elle avait tout ce qu'il fallait en elle pour réussir : il lui fallait seulement y croire.

Pour cela, il lui fallait éliminer ces trois choses si néfastes à sa croissance personnelle : la peur, le doute et la colère, des adversaires redoutables qui savent si bien paralyser notre esprit, nous rendant du même coup incapables d'agir en toute confiance et en toute liberté.

C'est d'ailleurs ce qui fait aussi la grande différence entre les victimes et les vainqueurs. Les deux commencent par la même lettre, mais leurs états d'esprit sont tout à fait opposés.

Voici pour vous, chers lecteurs, les explications détaillées de cette méthode que j'ai élaborée pour mon amie Louise et que je considère comme la clé universelle du succès, celle qui mène à la réalisation de nos rêves et de nos objectifs de vie. Mais n'ayez crainte, nous reviendrons un peu plus tard à l'aventure incroyable de Louise qui, je vous l'assure, saura vous garder en haleine jusqu'à la fin.

LA RECETTE DU SUCCÈS

Commençons par ces trois choses qu'il faut éliminer de nos vies pour les remplacer par trois autres, que je vous expliquerai par la suite.

Nº 1 La peur

Il y a deux sortes de peur : la bonne, qui agit tel un filet de sûreté sur nos vies, et la mauvaise, qui engendre l'anxiété, l'angoisse face à l'inconnu et qui nous paralyse. Vous remarquerez que dans la vie :

**85 % de nos peurs sont basées
sur des présomptions et des événements
qui ne se produiront jamais !**

Il est primordial, voire vital, d'être en mesure de savoir à quel type de peur on fait face quotidiennement. Le problème dans le monde actuel, c'est que l'on manque de temps ! Tout bouge très rapidement et il faut souvent prendre des décisions à la hâte. Il est donc difficile pour nous de savoir à quel genre de peur nous avons affaire.

C'est justement en prenant le temps de bien comprendre nos peurs que nous en arriverons à les catégoriser et ainsi nous libérer de l'emprise paralysante et dévastatrice de la mauvaise peur. En voici des exemples :

- la peur de l'échec ;
- la peur du rejet ;
- la peur de ne pas être aimé ;
- la peur d'être jugé.

Ces peurs sont non fondées, mais combien de fois avonsnous fait l'erreur de les croire et de leur donner toute la force et toute l'amplitude voulues ?

La peur est aussi l'ennemi juré de la créativité et de l'intuition, ce qui vous permet de vous démarquer des autres, de trouver de nouveaux défis et de vous réinventer. Il est essentiel de ne pas laisser la peur vous prendre ces deux joyaux si précieux.

Le fait de connaître la source même du problème fait que celui-ci est à moitié résolu ! D'ailleurs, j'utilise régulièrement cette phrase lorsque la peur m'envahit :

**La peur que tu affrontes s'estompe,
alors que celle que tu fuis te suit.**

Vous remarquerez que lorsque l'on arrive à affronter et à surmonter ses peurs, cela apporte un sentiment de fierté inégalé que l'on savoure alors très longtemps et qui nous aidera à surmonter les prochaines.

Voici que se pointe son grand copain de longue date...

N° 2 Le doute

Le doute est ce qu'il y a de plus sournois dans la vie. Comme la visite indésirable, on ne sait jamais *quand* il va se montrer et il semble arriver toujours au mauvais moment ! C'est d'ailleurs pourquoi il faut tant s'en méfier, car il est de loin celui qui est le plus contagieux.

Paradoxalement, les gens que vous aimez et respectez le plus sont ceux qui vont le plus souvent vous transmettre ce fameux doute, parfois de façon aussi cinglante qu'inattendue.

Mais le doute, tout comme la peur, a aussi du bon. Le bon doute, c'est celui qui nous vient de notre intuition, cette petite voix intérieure si importante et si puissante. Elle est celle qui saura nous prévenir des gens malhonnêtes ou nous empêcher de prendre de mauvaises décisions qui iraient à l'encontre de nos valeurs personnelles et profondes. Le mauvais doute, quant à lui, ne fait aucune distinction entre ce qui est possiblement réalisable et ce qui ne l'est pas. Voici des exemples de mauvais doute :

- le doute de soi-même ;
- le doute en son potentiel ;
- le doute en sa foi, en ses croyances ;
- le doute en sa force intérieure.

Une fois de plus, ces doutes sont injustifiés et viennent à leur tour nous empêcher de réaliser bien des rêves et, par conséquent, de prendre les bonnes décisions, celles qui auraient pu avoir un impact positif et enrichissant sur notre légende personnelle.

C'est d'ailleurs ce genre de doute néfaste qui aura pour effet un jour de nous faire dire : « J'aurais donc dû ! » Combien de fois avons-nous dit cette phrase dévastatrice ? Je vois déjà se montrer ce qui est sans contredit le trouble-fête en chef de nos deux compagnons précédents...

N° 3 La colère

La colère est de loin ce qui est le plus néfaste pour notre organisme ! Qu'il soit physique, psychique ou psychologique, l'impact que celle-ci a sur notre système tout entier a des répercussions à long terme, comme l'insomnie, l'angoisse et l'hypertension.

Il ne faut pas oublier le stress qui, à lui seul, est responsable de bien des maladies.

D'autant plus si vous êtes des gens passionnés, près de vos émotions et très sensibles sur le plan émotif. Alors, nul besoin de vous dire que la colère doit être éliminée de votre vie sans autre invitation mais, comme vous le savez déjà, il est beaucoup plus facile à dire qu'à faire !

Aussi surprenant que cela puisse paraître, il y a aussi ce qu'on appelle la bonne colère. En effet, c'est parfois *elle* qui vous aide à réaliser, à vous faire prendre conscience d'un problème. Par conséquent :

La bonne colère est celle qui incite à réagir et, enfin, à agir !

Celle-ci est souvent l'élément déclencheur qui aura pour effet de vous décider à vous prendre en main et à passer à l'action pour régler une fois pour toutes cette situation qui vous est devenue insupportable. Dans ce cas bien précis, on peut dire que cette saute d'humeur vaut alors pleinement le petit désagrément momentané qu'elle produit. Malheureusement, dans la majeure partie des cas, la colère a surtout des effets dommageables et regrettables. Voici des exemples de colère néfaste :

- la colère face aux décisions et aux actions des autres;
- la colère face aux événements hors de notre contrôle;
- la colère face à nos attentes créées et non assouvies;
- la colère face à l'incompétence de certaines personnes;
- la colère face à l'ignorance des gens en général.

La mauvaise colère est souvent générée par nos insatisfactions, nos frustrations et nos déceptions, celles-là mêmes qui naissent de nos fameuses attentes!

Ce mécontentement mal géré prend alors des proportions hors du commun! De là l'importance de bien communiquer les attentes que l'on a envers soi, envers autrui et envers la vie en général. Savoir lâcher prise s'avère donc la meilleure façon d'atténuer sa colère, éteignant ainsi ce feu qui brûle.

La colère est en effet une émotion difficile à contrôler. Nous sommes tous humains après tout, possédant par définition un cœur et une âme. Cela fait de nous des êtres émotifs et, par conséquent, démonstratifs!

Cela dit, il importe de faire en sorte de nous débarrasser de ces trois choses nuisibles à notre vie. Vous verrez, lorsque l'on y parvient, on allège de façon significative le poids du stress sur nos épaules.

Je dirais même que c'est une véritable délivrance!

Puisque la seule façon de se défaire d'une vieille habitude est de la changer par une autre, voici les trois remèdes que j'ai trouvés pour guérir adéquatement la peur, le doute et la colère:

- le courage, pour guérir la peur ;
- la foi, pour guérir le doute ;
- le respect, pour guérir la colère.

Ces trois mots sonnent comme les ingrédients miracles qui mènent au bonheur ! Si vous prenez quelques secondes pour vous souvenir des noms de certaines grandes personnalités qui ont marqué notre histoire, vous remarquerez que ces trois mots leur collent parfaitement à la peau.

N° 1 Le courage

C'est le remède pour remédier à la peur. Avoir le courage de ses opinions, de ses convictions, de ses paroles et de ses actes. Être capable de s'affirmer, même dans l'adversité, et démontrer ainsi toute son authenticité !

Être courageux, ce n'est pas d'être sans peur, c'est réussir à la vaincre.

Continuons avec le remède qui a pour objectif d'anéantir le doute.

N° 2 La foi

Avoir foi en ses capacités, en sa force brute, en ses valeurs et en ses croyances profondes, c'est croire profondément et avec conviction en ses rêves et en ses ambitions. C'est avoir une foi inébranlable en soi-même, en la vie et en l'Univers. Pour y parvenir, j'utilise la phrase suivante qui illustre si bien ce qu'est d'avoir une foi inébranlable en ce que nous sommes :

Nous avons tous été créés pour réussir, donc le succès est inévitable.

Finalement, quoi de mieux que ce puissant ingrédient, qui a le pouvoir d'éteindre et d'apaiser la colère...

N° 3 Le respect

Avoir le respect de soi et, par conséquent, celui des autres. Avoir aussi de l'indulgence et de l'amour envers ceux qui nous entourent, même si cela semble parfois très difficile, voire quasi impossible. Voyez-vous, je crois que :

Le respect engendre le pardon.

Et c'est le pardon qui engendre l'indulgence ! C'est d'ailleurs la seule façon que j'ai trouvée pour éteindre la colère qui m'habite. C'est ce qu'on appelle le lâcher-prise volontaire, celui qui nous permet de pardonner aux autres pour leur ignorance, leur intolérance ou leur manque de savoir-vivre, de façon instinctive. Chacun évolue à son propre rythme, selon ses propres valeurs. Mais pour y arriver :

Il faut apprendre à se respecter, d'abord et avant tout, c'est un incontournable.

En agissant ainsi, vous serez mieux équipé pour faire face aux situations désagréables de la vie, comme celle où quelqu'un vous manque de respect et cherche de toute évidence la confrontation. Dans ces cas bien précis, la meilleure chose à faire est de vous retirer, tout doucement, sans faire de vagues.

Savoir rester humble en mettant son orgueil de côté, cela démontre hors de tout doute que l'on est en plein contrôle de ses émotions et, par conséquent, de la situation !

En agissant ainsi, vous pourrez non seulement arrêter l'hémorragie, mais montrer du même coup à votre interlocuteur que vous vous respectez suffisamment pour ne pas vous soumettre à ce genre de confrontation inutile.

Commençons d'abord par nous respecter nous-mêmes et ainsi nous pourrons être en mesure de pouvoir mieux respecter les autres.

Selon moi, le respect est à la base même du bonheur et du bien-être de chacun.

Mais le respect, avouons-le, est l'une des valeurs les plus difficiles à appliquer dans notre vie quotidienne. En effet, nous avons parfois de la difficulté à respecter les gens qui semblent n'avoir peu ou pas évolué au fil du temps, qui ont une étroitesse d'esprit qui peut même nous choquer ou nous révolter. Au lieu de chercher à les éduquer, il faut simplement appliquer le principe suivant :

Avoir du respect et de la compréhension pour l'évolution moins significative de leur âme.

L'effort en vaut pleinement la chandelle, car les résultats sont surprenants et fort bénéfiques ! Essayez-le, vous verrez bien !

Comme vous pouvez désormais le constater grâce à cette intéressante méthode, l'impact que pourra avoir sur votre vie le remplacement de la peur, du doute et de la colère par le courage, la foi et le respect est indéniable. Ceux-ci font, selon moi, partie intégrante d'une vie remplie de succès et de bonheur, tant sur le plan personnel que sur le plan professionnel.

C'est d'ailleurs pourquoi je crois sincèrement qu'il est de mon devoir de répandre ce concept de vie à quiconque a à cœur la réussite de sa vie et celle de son entourage.

Il faut donner avec sincérité
pour le plus grand bien de la collectivité.

Revenons donc, si vous le voulez bien, à Louise.

Fière de l'enseignement reçu, Louise avait réussi avec brio à remplacer les trois choses si nuisibles dans sa vie par les trois remèdes que je viens tout juste de mentionner.

Ce ne sera pas une surprise pour vous d'apprendre que sa vie en fut transformée, je dirais même embellie! En effet, elle a décidé de faire face à la musique et de s'asseoir avec son patron, question de clarifier ses propres attentes ainsi que celles de celui-ci.

Après avoir fait au préalable son propre examen de conscience, suivi d'une bonne introspection en règle, elle savait désormais qui elle était, ce qu'elle voulait, mais surtout ce qu'elle ne voulait plus dans sa vie. Elle fit alors le constat suivant à son employeur: «J'adore mon travail, j'adore mes employés, mes clients sont heureux et je me sens en plein contrôle de mes moyens et de mes talents. Le problème, c'est vous, Monsieur l'employeur!»

Avant même qu'il puisse réponde, elle ajouta: «Vous ne semblez pas réaliser la valeur de vos employés, qui, selon moi, sont la plus grande richesse de votre entreprise. Et cela commence par moi! Alors dites-moi, patron, qu'est-ce qu'on fait pour résoudre le problème? Je pars et vous laisse le plein contrôle ou je reste et vous prenez une vraie retraite?» Son patron était littéralement bouche bée! Il ne savait plus quoi dire ni quoi penser, devant une telle démonstration de courage et d'intégrité.

Reprenant peu à peu ses esprits, il engagea alors calmement une conversation saine et constructive sur les solutions à apporter à court, à moyen et à long termes. Le résultat fut pour le moins impressionnant, voire stupéfiant ! Son patron lui avoua qu'après avoir investi la majeure partie de sa vie dans son entreprise, il en était rendu graduellement à la détester, car :

Son entreprise était maintenant devenue une atteinte à sa liberté !

Il avait fait l'achat, au cours des dernières années, d'un magnifique voilier et les heures passées à naviguer sur l'eau le comblaient de bonheur, à un point tel que la seule pensée de faire autre chose de sa vie le déprimait et le frustrait profondément ! Il en était donc arrivé à la conclusion qu'il était à la croisée des chemins, au même titre que sa directrice générale.

Il prit donc une décision radicale, afin de mettre un terme à cette situation qui avait malheureusement dégénéré au point de mettre en péril la source même de son accomplissement professionnel, son entreprise. Il dit alors à Louise : « J'ai trouvé la solution idéale, je vais te vendre la compagnie ! »

Nul besoin de vous dire que Louise en a eu à son tour le souffle coupé, subissant du même coup le même choc émotif que son patron avait eu précédemment.

Surpris celui qui croyait surprendre !

À son grand étonnement, elle n'eut pas le réflexe habituel de la mauvaise peur, celle qui paralyse. Au contraire, elle sentit en elle l'occasion tant attendue de se réaliser soi-même, d'accomplir enfin son rêve de devenir un jour présidente de l'entreprise pour laquelle elle s'était donnée corps et âme durant près de 14 ans. Imaginez : devenir finalement son propre patron, son propre gagne-pain !

Fini ce stress constant, cette épée de Damoclès qui se trouvait constamment au-dessus de sa tête, à savoir si elle allait garder son emploi ou non. Ce fameux stress, qui est souvent vu comme un mal nécessaire dans notre société moderne, est, selon moi, une supercherie !

En effet, des recherches scientifiques ont démontré que :

Près de 65 % de notre stress comme être humain est relié à notre manque de direction !

Soit de ne pas savoir où nous allons et pourquoi nous nous y rendons.

C'est d'ailleurs pour cette raison que l'on dit que le stress est contagieux. On devrait plutôt dire que c'est la détresse émotionnelle qui est contagieuse ! Se sentir ainsi perdu ou égaré est effectivement une source de grand stress. La preuve, c'est que vous arrêter simplement pour y penser vous angoissera probablement.

Eh bien, pour Louise, c'était fini tout ça ! Elle savait désormais où elle s'en allait, car c'est elle qui était finalement assise dans le siège du conducteur, et non dans celui du passager impuissant et incrédule. Celui qui, bien malgré lui, subit les soubresauts d'un patron qui a toute la latitude voulue pour décider de son avenir, aussi bien que celui de ses employés. Ce pouvoir, elle pouvait désormais le détenir, le posséder !

Un sentiment de bonheur alors l'envahit et, contrairement à ses habitudes, elle accepta d'emblée cette chance inouïe qui s'offrait à elle. Trouver les fonds nécessaires pour financer son projet ne la stressait guère, car elle savait qu'elle avait tout ce qu'il fallait pour réussir et cheminer vers sa destinée ! Pour une fois, elle faisait pleinement confiance à la vie.

**Louise avait ce sentiment profond
et inexplicable que l'échec n'était aucunement
envisageable, qu'il ne ferait tout simplement
pas partie de l'équation !**

Ce sentiment puissant venait d'une source tout aussi énergisante : son intuition, celle-là même qui est directement liée à son cœur et à son âme et qui sait si bien reconnaître les signes envoyés par l'Univers pour nous indiquer le chemin à suivre menant à notre destin, l'accomplissement de notre légende personnelle.

Louise est aujourd'hui l'heureuse présidente d'une belle grande entreprise de marketing, et son ancien patron, l'heureux capitaine d'un beau grand voilier naviguant sur les mers du monde entier. Tout est bien qui finit bien ! Alors, à quand votre tour ?

Il suffit parfois dans la vie de faire ce fameux petit plus, celui qui peut entraîner un chambardement. Voici une image pour bien comprendre mon propos :

**À 99 °C, l'eau est toujours liquide.
Ajoutez-y un seul petit degré
et elle deviendra vapeur.**

Quand on sait à quel point la vapeur a révolutionné la face du monde, on ne peut que s'émerveiller pour cette découverte qui ne demandait qu'un petit plus pour se concrétiser. La puissance phénoménale de l'eau à l'état gazeux fut sans nul doute l'une des découvertes les plus constructives du siècle dernier ! On n'a qu'à penser à l'impact qu'a eu sur notre société l'invention du train et du bateau à vapeur.

Imaginez combien d'hommes ont tenté de découvrir, au cours de l'histoire, à quel degré l'eau se transformait en vapeur. Et que dire de tous ceux qui ont tout laissé tomber une fois rendus à 99 °C! C'est pourtant monnaie courante dans notre société d'aujourd'hui.

Combien de gens connaissez-vous qui ont laissé tomber alors qu'ils étaient parfois si près du but?

Comme je le disais précédemment, on est souvent mauvais juge de soi-même, si bien que parfois on était si près d'y arriver que l'on y touchait presque! Mais on s'est dit : « Pourquoi en faire plus? Ça ne fonctionnera pas de toute façon. » À cela, je réponds :

Pourquoi? Eh bien, pourquoi pas?

Il y a une grande différence entre l'acharnement et la persévérance, vous savez. Si vous regardez des gens comme Thomas Edison, il représente à lui seul ce que sont la persévérance et la détermination! Cet homme incroyable a inventé l'ampoule électrique. Mais le plus fascinant, c'est qu'il a fait plus de 2000 essais avant d'y arriver!

Imaginez que M. Edison ait tout simplement décidé de tout jeter aux ordures, rendu à plus de 1999 essais infructueux et frustrants! Quelle perte cela aurait été pour l'humanité, n'est-ce pas?

C'est d'ailleurs seulement 5 % de la population, soit une personne sur 20, qui met vraiment en application cette petite phrase magique: «Et pourquoi pas?» Ces personnes fantastiques ne sont pas seulement des inventeurs célèbres, des artistes connus ou des entrepreneurs au passé légendaire. Ce sont aussi celles que vous croisez parfois dans la rue, au bureau ou en allant faire vos courses. On les reconnaît car elles rayonnent de bonheur et ont un sourire contagieux! C'est d'ailleurs une véritable bénédiction si ces personnes existent : leur attitude de battants leur a permis de devenir de grands gagnants !

C'est justement en m'inspirant de la vie de ces gens que j'ai eu la chance, à mon tour, de réaliser mon rêve d'écrire un livre et de donner des conférences de motivation sur un thème qui me fait vibrer : le dépassement. Ce sont eux qui m'ont fait comprendre que je pouvais avoir un impact positif sur les personnes qui m'entourent et que ce don qui m'avait été donné à la naissance, je devais le partager avec toute la collectivité, pour le bien-être de tout un chacun. Enfin, j'espère pouvoir ainsi participer à créer un monde meilleur. En attendant, j'aimerais vous résumer l'essence même de cet important chapitre :

**Au fond, la clé du succès est en fait
la même que celle de l'échec !**

Puisque nous devenons ce que nous pensons, alors tout devient une question de choix. Ce pouvoir de choisir engendrera inévitablement le résultat final !

Si quelqu'un croit qu'il est bon à rien et stupide, et qu'il répète sans cesse cette phrase dans sa tête, je peux vous garantir qu'il deviendra ce qu'il a prédit ! Heureusement, l'inverse est tout aussi vrai. C'est pourquoi je vous invite fortement à vous dire ceci :

**Je suis une meilleure personne chaque jour,
plus forte mentalement et physiquement.
Aussi, mes ressources sont illimitées !**

Dites-vous bien que votre potentiel n'aura d'égal que votre imagination débordante. Si vous désirez ardemment que la vie vous inonde de ses richesses inestimables, celles sur lesquelles on ne peut apposer de prix, commencez par lui offrir quotidiennement vos efforts.

Et n'oubliez pas de semer, car lorsque vous semez sans cesse de bonnes et belles semences, la vie vous récompense. Le partage engendre un effet bénéfique universel. Vouloir atteindre à tout prix le succès est une chose, et atteindre le véritable bonheur en est une autre.

**Le bonheur crée inévitablement le succès,
mais soyez vigilant, car l'inverse
n'est pas nécessairement vrai.**

C'est pourquoi il faut toujours garder en mémoire que vos actions doivent idéalement toujours correspondre à vos valeurs profondes : il ne faut surtout pas hésiter à vous tenir debout, à défendre vos convictions et à vous battre pour elles.

Soyez fier de ce que vous êtes et n'hésitez surtout pas à développer votre intuition. Cela implique aussi qu'il ne faut pas avoir peur de vous tromper parfois !

Merci donc à toutes les Louise de ce monde ! Elles sont la preuve vivante que tout est possible dans la vie, et qu'il n'y a rien de plus fort que la volonté d'un être humain, tout spécialement lorsque celui-ci est entouré de gens de grande valeur qui croient en lui !

La patience dans la réussite est sans nul doute une grande qualité à acquérir. Louise est devenue, grâce à ses accomplissements, une millionnaire de la vie, car elle a osé passer à l'action et sortir de ses pantoufles en béton !

Sortez
de vos pantoufles
en béton : osez !

Être authentique, unique, original, différent, n'est-ce pas là ce qui fait la beauté de notre belle civilisation moderne ?

Imaginez un instant que nous soyons tous identiques. Des clones, fidèlement reproduits. Pensez-y, nous vivrions dans la monotonie la plus complète, dans la banalité la plus totale !

**Ce besoin vital de se développer,
de s'épanouir, d'évoluer et, surtout,
de se différencier, qu'en adviendrait-il ?**

Nous serions, comme le disait si bien le parolier Luc Plamondon dans sa chanson *Métropolis*, à nous suivre tous à la queue leu leu, avec un joli numéro dans le dos ! Encore là, tout est une question de choix. On suit le troupeau sans trop se poser de questions, se disant que si tout le monde va par là, c'est qu'il y a assurément une raison logique et que, de toute évidence, cette destination est sûrement sécuritaire, ou on décide d'opter pour le choix le plus stimulant :

Tracer une nouvelle route et laisser ses traces pour ceux qui suivront !

N'est-ce pas là le vrai sens de la vie ? Comment voulez-vous réaliser vos rêves, accomplir votre destinée, si vous faites exactement ce que tous les autres font ?

En suivant les autres, vous arriverez au mieux à la même destination, rien de plus ! Et c'est là que se produit ce que certains ont surnommé la plus grande imposture du monde.

Il peut arriver de perdre la maîtrise de notre vie, qui se trouve dès lors gouvernée par le destin. Qu'il est triste de voir nombre de gens incapables de choisir leur destin ! Un des plus grands philosophes de notre histoire, Socrate, a d'ailleurs écrit cette phrase qui reflète parfaitement ma pensée :

« Si tu fais toujours ce que tu as toujours fait, tu auras toujours ce que tu as toujours eu. »

Troublant de vérité, n'est-ce pas ? Le pire, c'est que bien souvent les gens ne réalisent même pas le cercle vicieux dans lequel ils sont ! C'est là que les mots « conformisme » et « routine » prennent tout leur sens.

Vous remarquerez que les gens autour de vous, et plus particulièrement vos proches, comme vos parents, votre conjoint, votre belle-famille et vos amis, semblent tous savoir exactement ce qui est bon pour vous et ce qui ne l'est pas !

Dans leur grande perspicacité, ils semblent savoir comment vous devriez vivre. Pourtant, la plupart d'entre eux arrivent à peine à vivre harmonieusement leur propre vie. Vous essayez alors de vous fier à votre jugement ainsi qu'à leurs conseils, espérant faire les bons choix et prendre les bonnes décisions. Mais si vous prenez un temps d'arrêt pour faire un retour sur votre passé, vous serez peut-être surpris de réaliser que :

Les meilleures décisions, les plus satisfaisantes, sont souvent celles prises grâce à votre intuition.

Parfois, il faut mettre le rationnel de côté et vous mettre davantage au diapason de cette petite voix qu'est votre intuition. Celle-ci est d'ailleurs une alliée de taille, car elle est reliée directement à notre cœur et à notre âme, et c'est là que réside notre vrai soi, notre vrai nous. C'est là que se cache aussi notre immense potentiel ! Cette force insoupçonnée n'est exploitée bien souvent que dans les cas d'absolue nécessité, comme lorsque l'on vit un drame intense, un choc émotionnel, une situation tragique ou un grand stress, bref, lorsque la vie nous bouscule. Mon bon ami Alain m'a d'ailleurs souvent fait rire en me disant ceci :

« L'être humain est comparable à un sachet de thé : c'est dans l'eau bouillante qu'il révèle toute sa saveur et toute sa valeur ! »

Alors, si vous commencez à prendre conscience graduellement de votre intuition, à l'apprivoiser tranquillement et à l'exploiter chaque jour, votre vie, j'en suis persuadé, en sera transformée !

Votre intuition, ce qu'on appelle aussi le senti en psychologie, est ce que vous avez de plus fort en vous, et c'est par cette sensation intérieure que vous trouverez votre rôle dans la vie, le chemin tant recherché qui vous mènera vers l'accomplissement et la réalisation de vos objectifs.

C'est là que se cache la clé de votre destinée !

Votre intuition est la seule à pouvoir détecter les signes provenant de l'Univers qui vous entoure. Ces signes vous parlent et tentent de vous guider continuellement, mais combien de gens ne leur sont pas réceptifs ? Combien d'entre eux ne savent même pas qu'ils existent ?

Car pour être en mesure de voir ces signes, il ne suffit pas seulement d'en reconnaître l'existence mais d'être constamment à leur écoute. Le problème, c'est que dans notre société moderne, l'impatience est de mise, car tout va trop vite et que le temps semble toujours être une contrainte. Mais le temps et l'espace sont des choses sur lesquelles nous n'avons pratiquement aucun contrôle.

On peut jusqu'à un certain point contrôler *son* temps, mais certainement pas *le* temps !

Il faut donc l'accepter, lâcher prise et concentrer nos énergies sur ce dont nous avons vraiment le contrôle, comme nos actions, nos gestes, nos paroles et, surtout, nos pensées.

À force de toujours passer notre temps à courir à droite et à gauche, en tentant de gagner du temps, nous passons souvent à côté de belles opportunités. Car, voyez-vous, les signes qui sont mis sur notre route sont malheureusement parfois trop subtils pour être vus, surtout par les coureurs de triathlon que nous sommes devenus, et ce, bien malgré nous !

Savoir garder les oreilles et les yeux grands ouverts est donc essentiel, mais il y a plus important encore :

Savoir développer la patience.

Cette vertu, qui est en voie de disparition, est pourtant notre meilleur ange gardien, car elle nous évite souvent de faire des choix précipités et d'en payer inutilement le prix.

Il est bien sûr difficile de la développer dans notre monde aujourd'hui, là où la performance occupe une si grande place. En effet, la société nous en demande toujours plus, comme si elle n'en avait jamais assez ! Et nous, consciemment ou non, essayons sans cesse de travailler davantage, d'optimiser notre emploi du temps, afin de pouvoir accomplir le maximum de choses chaque jour, et même nos week-ends ! Pis encore, nous le faisons même durant nos congés et nos vacances annuelles qui sont si importantes à notre équilibre émotionnel et physique. Ce temps que nous nous devons de prendre est essentiel pour recharger nos fameuses batteries.

Il faut bien que notre cerveau, pas juste notre corps, prenne une pause bien méritée.

Vous souvenez-vous lorsque le dimanche était considéré comme le jour du repos, celui où l'on prenait le temps de nous arrêter et de passer de bons moments en famille et avec nos amis ? Qu'est-il devenu aujourd'hui ?

Les commerces sont désormais ouverts toute la semaine et la majorité des gens qui travaillent à temps partiel n'ont désormais d'autre choix que travailler le dimanche. Le plus ironique, c'est que ceux qui ont congé cette journée-là en profitent pour faire leurs emplettes, au lieu de relaxer en famille à la maison !

C'est vraiment aberrant de voir ce que notre société est devenue, en quelques années seulement et, surtout, la rapidité avec laquelle les gens s'y sont conformés. C'est là que tout le problème réside :

Le conformisme collectif.

C'est d'ailleurs pour cette raison que j'ai écrit ce livre ! En effet, beaucoup trop de gens se sont endormis dans leurs pantoufles en béton. C'est comme s'ils avaient graduellement cessé de penser et décidé tout bonnement d'entrer dans le moule, voyant là une sécurité, une façon bien particulière de se donner bonne conscience.

De toute façon, tenter d'en sortir serait hautement risqué et demanderait beaucoup d'efforts. Alors pourquoi se casser la tête ?

Il est vrai qu'entreprendre une vie meilleure demande beaucoup plus de courage que continuer à vivre une vie monotone et sans saveur.

Les gens préfèrent le confort douillet de leurs pantoufles en béton, en restant bien au chaud à l'intérieur, tout comme les autres qui ont fait le même choix, consciemment ou non.

Ce fameux syndrome du conformisme collectif a fait en sorte que notre cerveau est de moins en moins stimulé face à nos choix de tous les jours. On dirait maintenant que tout est pensé pour nous !

Malheureusement, bien des gens décident aujourd'hui de faire comme tout le monde, sans se soucier de leur propre valeur et, par conséquent, de leur propre destination. C'est comme si, sans le savoir, ils avaient perdu peu à peu leur propre identité.

Je me suis donc intéressé, durant plusieurs mois, à poser systématiquement cette question aux gens que je croisais sur mon chemin :

« Pourquoi allez-vous travailler le matin ? »

Vous seriez surpris de connaître le nombre de gens qui ne savaient pas du tout quoi répondre. Pis encore, certains n'en avaient aucune idée ! Le plus ironique, c'est qu'après quelques secondes de réflexion, la plupart me répondaient : « Eh bien, parce qu'on n'a pas le choix ! » ou « Euh, bien voyons, parce qu'il faut travailler, comme tout le monde le fait ! » C'est là que je leur posais la *vraie* question :

« Pourquoi au juste avez-vous choisi *ce* travail en particulier ? »

Lorsqu'ils ne savaient toujours pas quoi répondre, je renchérissais avec celle-ci :

« Qu'est-ce que ce travail vous rapporte au juste sur le plan personnel ? »

Les réponses que j'obtenais étaient soit très inspirantes et stimulantes, soit incroyablement tristes et sans intérêt.

Vous pouvez appliquer ce genre de questions cibles à d'autres sujets tout aussi brûlants que celui du travail, comme votre vie personnelle et sociale, votre vie amoureuse ou votre vie familiale.

Faites le test, vous verrez, l'exercice est parfois surprenant et, surtout, très révélateur de vos choix de vie. En ce qui concerne justement ces choix de vie, il est parfois triste de constater que la plupart des gens ont souvent cette mauvaise habitude de se comparer constamment aux autres : c'est, je crois, une grave erreur.

Car c'est la meilleure façon de tuer ses propres rêves et ses ambitions personnelles !

C'est en vivant en fonction des autres et de ce qu'ils pensent de nous que nous nous éloignons de notre légende personnelle. Voyez-vous, lorsque vous arriverez au crépuscule de votre vie et que vous regarderez le chemin parcouru, il ne faudrait pas que celui-ci vous paraisse morose et sans éclat. Au contraire !

Il faut que la vie que vous avez vécue vous remplisse de joie et de fierté, vous envahisse de ce sentiment enivrant qu'apporte la satisfaction du travail accompli, d'avoir pu en profiter pleinement. Pour y arriver, il faut avoir su au préalable sortir de votre zone de confort afin de pouvoir vous réaliser et, surtout, vous dépasser !

C'est pour cette raison que mon objectif dans la vie, c'est d'aider les gens à sortir de leurs satanées pantoufles en béton, qui sont ni plus ni moins qu'un confort virtuel. Elles ne font que donner l'illusion de confort et de sécurité que l'être humain recherche constamment. Même si ces pantoufles sont chaudes et sécurisantes, elles sont tout de même en béton !

Vous voyez-vous en train de courir avec des pantoufles en béton ?

Pourtant, vous entendez des gens se plaindre tous les jours de leurs malheurs. Ils donneraient n'importe quoi pour avoir la possibilité d'obtenir un meilleur travail, une plus belle maison, une voiture plus récente, etc. Sans parler de ce qu'ils aimeraient secrètement changer dans leur vie malheureuse : leur apparence physique, leur routine de vie ennuyeuse, leur relation amoureuse, leur attitude négative et défaitiste. Pour y parvenir, il leur faut justement changer !

Et le changement, voulu ou non, est ce qu'il y a de mieux pour sortir de sa zone de confort.

La nature humaine fait en sorte que nous sommes tous, à différents niveaux, instinctivement réfractaires aux changements. Pourquoi ? Tout simplement parce que :

L'être humain est un animal d'habitude !

C'est vrai, même après avoir développé pendant des années cette facilité, cette capacité d'adaptation face aux changements, je garde toujours ce petit sentiment d'inconfort, ce genre de malaise d'être ainsi déstabilisé dans mon petit train-train quotidien. Et c'est normal, car nous ne pouvons renier ce que nous sommes !

Le *connu* nous sécurise, nous rend à l'aise, nous réconforte et nous endort.

Le problème, c'est que les gens deviennent si imbibés de leur routine quotidienne qu'ils finissent par croire que tous les jours sont semblables et qu'ils ne peuvent rien y changer. «On peut rien y faire, c'est comme ça !» vous diront-ils avec amertume.

243

Le malheur, c'est qu'ils ont cessé de voir les bonnes choses qui se présentent dans leur vie. C'est comme s'ils s'étaient graduellement endormis, sans vraiment s'en apercevoir. Ils ont tout simplement cessé de croire que demain pourrait leur apporter de grandes choses, de toutes nouvelles opportunités qui leur donneraient la possibilité d'améliorer enfin leur sort. Ces gens préfèrent pour la plupart leur petite routine quotidienne si sécurisante à leurs yeux et qui vient apaiser cette insécurité constante qui les habite.

**Ils sont littéralement branchés
sur le pilote automatique.**

Pourquoi demander plus de la vie? Ils sont bien au chaud dans leurs pantoufles, à l'abri de ce vilain garnement appelé changement qui a le don de les déstabiliser et de perturber leurs bonnes vieilles habitudes: ce fameux métro-boulot-dodo.

C'est un fait, voire une incontournable évidence: personne n'est *a priori* à l'aise avec le changement, mais le monde qui nous entoure, lui, est pourtant constamment en train de bouger, d'évoluer, de changer!

Il faut bien se rendre à l'évidence que tout ce qui se trouve sous et sur la terre ne cesse de se transformer, car la terre est, elle aussi, un être vivant, et sans que personne ne s'en rende vraiment compte, elle travaille pour nous!

**C'est d'ailleurs grâce à ces changements
constants que, bien malgré nous, nous évoluons.**

Car lorsqu'une chose évolue, c'est tout ce qui est autour qui évolue par la même occasion. Et l'être humain a cette capacité exceptionnelle de pouvoir s'adapter!

On ne peut donc pas se permettre de stagner dans la vie, car, c'est bien connu, une eau stagnante devient vite corrompue.

Il est correct et, surtout, normal d'avoir en nous ce petit côté pantouflard à nos heures, moi le premier ! C'est pourquoi il est si difficile parfois de s'adapter à des changements qui ne sont pas toujours souhaités. Mais encore là, tout est une question de perception.

Le jour où l'on réalise que le changement est quelque chose de bon en soi, qu'il nous permet non seulement d'apprendre, d'évoluer et de grandir, mais aussi d'améliorer notre sort et de nous rendre meilleurs, à ce moment-là, la notion de changement nous semble soudainement beaucoup moins effrayante.

C'est seulement après avoir franchi cette étape ultime qui est d'apprivoiser, d'accepter et d'apprendre à aimer le changement que nous pouvons demander pour recevoir !

Il faut aussi nous rendre compte qu'un changement va inévitablement se produire, bousculant au passage nos habitudes et notre mode de vie, mais c'est justement ça qui met du piquant, qui nous donne le goût de nous lever chaque matin ! Cette adrénaline qui est si essentielle à notre survie et à notre développement.

Nous devons rester nous-mêmes, être fidèles à ce que nous sommes, malgré les tempêtes qui peuvent s'abattre sur nous.

Les dunes dans le désert changent constamment de forme sous l'action du vent, mais le désert, lui, reste toujours le même.

Il faut vous assurer de toujours respecter les valeurs fonda-
mentales que vous chérissez et qui vous honorent. Elles représentent ce que vous êtes et, par conséquent, l'image que vous
projetez autour de vous. Peu importe les changements qui sur-
viendront tout au long de votre vie, c'est *vous* qui choisirez le
chemin à suivre !

C'est pourquoi tant de gens sont constamment en mode
réactif, ayant toujours l'impression de subir, telle une victime,
ces changements qui surviennent régulièrement dans leur vie.
Ils passent ainsi leur vie assis dans le fond de l'autobus, à ne
pas savoir où celui-ci les mènera et quelle sera leur prochaine
destination.

Si vous aspirez à réaliser vos désirs, vos rêves et vos passions, vous devrez prendre place dans le siège du conducteur
et prendre en main votre destinée et quitter par la suite le sta-
tionnement de la routine et du conformisme !

Mais avant de faire le grand saut, hors de vos fameuses pantoufles en béton, il faut vous assurer, d'abord et avant tout,
d'élaborer sur papier la liste de ce que vous désirez obtenir.

Cette liste est d'ailleurs essentielle à l'atteinte de votre objectif final !

Sans celle-ci, vous risquez fort de vous retrouver avec un
résultat bien différent de celui escompté au départ. C'est ce que
j'ai surnommé affectueusement :

Le syndrome de la liste d'épicerie.

« Mais que vient faire l'épicerie dans un livre de motivation ? » me direz-vous peut-être. C'est très simple : lorsque vous

partez précipitamment pour aller faire votre épicerie et négligez d'avoir fait au préalable une liste de ce dont que vous aviez vraiment besoin, voici ce qui risque inévitablement de vous arriver à votre retour :

Vous allez vous retrouver avec plein de choses inutiles dont vous n'aviez nullement besoin et réaliser, après coup, avoir oublié l'essentiel !

L'important, c'est de savoir ce qui est bon pour vous et ce qui correspond à vos valeurs, et non à celles des autres. Vous respecter dans vos choix et vos décisions est d'ailleurs un incontournable à la réussite dans tout ce que vous entreprendrez.

En y ajoutant la volonté, l'attitude et l'imagination, vous réussirez à atteindre plus rapidement encore le but visé ! Ainsi préparé, vous serez non seulement en mesure d'affronter vos peurs, mais aussi à les vaincre, pour être en mesure par la suite de vous dépasser pleinement ! Pour ce faire, vous devez vous souvenir de cette phrase magique :

Le secret du dépassement réside dans cette capacité d'adaptation face au changement.

C'est cette capacité de réagir à toutes situations, cette façon de faire face à la musique en surfant littéralement sur les vagues de changement, cette attitude gagnante qui vous permet de toujours garder la tête hors de l'eau !

Nous voilà maintenant rendus à l'essence même de mon message :

Mes amis, n'oubliez jamais que nous sommes le reflet de nos valeurs profondes et de nos convictions.

Et, bien sûr, que nous devenons ce que nous pensons, car nous sommes le résultat du miracle de la vie, qui fait la beauté du monde.

On peut *tout* réussir dans la vie car, rappelez-vous, il n'y a rien de plus fort sur la terre que la volonté d'un être humain. Et la seule personne qui a le pouvoir de nous imposer des limites, c'est nous-mêmes !

Nous avons donc tous un rôle à jouer sur cette belle planète et il est de notre devoir de le trouver afin de pouvoir accomplir notre mission de vie, celle de réaliser sa légende personnelle !

Le bonheur est dans l'accomplissement de nos rêves.

Nous avons tous les outils nécessaires à l'intérieur de nous afin de pouvoir les réaliser un à un. Il suffit seulement d'être patient, d'y croire et, bien sûr, prendre la décision de les réaliser. Souvenez-vous, ce n'est pas important de savoir quand ça va arriver, mais que cela *va* arriver.

Il faut donc savoir développer cette satisfaction pour ce que nous sommes, non seulement de ce que nous possédons, mais aussi de ce que nous faisons pour y arriver. Ainsi, le principe voulant que «Charité bien ordonnée commence par soi-même» prend tout son sens.

Si vous êtes sincèrement fier de vous, il sera naturel de l'être pour les autres qui vous entourent, et ceux-ci vous le rendront de belle façon.

Car le bonheur attire le bonheur, au même titre que le succès attire le succès.

Vous verrez que plus vous serez en paix et en harmonie avec vous-même, plus votre monde extérieur s'améliorera. Et, comme par magie, l'abondance arrivera dans votre vie, sans que vous ayez rien à demander. Car lorsque nous contribuons à l'amélioration du monde dans lequel nous évoluons, l'Univers nous récompense de façon toute naturelle. Comme j'aime le rappeler à mes deux magnifiques garçons, Maxime et Olivier :

Quand on donne le meilleur
de soi-même, on est toujours gagnant,
peu importe le résultat final !

C'est ce que je m'applique d'ailleurs à faire chaque jour de ma vie. En effet, je crois que chaque jour est un cadeau, une aventure captivante et enrichissante qui aime nous surprendre et nous mettre au défi d'exploiter notre plein potentiel, dont nous ignorons si souvent la force.

Nous sommes, je crois, la plus belle création qui existe. La complexité de notre corps humain n'a d'égal que notre pouvoir de penser. Et tout naît d'une pensée ! Elles sont à l'origine de chaque émotion, de chaque parole, de chaque geste et de chaque décision. Contrôler ses pensées, c'est prendre le contrôle de sa vie !

Et devenir ce que l'on pense,
c'est la clé qui donne accès à
des possibilités infinies !

Mais cette clé a deux facettes : elle peut aussi bien ouvrir les portes que les verrouiller à double tour ! C'est vous qui, en dernier lieu, déciderez de son usage. Ce qui veut dire que si vous êtes convaincu d'atteindre un objectif, parce que vous l'avez décidé, les événements se mettront en place, des gens croiseront votre chemin et vous offriront spontanément leur aide comme par enchantement !

Et comme si ce n'était pas assez, les problèmes sembleront se régler d'eux-mêmes et tous les obstacles qui s'étaient dressés devant vous disparaîtront comme par magie ! Mais ne vous méprenez pas :

**Cela n'est pas de la magie,
mais plutôt de l'énergie canalisée et concertée !**

Cela confirmera alors que vous êtes de toute évidence connecté directement à ce qu'on appelle l'Univers, qui est la source de tout ce qui vit sur la terre. C'est d'ailleurs pourquoi vous avez réussi à vous démarquer parmi ces 325 millions de petits spermatozoïdes :

Vous êtes l'élite, des chefs-d'œuvre en devenir !

Votre bagage génétique, qui se raffine constamment, tel un bon cru, fut transféré plusieurs milliers de fois d'une génération à l'autre. Chaque fois qu'il fut transmis, il a pris en saveur, en couleur et en finesse !

**Sachez à votre tour laisser en héritage
toute la sagesse et toute la beauté
qui vous habitent.**

En terminant, je tiens à vous dire merci ! Merci d'avoir pris la peine d'avoir lu ce livre jusqu'à la toute fin.

Merci aussi d'avoir pris la *décision* d'entreprendre ce travail merveilleux qu'est l'introspection, cette recherche d'apprendre à mieux vous connaître et ainsi pouvoir exploiter tout ce potentiel incroyable qui sommeille en vous.

Car, en chacun de nous, se cache un trésor insoupçonné, celui qui détient notre diamant brut, ce don du ciel qui nous rend si différent, si spécial et si unique.

**Merci surtout d'avoir fait le choix
d'être heureux dans la vie.**

Vous contribuez ainsi, chaque jour, à embellir ce monde dans lequel on vit.

C'est grâce à des gens comme vous si l'humanité peut enfin rêver d'un monde meilleur. Vous êtes le symbole même de l'espoir, ce vent de fraîcheur qui vient envelopper la terre, tel un baume apaisant.

Merci d'être là et de faire maintenant partie de ma vie.

Et, surtout, soyez fier de ce que vous êtes, comme moi je le suis, car, voyez-vous, au bout du compte :

Je suis nous !

Sommaire

MARQUIS

Québec, Canada

RECYCLÉ
Papier fait à partir
de matériaux recyclés
FSC
www.fsc.org   FSC® C103567

Imprimé sur du papier Enviro 100% postconsommation
traité sans chlore, accrédité ÉcoLogo et fait à partir de biogaz.

100%   PERMANENT

CURRICULUM DEVELOPMENT
A Humanized Systems Approach

Robert S. Gilchrist
United States International University
San Diego, California

Bernice R. Roberts
United States International University
San Diego, California

La Mar L. Hill
El Monte, California, Union High School District

Anita M. Mitchell
Culver City, California, Unified School District

Mary Niemeyer
United States International University
San Diego, California

Bruce Rehwoldt
Hope Elementary School District
Santa Barbara, California

Harold C. Wells
United States International University
San Diego, California

A Phi Delta Kappa Book published by

Lear Siegler, Inc./Fearon Publishers
Belmont, California

Preface

The authors believe that the problems of our school systems are essentially problems of involvement and curriculum development. In this book, written for students in curriculum classes and for teachers and administrators involved in curriculum development, the authors set forth and substantiate their belief in a humanistic approach to curriculum development. Such an approach must focus on the nature and needs of the learner and on the involvement of pupils, teachers, administrators, and parents and other laymen in the development of curricula.

The members of the team have come together because of their belief in humanistic education, their interest in relating theory and practice, and their concern that new systems approaches in education be made to serve human ends rather than perpetuate a mechanistic organization and curriculum. The writers have worked closely together in a series of conferences, sharing their knowledge of research, practice, and theory in their respective areas of specialization as the chapters were developed.

Dr. Gilchrist has been primarily responsible for the Introduction, Dr. Roberts for Chapters 1 and 2, Dr. Mitchell for Chapter 3, Dr. Wells for Chapter 4, Dr. Hill for Chapter 5, Dr. Rehwoldt for Chapter 6, and Dr. Roberts, Dr. Gilchrist, and Dr. Wells for Chapter 7.

Dr. Roberts, assisted by Dr. Wells, edited and rewrote sections of the manuscript. Dr. Gilchrist and Mary Niemeyer coordinated the project. Betty Miller reviewed and evaluated several chapters. Sally Ralph analyzed materials submitted by school systems. Brenda Roberts and Suzanne Gilchrist gave invaluable technical assistance.

Planning, programming, and budgeting systems are being mandated in one-fourth of the states, and another one-fourth are planning to develop a systems approach. Any systems approach, whether PPBES, ERMS, or some other variation, is a tool or instrument. It is not, nor was it ever meant to be, a cure for all ills. As a tool, it can help or hinder education. Depending upon whether the tool is used to serve humanistic goals, its influence will be experienced negatively or positively. Thus curriculum leadership is needed as never before. This volume will suggest a process through which an objectives-based approach can be humanized to assist in creating a fuller and richer life for everyone in our schools.

ROBERT S. GILCHRIST
BERNICE R. ROBERTS

Contents

Introduction

Schooling has been part of your experience. For much of your life you have been placed in the role of the student, and you may have felt you had little say in the matter. When you complained in fifth grade that it was dull to memorize a list of Presidents, did the teacher ask your advice on changing her lesson plans? Probably not. When you found that one year's work in science was similar to work done a previous year, were you invited to discuss the problem with the principal? Certainly not. Did anyone from the budgeting office consult with you and your class as to your choice between more books in the library or new gym equipment? Of course not.

We say "of course" because the school system has been based on the premise that others had the responsibility of deciding things *for* you, of giving the curriculum *to* you, and of telling you what to do. The purposes of education were to be served primarily by handing things down to you.

Can you recall how you felt about the educational organization as a child and as a youth? You may have felt that the organization had a life of its own quite apart from you, a reason for existing that had nothing to do with the day-to-day experience of you and your classmates.

Many pupils—and teachers as well—have perceived the school organization as a great machine. It has many separate parts, each with its own function. Few of these functions seem to have anything to do with the learner. Somewhere there is an office to handle purchases, because shiny new equipment suddenly arrives in the classroom, and it must come from somewhere. Somewhere there is an office that sends out a school nurse. Somewhere there is an authority who tells the teachers what they must tell the pupils to learn. Each function of the machine appears unrelated to the others, and the decisions and judgments that shape the child's world come down impersonally from an invisible and distant center of control. For, after all, a machine has to be directed; it has to be run.

Yet the machinery of a bureaucratic structure has seemed to us

1

eminently logical and suitable for the purpose of running schools. We have believed that those who know more must decide for those who know less and must hand down appropriate decisions. So for years the authorities in the educational establishment have been hard at work forming new policies and strategies, and handing them down through the hierarchy. The best minds have been seated on lofty commissions. Funds have been set up for exhaustive studies. The best scholars and most experienced educators have put their heads together to hatch brave new ideas for education, while the passive learner waited at the foot of the bureaucratic hierarchy to receive the fruits of other people's thought.

Commissions, studies, funds, and research have accomplished fine things. We have given the students a new reading method one year, new content and structure in the social studies another year, then team teaching, and so forth. Each such reform has brought good results, yet after years of such progress our problems have not been solved, and the sense of crisis has not diminished. There is always the need for a renewed attack. Not only the restlessness of youth and the dissatisfaction of the public but also the renewed frenzy of educators show that the reforms and panaceas have accomplished less than was expected. Perhaps there has been nothing wrong with specific reforms and innovations. Perhaps the problem has been in the way reforms have been put into practice—imposed on the child and imposed upon the teacher and the community.

A new current of thought is suggesting that there are narrow limits to what we can do for a person by making decisions for him, whether in government, in mental health and social service, or in education. Perhaps it is less important for students that the right decisions be made than that he have the experience of helping to make the decisions that shape his school experience.

Perhaps we have been mistaken in believing that the human learner could be part of an institutional machine. We have assumed that a mechanistic organization could produce well-educated graduates much as a mechanistic factory produces cars. Can a living being be shaped from without like a machine part is shaped?

The content of educational decisions has not been the problem, but perhaps the method of making these decisions has been. We can certainly say that we have tried and tried to make the mechanistic approach solve our problems, and it has not worked well.

Let us take a more complete look at the mechanistic approach to curriculum development, to educational programming. Clearly apparent are its discontinuity, its fragmentedness, and its separateness of parts and functions. Grades and classes have been viewed as distinct and separate from the ongoing goals and programs for the learner. Moreover, new programs, often stimulated by government monies or administrative decision, are started on a crash basis in one area without consideration for their impact upon other areas. Articulation of programs in terms of long-range goals has been a problem in education for many years. It seems apparent that these problems grow out of the failure of educational leadership to gain the commitment of those involved with situation analysis to include a common view of man and his values, goal setting, and prime moves in the direction of the goal.

At times it occurs to us that "mechanistic" is a poor adjective to describe what we have called the present status of educational development. Few machines so abortively fragmented could hope to function. Goals are usually inherited or assumed, and when conscious thought is given to their formulation the thinking has been done at the top with little or no consideration for the learner and his nature. Moreover, this thinking and these decisions lose impact and validity as they filter down to teachers and learners who are only vaguely involved or not involved at all. The serious and respectful involvement of teachers and learners has been a continuing problem. In many ways, the hidden and unused experts in educational planning have been teachers. Years of little or no involvement in prime planning and years of half-hearted acceptance of the dictates of those who often did not "know" learners—both have depressed teacher enthusiasm and creativity.

Is there another way to make and implement decisions? Must the learner be viewed as the passive recipient of decisions passed down the line? To consider these questions we need to start with the learner and our assumptions and knowledge of his nature. The role of the school in value and goal clarification should be decided in terms of our assumptions concerning the nature of man and his development. Our beliefs about the nature of the learner will give rise to a theory of the kind of educational organization and decision-making method that can serve him. Human nature, values, and goals are discussed in Chapter 1. Chapter 2 comes to grips with the difficult questions of how an educational organization can provide for the kind of decision making necessary for effective learning.

Chapters 3, 4, 5, and 6 discuss objectives, learning experiences, resource utilization, and evaluation. Chapter 7 suggests ways in which school systems can move toward a more humanistic education.

The authors believe that curriculum development with its focus on the learner and learning must be the central and basic concern of a school system. A comprehensive objectives-based systems approach, which emphasizes the interrelationships of planning, programming, resource utilization, and evaluation, provides this focus on the learning experience.

1
Human Nature, Values, and Goals

Who is this man-child? this girl-child? born unable to struggle erect, dependent upon someone else to lift him up, to hold him tenderly, to care for him until he can care for himself, to tell him where he came from and what has happened before him, what he may hope, what he may realize, and where he will go when he dies? Who is he and what is his nature?

No other questions are so important to the educator. They and their answers must preface all thoughts and actions of the educational planner. Yet we have either not asked the questions or have not searched and waited for reliable answers. For much, much too long we have postponed the consideration of the nature of man and its direct influence upon whatever we do in education.

Perhaps we have not assumed anything about man's nature, but have followed those before us who said what man was like. Or we may say that all theories about the nature of man are myths to explain what cannot be known. But myths and theories are important; for once accepted, they guide our lives and provide the basis for our planning. Let us examine a few of the theories concerning man's nature that must be considered by today's world planners, including educational planners.

THE NATURE OF MAN

B.F. Skinner, psychologist and dean of the environmental mystique, sets forth his view of the nature of man while castigating all other theoreticians as fiction makers:

> Man is . . . a complex system behaving in lawful ways. (54:Skinner, p. 202)

> A self is a repertoire of behavior appropriate to a given set of contingencies. (54:Skinner, p. 199)

5

Autonomous man is a device used to explain what we cannot explain in any other way. He has been constructed from our ignorance, and as our understanding increases, the very stuff of which he is composed vanishes. (54:Skinner, p. 200)

. . . a person is a member of a species shaped by evolutionary contingencies of survival, displaying behavioral processes which bring him under the control of the environment in which he lives, and largely under the control of a social environment which he and millions of others like him have constructed and maintained during the evolution of a culture. . . . a person does not act upon the world, the world acts upon him. (54:Skinner, p. 211)

Conversely, the faculty of the School of Human Behavior at United States International University believe:

Man is a creature potentially capable of awareness of choice

Given reasonable opportunities to develop this capability, his choice is growth directed

He represents an open system

He is inherently inclined to be creative rather than destructive

He is benevolent rather than malevolent, trusting and trustworthy rather than anxious and untrustworthy

Man has the potential for transcending his environment

He is potentially capable of instituting and directing humanitarian and often benevolent programs of action.

Only if these propositions can be trusted, they say, are there grounds for believing that man can and will apply the insights and skills required to protect and improve the quality of human life. Every individual is valuable in his own right, and much of an individual's worthiness resides in the fact that he *is* different. While Skinner sees the nature of reality as external to man, impinging upon and influencing him to be whatever he will be, humanists say man is at the center of the real world, making uniquely his whatever is input to him.

The late Abraham Maslow (42:1954), eminent humanistic psychologist, said that basic human needs are organized into a hierarchy of realtive prepotency. The needs taken as the starting point are physiological drives (hunger and thirst). As the physiological needs are gratified, there emerges a new set of needs, safety needs. If physiological and safety needs are gratified, the need for love, affection, and belonging will emerge. Esteem needs having been gratified, the individual remains discontented and restless unless he is what he must be. Maslow called this need self-actualization. It refers to man's striving toward self-ful-fillment, becoming more and more what one is and everything that one is capable of becoming.

Anthropologists say human nature is somewhat different from the way it is seen by the humanistic psychologists. They suggest that psychologists should take a look at the ethnographic record, which does not report all men as striving toward self-actualization as Maslow had thought:

> The Australian native, the Bushman of South Africa and many others do not seem to demonstrate this drive toward self-actualization. . . . Self-actualization is not some eternal, Godly drive innate in the individual but derives again from his culture and from his biophysiological needs. His human needs are defined and circumscribed by his cultural environment. If man seeks self-actualization, this is because in the culture which he lives, this is a goal. Each individual life is built around the life cycle and the concepts about life held by the culture. (11:Case, 1971, pp. 7-8)

If the luminaries of psychology and anthropology are not sufficiently confusing, turn to the adherents of cyclical rhythms as determiners of reality and man. We invite the reader to consider Edward Dewey and Og Mandino's theory:

> . . . we all seem to march to the same drumbeat. We conform, almost as if an invisible messenger appears among us from time to time and gently whispers commands that we all proceed to follow blindly and without reason. Human beings in the mass have alternating periods of elation and depression. They become belligerent in cycles, producing wars, revolutions and civil strife. This mass murder is then followed by periods of passiveness, constriction and inaction. (16:Dewey and Mandino, 1971, p. 46)

Most people do not realize the extent to which cycles and regularities exist in the world. Here are only a few examples:

Atlantic salmon vary in abundance in a cycle that averages 9.6 years from peak to peak. Starting with the year with the heaviest salmon population, the fishing gradually gets worse and worse for four or five years. Then the fish start to increase in numbers. Fishing improves each year for four to five years, so that eight to ten years from your starting point the fishing is excellent again. These years of good fishing have come at intervals averaging 9.6 years apart for as far back as there are records.

In Illinois chinch bugs vary in population in a cycle that averages 9.6 years.

The abundance of snowshoe rabbits in Canada varies in a cycle of the same 9.6 years. So does the population of lynx, marten, fishers, owls, and hawks. . . .
Pine cones are more plentiful in cycles. People join churches in cycles. Prices of every commodity so far studied rise and fall in cycles. Women are more amorous in cycles. Sunspots erupt in greater numbers in cycles. Poets are more creative in cycles. The weather fluctuates in cycles. . . .

The number of earthquakes fluctuates in cycles, as do the prices of common stocks. Why?

Male emotions fluctuate in cycles, as do industrial accidents. The sales of every company so far studied fluctuate in cycles, as does the incidence of many diseases. Why?

Cancer recurs in cycles, glaciers melt in cycles, and the levels of lakes and rivers rise and fall in cycles. Advertising effectiveness fluctuates in cycles, as do human intellectual activity and the cattle population. Even political landslides and the number of infants born per day fluctuate in cycles. Why?

In many instances the regular rhythm is undoubtedly the result of chance. But are *all* these cycles, some of them recurring time after time for hundreds of years, merely chance phenomena? Can we arbitrarily blame them all on chance when we discover that many of them in phenomena completely unrelated to each other, have their highs and lows *at the same time*—as if their rhythms were all being controlled by a single gigantic metronome? (16:Dewey and Mandino, pp. 4, 5)

In a recent lecture, Edward Zigler, a psychologist, confronted what he called the environmental mystique of the Skinnerian and neo-Skinnerian behavior modificationists:

Taken in its simplest form the environmental mystique holds that intelligence is essentially trainable: that the intellect (that collection of cognitive processes—memory, concept formation, the formal structures of cognition and intelligence) is essentially the result of an environmental input and, in essence, that intelligence is an environmental product. This viewpoint, this environmental mystique, is sweeping the country. . . . There is a clear suggestion here that if we could just get the right experiences into children, they would all be brilliant. (66:Zigler, 1971, p. 3)

Zigler was not so critical of the research as he was of the layman and professionals who naively latched onto the theories and preliminary findings of researchers as if one piece of brand new research had changed the structure of the intellect. "To begin to believe that all thinking, reasoning, cognitive functioning are due to environmental input is ridiculous," he said. Zigler said further:

. . . I do not believe that the formal intellect of the child is as plastic as the supporters of the environmental mystique would have us believe. We are not going to repeal the law of human variability. The very nature of the gene pool of our population will always guarantee variability in cognitive development. The notion that we will produce a homogeneous race of geniuses through the programming of experiences is a daydream, a daydream which I find to be contrary to a very basic biological law, namely the law of human variability.

. . . I think that this [environmental] mystique presents a view of the learning process and a view of the child that is essentially erroneous. . . . All who speak to us of the mass acceleration of intellectual growth basically mistrust and misunderstand the nature of the child and his development. . . . Buried in these efforts is the question: "How do we make the child learn?" This is shortly followed by an effort to program the child's surroundings and thus produce, if not actually force, learning in the child. In my opinion, learning is the natural condition of the child and we should never have raised the question: "Why does the child learn?" (66:Zigler)

Clare W. Graves (26:1967), a psychologist of Union College, combines the works of Maslow, Krech, and others, and suggests that one may view man's becoming as an emergent organism-environmental complex, similar to the development of the cognitive component of the child as described by Piaget. Graves suggests that the brain of the mature biological organism is not a system in which the data processing aspects change only quantitatively with time.

Graves believes that the mature human being tends to pass through a series of hierarchically ordered levels of integration or Levels of Human Existence. He behaves quantitatively differently in that more brain cells are operant or activated than previously, and qualitatively differently in that brain systems or networks become activated to permit ways of thinking, perceiving, valuing, and so on not present before. Consequently, Graves says, one may view the psychology of the mature human organism as an unfolding or emergent process marked by progressive scrapping of older systems in favor of newer systems of a higher order.

Therefore, the biologically mature human may move through an ordered series of systems to some nebulous end, or may travel, behaviorally, infinitely onward. Graves delineates some nine levels of hierarchically ordered behavioral change from which one can determine where an individual, society, culture, or organization is within the hierarchy, and where each may move next if certain conditions exist.

Graves says that of the nine levels the first Subsistence or Animalistic Level is no longer observable in normal man. Man appears to have passed beyond this stage. While the second through fifth Subsistence Levels, as well as the first Being Level, are evidenced in present-day man, the remaining higher three levels have few prototypes and are only visualized dimly at this time.

Dealing with the need for knowledge of the nature of man, Fredrick Herzberg, management science expert, writes:

> Of all the myths of mankind, the most far-reaching, ubiquitous and serviceable are those that deal with human nature. Since man is the indivisible unit of society, no society can exist without an implicit conception of what people are like. . . .
>
> The definition of man lies within the loose, vertical cultural and psychological guidelines of societies; and it is confined horizontally only by narrow biological limits. All of us are free to define others in terms suitable to ourselves. The institutions of society are also free to evolve their own table of contents of human nature, which is, by the same token, a projection of institutional needs. . . .
>
> It is one of the principal theses of this essay that while the *most important definition of human nature comes from the institution that stands at the apex of societal control, the institutional definition of human nature is ultimately incomplete and wrong, for it is based on other than human needs.* . . . [italics not in the original]
>
> Institutions will perish without myths that are favorable to a climate of growth. When the myth system no longer serves a human need, a conflict results between the individual and the organization that has been using the myth systems to advance its own goals. Needing the myth for its own integrity, the organization is usually unwilling to abandon the myth even when the myth becomes functionally autonomous with regard to the purpose for which it was originally created: to serve man's cognitive and emotional needs. The most important myth system that institutions have a vested interest in are the myths of human nature. (32:Herzberg, 1966, pp. 13-15)

All educators are experiencing the tug and pull of ideologies. Somehow, through some means, educators must find ways to examine ideas to assess theories and notions so that we will not fall prey to every new hypothesis that is propounded. The spirit of the time, unexamined and unassessed, has been the choice so far, and it has led down disastrous paths. Educators are obliged to find a functional way of thinking about man's nature and his values in order to plan for and with man.

What answer to accept when selecting goals? Which way to go, what foundation to build on, what strong wall to back up to when confronted?

This is the dilemma. Of course, one could elect no direction and no basis, allowing oneself and his potential to float about purposelessly without radar or gyroscope. Or one could choose to say that human nature is a myth, thus making the nature of man open to the creation of a workable theory for each individual, each culture, and each school system in each era. If this be the choice—and frankly, it seems rational—then one must set about the business of creating a concept to live by, to use in the enculturation process, and to guide educators in planning the education of youth.

For the purposes of this book the nature of man is seen as closely resembling the view set forth by Maslow, Zigler, Douglas McGregor, Carl Rogers, and numerous other humanistic scholars. Moreover, the authors of this book believe that Maurice Merleau-Ponty, the late French phenomonologist, makes a great contribution and provides forward thrust to the humanistic theory of mankind's nature in the following words:

> . . . behavior is irreducible to its alleged parts. . . . behavior is not a thing, but neither is it an idea. It is not the envelope of a pure consciousness and, as the witness of behavior, I am not a pure consciousness. . . . (45:Merleau-Ponty, 1963, p. 127)

> There is then no behavior which certifies a pure consciousness behind it, and the other person is never given to me as the exact equivalent of myself thinking. (p. 126)

> Properly human acts—the act of speech, of work, the act of clothing oneself, for example—have no significance in their own right. They are understood in reference to the aims of life; clothing is artificial skin, an instrument replaces an organ, etc. (p. 163)

With apologies to Merleau-Ponty and his translators, the authors of this book see man as having "aims of life" or values that are basic to all behavior and interpreted idiographically as the individual's frame of reference allows. This means that educational planners must perceive human nature and reality within the frame of reference of the population for whom they plan and involve in planning. Perhaps anthropologists would see this planning as automatically within the value patterning of the culture, and it is probable that Skinner would subsume all of this into his omnipotent environment. Possibly, all the theoreticians converge at this juncture like the Protestant denominations who believe in God and share a commonality of beliefs, but are preoccupied with the peripheral detail of their dogmatic differences.

In any case, educators must use what can be known in planning for tomorrow. The authors of this book, after considerable discourse, examination, and re-envisioning, commit themselves to a particularized construct of the nature of man. While many aspects of man's nature overlap, we believe the following to be true:

Man is influenced genetically, culturally, and environmentally.

Each man makes a unique intermix of what is input to him from genes, culture, and environment. In other words, he is more than the sum of what is input to him.

Man is a creature potentially capable of choice.

Given reasonable opportunities to develop this capability, man's choice is growth directed; he can generate as well as transmit ideas; he is more than great potential; and he grows dynamically.

Man represents an open system. He is inclined to be creative rather than destructive; he is benevolent rather than malevolent; and he is trusting and trustworthy rather than suspicious and untrustworthy.

Man has potentialities for transcending his environment; he can control and shape his environment.

He is capable of instituting and directing humanitarian and often benevolent programs of action.

Man realizes his values through human transaction.

Man is predictable in many ways, but he is also unpredictable; he is rational, yet sometimes appears devoid of rationality.

Man is both unique and like other men.

Man is at the center of his world, immersed in his world, yet, he can be objective.

Man is partially measurable but is more than can ever be known about him. Man is best described in relative terms and best studied as a total entity.

In the words of Ernest Cassirer:

Myth is not evil as such, as if it were simply the diametrical opposite of rational knowledge, for it has a proper, indeed, inevitable, function in life and society. The important thing is to know what manner of myth one lives by, and to realize its true value through knowledge of its works and its consequences for human life. . . . (12:Cassirer, 1953, p. *xi*)

VALUES

Are values so illusive and so profound that teachers cannot hope to understand their role in life and in education? Are we unable to come to grips with our future and the existence and the future of the children we teach? Are values so influencing that we cannot pursue them first as abstract categories, then as concrete entities? We have choices. We could follow a mechanistically oriented concept and arrive with Skinner at environmental determinism, which subjects all learners to the manipulation of nature and technology and their behavior to the modification of elite man over other man. We can see man as blob to be acted upon, to be hewed and molded by the external world, never influenced by the internal man.

This is not the choice of the authors of this book! In this chapter, we hope to meet the issue of values in education head on. It has occurred to us that educators have poised permanently on the threshold of value consideration without giving substantive guidance to anyone in the area of values teaching or values examination. With laudable concern for the learner, educators have proclaimed their virtuous hesitation in teaching values directly; "It is not our right," they say.

Somehow, the notion that everyone develops and formulates his own particular value system has resulted in the educator's choice of a do-nothing position. How can we continue with this stance when the provision of experiences for the development of a value system, possibly the most important, influencing task of the educator, is hierarchically the task of the schooling process? This does not mean that schools should dictate values any more than schools should tell children how they or their parents should vote in political elections. It does mean that pussyfooting about and skirting the business of value-goal examination should cease. A major task of the educational system *is* value examination, value-goal setting, and values teaching.

The search for a value system helps us give configuration to the future. Values help us describe the perfection to which we aspire but sometimes cannot understand because values do not exist as clear entities. They are abstract, not concrete.

To attempt to diagnose a learner, whether he be a child or man, in terms of what he is without attempting to see what he is striving to become, is not reasonable. Values exist in a person's yearning and his efforts to improve himself. They do not exist as items sitting around to be appropriated by the learner or by society. Personal experiences— joy, problems, and conflicts—enrich and give substance to a learner's personal value system. When a preschooler opens the door to his puppy's house, releases his puppy's chain and sets him free, the child is responding to and experiencing the stuff of value formation. This is an act leading toward and contributing to the value that is called affection.

While we do not wish to dictate the values for this era, we do wish to describe some values we believe can be internalized by individuals and thus affirmed by society. While we make no case for the permanence of these values as worthy goals toward which we strive and others may strive, we nonetheless share them in this chapter as we share dialectically this book and its substance. Some conceptualizations we used to support our stance on values are as follows:

Values are internalized through life experience.

Values exist, pervade eras, and cross cultures.

Values are experienced by individuals hierarchically as to time (duration) and intensity through human transactions.

Value systems are not absolute; they may be revised and newly envisioned.

Man becomes human through cultural projection and pursuit of values. The cultural context of value systems is inescapable.

The principles of freedom and human dignity are recognized as fully universal values. Growth in their extension to all men is observed.

Through evaluation and reevaluation of their culture's value patterns, generation after generation, people project creatively beyond their culture's value pattern toward their greatest realization of humanness.

Although slow, there may be a trend toward value convergence. Education, health, peace, and security are of universal human concern.

Educational institutions are purveyors and determiners of value systems whether their members know it or not. Values are goals.

Value examination through education could change the course of mankind.

Drawing upon Lasswell's value categories, Dr. W. Ray Rucker, United States International University, has revised and redefined a set of value categories for the behavioral sciences. (52:Rucker, Arnspiger, and Bradbeck, 1969, pp. 270-80)

Value Category	Fulfillment Of The Concept
1. Affection	Human transactions of emotional warmth, intimacy, and support in love, congeniality, and friendship
2. Respect	Human transactions recognizing admirable uniqueness and individuality in a context of mutual identity
3. Skill	Human transactions that develop talents to the limits of their potential
4. Understanding	Human transactions that stimulate each person to find his own truth in every issue while gaining understanding of social norms and the significant events of human history
5. Power and influence	Human transactions in which each person will participate in making decisions that concern him and will exert informal influence. according to his talents and responsibilities
6. Goods and services	Human transactions providing facilities, materials, and services to promote excellent conditions of living
7. Well-being	Human transactions which foster the physical and mental health of each person
8. Responsibility	Human transactions that share experiences enabling the person to develop a sense of ethics and integrity in his behavior within the broad limits of his social context

Dr. Rucker disclaims this framework as a doctrine but, rather, displays the value categories as a *concept of being* applicable to any culture in any location. He says that wide sharing of human values in the social process tends to promote conditions for optimum actualization of human worth and dignity.

Further, Dr. Rucker charts a continuum from dehumanization to humanization (Table 1). Over time, through intensity and by way of human interaction, people formulate values beyond the value patterns of their culture. While the authors have great regard for Dr. Rucker's value categories, it is not believed that this is the one and only, and omnipotent set. Others may be more appropriate to the culture or subculture for and with whom educators may be planning. The particular

Table 1
THE RUCKER VALUE DEPRIVATION-ENHANCEMENT CONTINUUM

Dehumanization *Low Synergy*			*What Man Tends to Value*		Humanization *High Synergy*
			AFFECTION		
Indifference Withdrawal	Alienation Hatred	Fear Suspicion	Caring Acceptance	Trust Intimacy	Tenderness Love
			RESPECT		
Degradation Disintegration	Discrimination Segregation	Isolation Inferiority	Esteem Identity	Admiration Integration	Honor Veneration
			SKILL		
Incompetency Failure	Nonachievement Inadequacy	Underachievement Awkwardness	Achievement Adequacy	Adroitness Dexterousness	Artistry Competency
			UNDERSTANDING		
Distortion Deception	Confusion Misunderstanding	Uncertainty Ambiguity	Awareness Openness	Empathy Wisdom	Enlightenment Meaning
			POWER AND INFLUENCE		
Destruction Aggression	Submission Coercion	Conformity Dependence	Self-direction Impression	Cooperation Participation	Effectiveness Inspiration
			GOODS AND SERVICES		
Prodigality Predatoriness	Poverty Indigence	Maintenance Subsistence	Productivity Creativity	Helpfulness Usefulness	Resourcefulness Fruitfulness
			WELL-BEING		
Anxiety Illness	Irritation Frustration	Existence Unhappiness	Hope Health	Joy Happiness	Actualization Contentment
			RESPONSIBILITY		
Malice Depravity	Selfishness Unscrupulousness	Apathy Negligence	Sharing Consideration	Integrity Authenticity	Self-transcendence Altruism

SOURCE: W. Ray Rucker, "A Value-Oriented Framework," *Journal of Value Inquiry*, Vol. III, 4, Winter 1969, p. 276.

value structure is not the issue. The emphasis should be placed upon expressing, examining, and re-envisioning the culture's value pattern leading toward greater humanization and more humanistic goals.

FROM HUMAN NATURE TO GOALS

How does an educator move from human nature and value categories to life and educational goals? For decades, educators and students have set forth noble goals for human direction. The annals of educational pursuit contain an abundance of comprehensive goal statements such as those from the Educational Policies Commission, the Cardinal Principles of Education, and a plethora of other worthy bodies. As educators we have not been remiss in goal listing. Our problem has been one of action and follow-through in terms of all people at all stations. Listing has seemed to relieve us of the responsibility of seeing the job completed. Our problem has been to carry through from commitment about human nature to goals, and from emergent organizational structures to an enculturation system which reflects what we had said we believed. Somehow, the human linkages have failed.

We propose to try again, to rethink our concept of human nature, and apply it to the classroom experience and to life. The following chapters of this book will attempt to proceed from human nature, by way of value-based human needs, to educational missions, educational goals, educational objectives, learning experiences, evaluation of the learning experience, and reconstitution in terms of feedback.

In this chapter we will give two examples of how we can move from facets of human nature, as we see it, through value-based human needs and arrive at educational missions and goals. Subsequent chapters will describe the optimum structure and organization through which the authors believe goals may be realized, the objectives that extend the goals, the rich appropriate learning experiences that internalize the objectives, and the resource utilization and evaluation of what has been experienced.

In the first example, we will use our concept of human nature and Dr. Rucker's value category, "Power and Influence." This value is fulfilled through human transaction in which each person will participate in inquiring, making decisions and, exerting influence. A breakdown of this category might be helpful to educational planners. In order to inquire, the person needs freedom to inquire; this would grant him the power to know. For simplistic understanding, we say it is human nature to generate ideas, that to be human means we have great potential to grow and that we can govern ourselves to direct that growth. Foremost, we need freedom to grow, which includes freedom to inquire. This freedom gives us power in the form of knowledge and contributes to our potential influence.

The educational goal for this value, then, might be charted as follows:

HUMAN NATURE	VALUE-BASED HUMAN NEEDS	EDUCATIONAL MISSION	EDUCATIONAL GOAL
1. Great potential for growth	Places and people that allow, nourish, guide, and encourage growth toward power and influence	To provide people, places, materials, atmospheres, and attitudes where growth can abound	To provide a climate wherein the freedom to inquire is encouraged

The second example deals with the value of skill. In discussing our concept of the nature of man, we said that man is capable of self-direction, that he can direct himself so that he can change his environment, and that he is benevolent rather than malevolent, and is thus able to claim goods for others that he claims for himself. The chart toward goal selection is as follows:

HUMAN NATURE	VALUE-BASED HUMAN NEEDS	EDUCATIONAL MISSION	EDUCATIONAL GOAL
1. People are capable of self-direction	Skills to improve conditions within the human situation	To develop skill	To develop in all persons the ability to communicate effectively
2. People can change their environment			
3. People are more often benevolent than malevolent			

The next chapter deals in depth with the kind of organizational structure wherein the authors believe human goals can be developed and realized. It will demonstrate that an organizational structure is shaped by the concept of human nature and the value-based goals that guide the institution. The organizational structure must harmonize with the concept and the goals. There is an urgent need for a structure in which citizens, teachers, administrators, and youth can participate in the process of goal setting. In fact, the authors question the possibility of goal realization if the organizational structure does not harbor a place for goal seeking. Perhaps there is no better advice than to "develop a structure in which human goals can be realized."

2

An Organizational Structure for the Realization of Human Goals

Anyone who has examined his school system's organizational chart to find the little box that marks his place in the hierarchy—and then begins to feel common rather than unique, and buried rather than uplifted—knows about one aspect of structure for the realization of goals. He may feel that he has been participating as a spectator. But he is not a spectator. He is a real part of the structure, a determiner of his function in the attainment of human goals. He can be shaped but, more important, he is a shaper.

Every human being is an integral part of the structure for reaching human goals. If the values and goals you believe worthwhile are similar to those described in Chapter 1, you must be ready and equipped to assist in the establishment of a harmonious and enabling structure for their attainment. What has been your experience with structure for goal reaching? Where have you made your contribution? Has it been uninvolved, conforming, and unquestioning? Have you thought privately, perhaps publicly, that a new structure was needed? Have you been frustrated by the apparent invincibility of the present structure? Have you yielded to others? It is not surprising if you have conformed. Since the turn of the century, bureaucratic structure has dominated thinking and planning wherever people have gathered, tried to communicate, and expended energy toward goal attainment.

Divisions of specialized functioning, hierarchies of authority, rules covering duties and rights of personnel, procedural systems for dealing with situation, impersonality of interpersonal relations, promotion and selection based on competence—these characterize the basic underpinnings of bureaucratic, pyramidal structure. These have become a way of life.

If you are young, the good and the evil of this structure may not have seeped into your blood stream. Hopefully, it does not evoke in you automatic compliance nor are you prejudiced in its favor. If you are older and if you have lived by the spirit of bureaucratic structure, you are among many—but we are not bound forever to pyramidal structure. It is true we have been shaped by the lack of involvement, but, happily, we are shapers and we can break free. We can think, feel, and revise.

We need a place, an environment in which to grow. We need more than a location or a little box on an organization chart. What is needed is comprehensive, harmonious structure, a "launching pad" offering love, care, appreciation, knowledge, and competence. As a hothouse provides an atmosphere and strong support for plant growth, so should a structure provide a place within which a person can experience growth and realize goals. A person's nature dictates the dimensions of that structure, which should be comprehensive in nature and incorporate a system of inter-locking processes.

Max Weber's construction of the bureaucratic model at the turn of the century was not based on a clear view of man, or at least not on the same view as that held by the authors of this book. Weber's view was a response to a distorted view of man that was shaped by the industrial revolution. Its foundation was product-dollar oriented—"getting the product out" for smallest cost and greatest profit. One wonders why educators were so easily swept into the industrial philosophy when the product of education, unlike that of industry, was, is, and will be wholly related to human growth and development. Was it because educators had a meager view of the goals? What concepts had they considered, studied, and contemplated? Or did they go about "business as usual tomorrow morning" without caring and without analysis? Pyramidal structure, as we now know, is not best for human beings.

THE CONFLICT BETWEEN FREEDOM AND AUTHORITY

Is it possible to encourage the emergence of an organizational structure in which the total individual can find satisfying experiences and in which the organization nurtures the attainment of human goals? What are the prime moves in that direction? These are the questions, and they are not new. They are reducible to the conflict between freedom and au-thority. They are as complicated as the balance between labor and capital, between efficiency and freedom and between linear, organiza-tional needs and spiralling, individualized self-actualization needs.

The conflict has attracted attention; the literature abounds with theories concerning the duality. Douglas McGregor's lucid work, *The Human Side of Enterprise* (1960), coins "Theory X" and "Theory Y" as indicative of the conflict. James Finnely Lincoln, in a little-known volume, *A New Approach to Industrial Economics* (1961), describes a new program for industry. Chester Barnard was an early revisionist who emphasized the need foi a cooperative system. Warren Bennis, Chris Argyris, and Mason Haire have each suggested possibilities for change. Perhaps one of the most convincing volumes is Rensis Likert's *Human Organization* (1967), in which a workable organizational structure is described. Likert suggests that any enterprise (including education) can move toward the realization of mutually compatible ends, keeping in mind improved human relationships as well as profit attainment.

Despite the insight offered by these researchers, the conflict continues. Bureaucracy, as exemplified by line-and-staff pyramidal structure, is confining and stultifying to personal growth. It develops and promotes conformity. Communication is hampered and distorted, mistrust and fear are pervasive, and the resolution of situational problems remains difficult. Modern man finds the controls rigid and the hierarchy of authority unacceptable.

Even the most serious proponents of a revised structure, however, have been dismayed by the attempts that have been made to change. McGregor, for example, says: "I thought that maybe I could operate so that everyone would like me, that 'good human relations' would eliminate all discord and disagreement. I couldn't have been more wrong. . . . a leader cannot avoid the exercise of authority anymore than he can avoid responsibility for what happens to his organizations." (44: McGregor, 1969, p. 2, 3)

Descriptions of failures are plentiful in the literature. A change in leadership style on one hand, a new look at the grassroots on the other; a hot line to the commanding officer; a prophet from afar; a new goal orientation; an examination; a sorting out of values; a shiny technological model; atomistic analysis, old for physics, new for education; a new instructional technique—all are only facets of the needed total revision.

The time seems right; reality favors the change agent. Voices have been raised in disaffection and protest concerning the situation. "The society is sick," they say.

"The educational system has failed; education is too important to be left to the educators" they write.

"We want to know and experience everything."

"Self-expression is the rubric."

"Involve us in decision making. Down with authority, manipulation, and central rule."

"One man, one vote—let everyone participate. Are we not competent?"

"You can't trust anyone over 30."

"Free us from conventional institutions and their principles."

"Deliver us from boredom."

In a recent statement the British novelist Anthony Burgess said, "There is no worse neurosis than that which derives from a consciousness of guilt and an inability to reform." (60:Ways, 1971, p. 170) This analysis fits the dilemma of education; it describes curriculum development, distracted by guilt for problems unsolved, past omissions, and past errors. An open, interlocking, multidimensional structural process, based on an improved view of the nature of man and his values and needs, is required in education from the classroom to the board room.

This chapter will describe an organizational structure from which and within which human goals may be developed and realized.

Organizational structure for the realization of human goals is more than structure in its classical sense. It has component parts observable in usual organization and management structures, but it is also a living process stable enough to endure and flexible enough to develop and adapt. While this description may create a feeling about the proposed structure, it would not satisfy cognitive scholars as the definition of a communication.

Before we spell these out, we make a plea for the gestalt of the proposed structure. Unfortunately, the energy of experts has too often been expended upon the development and honing of separate parts, neglecting the fact that the vitality and power of the structure depend upon the interlocking of the parts. Therefore, the authors urge the reader to consider their organizational design as its parts interact, thereby imparting greater thrust to each part. This power, created in the act of combination, can neither be derived from the separate elements nor considered a sum of the parts. Specific new properties are created in the intermix. It may be said, insofar as organizational structure is concerned, that the failure to recognize the power emerging from the conjoining of dimensions could explain the meager successes experienced by organizational revisionists. While this is a smug hypothesis, it bears review.

If all the random or ordered operations associated with knowing and with human activities can be regarded as meaningful without covering so much ground that relevance is lost, the known dimensions of organizational structure can be set forth in proximity to unknown yet possible dimensions. Known qualities of organizational structure within which the authors believe progress can be made toward the attainment of human goals are related to assumptions, authenticity, communication, collaboration, leadership, flexibility, and inquiry.

ASSUMPTIONS

Any proposal rests upon the carefully considered assumptions of its makers; so it is with this book and with this proposed structure. The authors assume, *first*, that any movement toward change begins within the present system; among the present staff; and amid current cultural and economic turmoil, philosophical unrest, and generational upheaval. There can be no sudden correction of today's evils. What is, *is*, and re-thinkers and revisionists must recognize that a way of working exists—adequate or inadequate—however great the need for change.

Second, it is assumed that curriculum is determined by people and that people desire to improve their work.

Third, people can perceive more meaningful values and can revise their value orientations with sufficient insight, patience, encouragement, experience, and time.

Fourth, a view of man and a value-goal orientation prefaces organizational structuring.

Fifth, democracy, despite its limited successes, is still the most effective means for coping with the changing demands of contemporary civilization. Central to this assumption is the support found in the following major value projections:

Reliance upon consensus

Full and free communication

Encouragement of the expression of feelings throughout the task-oriented activity

Acceptance of the inevitability of conflict between organizational purposes and individual goals

The uniqueness and dignity of the individual

Sixth, the authors assume that frameworks of structure symbolize the community within which people function. Structure is a facilitator; it is not an enclosure for confining people. In a community, all members are committed to the same basic values and have agreed to work cooperatively toward goal realization despite individual disagreements. In a community, people preserve their integrity as free thinkers and their uniqueness as individuals, yet are aware of their membership. In a community, all members are equal even though they perform different tasks. In a community, each is for the other, all believing in a common view of man and his value goals.

AUTHENTICITY, COMMUNICATION, AND COLLABORATION

These factors—authenticity, communication, and collaboration—are essential to the community structure that the authors propose.

"I can work with Mrs. Judd; she is a real person. You know exactly where she stands on any issue. Even if she has *no* reaction she says so."

In these statements the speaker has included evaluation of Mrs. Judd. The speaker can collaborate with her because she is sincere and honest in her free and willing communication.

These interlocking qualities are as difficult to attain in the organizational setting as they are essential for its existence. An organization may have superior communication processes, but if it lacks genuine information, invalid input will race through a smoothly functioning feedback system. Or perhaps sincerity exists in one subunit of the organization but not in others; collaboration, therefore, is impossible.

Perhaps failure to interlock honesty, communication, and collaboration explains the inadequacies of our educational structure in this era. If a community member is operating from the center of his existence and if he speaks his thoughts and feelings openly, he is authentic. If, then, such a man can communicate with other sincere men, he can collaborate with them in their work toward an agreed-upon goal. Together they can find solutions to conflict situations.

How does a member become authentic? What does it mean to disclose your feelings, to reveal exactly where you stand? Is it courage that must be summoned to qualify an individual as an honest person? Is it wisdom? Or is it merely foolhardy to declare your position openly? Can we assume that man finds satisfaction in being authentic? Let us return to our view of the nature of man.

We believe that a person's state is one of *becoming* rather than of *being*, a task to be fulfilled in part through his own efforts rather than a condition predetermined or controlled by factors beyond his control. It is this description of man's state—a *self-directed becoming*—which is crucially important. Man's awareness of tensions and promptings that move him to action makes him an evaluator of his own drives and allows him to guide or redirect them. We are not condemned to the role of spectator as we experience ourselves. We are capable of self-action and self-formation. To relate this to honest behavior in the organizational structure, the individual is urged to become self-legislative and to respond creatively to the world he lives in and participates in shaping. Naive or savage man shares this molding ability with modern man, each conditioned by cultural evolution.

Collaboration has a fair chance of existence in a feedback communication system characterized by open, direct, and explicit dealing with problems and feelings. Self-scanning, autonomous interdependence, trust, and active participation (with defensiveness and distortion held to a minimum through honest communication) can assure collaboration between and within units.

Feedback and planning are two methods by which organizations can be coordinated to stimulate collaboration and communication. Coordination is defined as the degree to which adequate linkages exist among organizational parts. Coordination by plan refers to pre-established schedules and depends upon elite decision makers using pre-operation knowledge. The authors prefer the feedback method largely because it allows participative decision making and the inclusion of newly generated knowledge.

Urgency seems to require the identification of the best way to articulate the organizational units into a cohesive whole so that goals can be attained. All organizations need members who will speak honestly and freely, and clarity of communication so that coordination and collaboration can occur. Also important is the support of peer leadership and pressures rather than executive or external pressures; such support encourages internal or peer development of standards and sanctions of quality.

Some researchers conclude that, as tasks of the organization become more varied, the number of "crunch" or conflict points increase, articulation among the units becomes more complicated, and communication becomes more difficult to achieve. Leaders in organizations with such sporadic growth patterns often begin to rely upon feedback mechanisms or rapidly programmed machines to conserve time. On the current educational scene, there may be a serious turn to the mechanistic in order to save time, to answer critics, and to gloss over the uncertainty of what the task requires, or to consider what is man's nature and his needs. The advancement appears related to the centralization of decision making. Factors such as stability, homogeneity, and certainty have been suggested as also influencing internal structures.

The generalizations regarding communication that seem to prevail in the development may run along the following lines: When complexity increases, so does the number of communications. When formalized structures are imposed upon the organization, the number of task communications among peers lessens, and the communications from the top of the pyramid to the bottom increase. Communication among peers seems desirable and should be encouraged, not curtailed, by the formalization of the structure.

Educators pay lip service to the goal of general understanding in terms of individual authenticity, cooperation, openness, teamwork, and togetherness—all of which would guarantee collaboration. Yet, in practice, the goal appears to be almost ignored. Perhaps the pretense of harmony while acting autonomously is not meant to be ambivalent response. It may be that separate considerations of authenticity, the separate study of communication, and the separate analysis of collaboration lost their effectiveness in the separateness.

LEADERSHIP

Max Weber was concerned with human weakness and the general unreliability of human judgment and emotion; the authors, however, are unrelentingly committed to the belief that people inherently possess the desire to improve conditions in terms of their values. Bureaucratic structure evolved from Weber's preoccupation with the industrial era, the military, his distrust of man, and the belief that man had to be driven to work efficiently. Not so, says Douglas McGregor, Chris Argyris, George Kellerman, Mason Haire, Abraham Maslow, Carl Rogers, Warren Bennis, Fritz Roethlisberger, W.J. Dickson and P. Selznick, and Rensis Likert. For more than a decade, the trend toward new principles of leadership has been formulated on such concepts as:

Participative decision making and internal setting of standards and goal orientations

Interdependence and collaboration among organizational units

The assumption that people are capable of exercising self-direction

The bringing together of individual and organizational needs

These experts do not commend the above principles without question and without awareness of the task requirements. They ask, Are all jobs motivating? How can communication be accomplished in the present setup? Will subordinates ever talk honestly with their bosses? Can authenticity reside alongside authority? Where are the pressure points that allow a new structure?

Who can enmesh honesty and collaboration? Who protects the honest member from the loss of his job? Who speaks up for the teacher who expresses her honest feelings about an issue? Who sets the stage for the encouragement of collaboration? Who provides for member participation in goal setting, in the emergence of objectives and in the determination of an evaluation point of view and its instruments?

Undeniably, it is the leadership. Specifically, it is the new leader who is oriented to this time and this situation. Moreover, he is freed from bureaucratic models and ways of implementing. The authors see a specialized function of leadership in the development of the community concept described on page 23. The leadership role is essential in setting agreed-upon goals, encouraging participation in policy formulations, and obtaining corporate willingness for the structure to emerge. No other function requires the creativity demanded by these tasks, yet their execution prefaces all efforts to persuade others to work with dedication and confidence.

Moreover, the leader is the first custodian of the organization's integrity as common value goals are reviewed to ascertain whether the contribution of the ongoing operation toward goal attainment continues as a constant. Since the writers of this book accept the probability of internal conflict, the leadership function is called upon to mitigate in these situations, to clear the snags in communication and collaboration lines, to encourage honest expression, and to evaluate the harmony between suggestions and the agreed-upon goals of the organization.

If leaders approach zealous motivation of followers from a position supporting any considered action as producing needs satisfaction, there will accrue needs identification in each worker. Douglas McGregor in his many writings called for the seeking of worker reaction, responsiveness to his needs, and the effective representation of the worker group before higher levels of authority. Effective leadership in these matters is an obvious urgency.

Leadership talent resides in many people. It is dynamic and both personal and interpersonal as a process. It grows out of particularized circumstances and requires situational analysis and varied techniques. A few leaders possess charisma; most must rely on study analysis and humaneness. Douglas McGregor in *The Human Side of Enterprise* reminds leaders that their assumptions about man's nature is a serious consideration:

> A manager, for example, states that he delegates to his subordinates. When asked, he expresses assumptions such as, "People need to learn to take responsibility," or, "Those closer to the situation can make the best decisions." However, he has arranged to obtain a constant flow of detailed information about the behavior of his subordinates, and he uses this information to police their behavior and to "second guess" their decisions. He says, "I am held responsible, so I need to know what is going on." He sees no inconsistency in his behavior, nor does he recognize some other assumptions which are implicit: "People can't be trusted," or, "They can't really make as good decisions as I can."

> With one hand, and in accord with certain assumptions, he delegates; with the other, and in line with other assumptions, he takes actions which have the effect of nullifying his delegation. Not only does he fail to recognize the inconsistencies involved, but if faced with them he is likely to deny them. (43:McGregor, 1960, pp. 7-8)

Rensis Likert in study after study demonstrates the possibility of a new kind of structure in which leadership, communication, interaction, and control are interwoven in a new design. The authors applaud the current trend toward the relinquishment of old concepts of leadership and their replacement by participative power requiring respect and patience of the membership toward peer leadership.

FLEXIBILITY

"We can't do it, it's against policy," or, "There is no precedent for this Mrs. Bowen. Sorry."

How often have innovations and, more seriously, innovators been stymied by these responses. Or how readily have schools accepted the roadblocks preventing needed change without looking for a way around them. Turbulence and ambiguity characterize the current school scene. Flexibility of organization, policy, and people is sorely needed. A plethora of detail, generality, and confusion accompanies the complexities of society and its institutions. Schools must face such daily difficulties as a parent problem, a student discipline situation, a staff member cited for smoking marijuana, an incident in the cafeteria, a directive from the central administrative office, considering promising innovative practices, and pressure from the state to develop goals and objectives.

Educational leaders may be tempted to draw back, recoup, and possibly rigidify. Flexibility is a far wiser organizational choice. Multiple loyalties, broken fronts, multiple competencies, general and specific scheduling, alternative solutions and timings seem better choices for the optimum organizational policy. This constitutes flexibility, which allows and supports the freedom to make errors, to learn from experience, and to change with internal and external functioning events.

Inflexibilities built into the organization make innovation difficult and creativity almost impossible. How to deal with the greatest of all inflexibilities—the apparent natural resistance to change—is challenging to any leader desiring futuristic orientation.

Schools need to be open to many ways of problem solution. Too often we have attempted to satisfy a need felt by only one observer with only one solution. Alternate theories, approaches, and actions should be the way of education.

Moreover, the flexible use of time in seeing, diagnosing, and selecting prime moves toward change is essential as an organizational characteristic. The willingness to approach a problem at varying times, and at differing points of entry, yields greater potential in problem solution than rigid, standard, first-things-first points of entry. Sometimes "backing into" a problem yields new and creative solutions. The trend toward multiple competency among personnel lends a flexibility to staffing. New knowledge approached in varied and creative ways promises improved innovations and solutions.

INQUIRY

The spirit of inquiry as the cohesive agent in an organization places much of the organizational structure in perspective and thrusts it into the future. If the organizational structure is geared toward a willingness to learn and an openness to new ideas and techniques, the organization will not bog down in trying to base everything on past experience and tradition. When a teacher knows she will be rewarded for study, contemplation, experimentation, and evaluation of the experiment, she is more likely to try new approaches. Study, experimentation, and research without the freedom to use the findings thereof is unproductive.

This does not mean every whim should be introduced into the classroom. Careful consideration and planning should accompany each innovation. In fact, the authors believe research should become a way of life for education. Research and feedback should be so much a part of the organizational structuring that it is no longer remote, strange, or mysterious. Research methodology should be in the hands of the teachers because they are in the teaching-learning situation. Research skills are accessible to teachers; they are not precious mysteries, known only to Ph.D.'s. Current research, though one hesitates to berate it, has been in the hands of funded teams with time and expertise, but removed from the classroom; graduate students with little classroom experience; occasionally, the senile.

Inquiry, coupled with experience in the analysis of needs and solutions, brings the known elements of problems into focus. It reduces the use of ill-considered expediencies and immediate failures. Moreover, a research in well-planned pilot situations can be far cheaper than unwieldy experimentation with mass populations. For example, a new and promising material can be tested in microcosm to ascertain its effectiveness prior to its purchase for an entire school system. While quantification is only one method for expressing yield from research, it is a way used most frequently by current researchers. It can be used effectively to communicate findings to laymen who sit on boards of education and are often resistant to other forms of communication such as language, art, and music.

In conclusion, the authors are convinced that human nature, values, and goals must enjoy a place in which growth can occur. It is possible for people to become better people. This dynamic of development has a better chance if the organizational structures within which people extend goals into objectives are conducive to optimum growth. Moreover, the more people grow and improve themselves and their socieites, the more they will reject bureaucratic, pyramidal structures, and the more they will demand participative structures.

Chapter 3, which follows, assumes a structure in which growth and participation are the goals, the community concept is evolving, and man's subjective view has worth.

3

Objectives Extend Goals

Goals are based on a view of man and what he values. They furnish direction for all educators, from the board of education through administrators and teachers to learners. Goals can be extended into flexible increments or short-range objectives if they have been agreed upon; if there is an educational structure in which growth toward goal realization can occur; and if educators recognize that man is not totally and irrevocably predictable.

Goals must be understood and agreed upon by the total membership of the educational community. They must remain clearly in view where all members can be constantly and consistently reminded of the direction. They must be there to return to, to guide, and to study for reference and even for modification.

Failure to keep goals in view has been one of the greatest stumbling blocks to curriculum development. Sound educational goals have been stated by commissions, committees, and learned individuals over the years. The problem seems to lie in the shelving of the goals as soon as they are stated. Those that formulated the goals return to the business of instruction and continue as if stating the goals assured their extension into short-range increments.

This behavior is much like that of a night driver, who believes his goal exists within the immediate range of his headlights. He may become obsessed with the pursuit of a jackrabbit that has crossed the highway and forgets that he was on his way to New York. He may become so diverted as to become involved in breeding jackrabbits that will not cross highways or the discovery of headlights that will obliterate jackrabbits. Albeit, the goal no longer beckons, and the direction has been lost; the driver has become preoccupied with other acts.

BEHAVIORAL OBJECTIVES

Values and goals are the foundation of the school's program and need to be kept in sight. What is the curriculum developer's role in this task? How

30

can he apply his preparation and his maturity to the tasks of translating goals into objectives and of planning qualitative learning experience for youth? How can he keep the goal in view for himself and for the learner? How can he enhance the important interaction between himself and the learner?

How does he approach the task? How can authenticity, communication and collaboration, leadership, flexibility, and inquiry be incorporated within an organizational setting that purports to employ behavioral objectives? On the surface, the components and the setting seem incompatible. The components are necessary in a humanistic organization, whereas the term "behavioral" has a mechanistic connotation. The term "behavioral objective" appears to imply a preconceived outcome imposed on one person by another. Interest in behavioral objectives comes from the current thrust toward accountability, a concept that has gained emphasis from U.S. Department of Defense efforts to the areas of cost effectiveness, cost analysis, priority setting, and decision making.

Educators have generally reacted to accountability with unmasked resistance. They see objectives-based programs as limiting their autonomy, and accountability systems as threatening their jobs if students do not perform according to prestated standards. Such concerns are not unwarranted despite the fact that they are the result of unfortunate and misleading terminology and inadequate understanding. Terms such as "performance" have clouded rather than illuminated this area.

The term behavioral objective was popularized by Bloom, Krathwohl, and Mager, among others. These writers generally expanded the concept through taxonomies, paradigms, and exhaustive lists of minutely specified outcomes. Yet their interpreters erred, as do many early practitioners, in continuing to apply ideas without comprehensive involvement of the membership—the pupils and parents as well as teachers and administrators. Had the schools developed the concept of community, as described in the previous chapter, and had the membership been clearly committed to a common goal, the resistance to behavioral objectives in curriculum development might have been lessened. As it was, unfamiliar publications, underwritten by government money, were seen as radical and threatening departures from what we should admit was ambiguous, esoteric, and often meaningless platitudes, common in educational literature.

Understandably, educators felt threatened. In early attempts to use the objectives approach to curriculum development, educators perceived written objectives as specific and overly simplistic. They also noted that most objectives called for responses on the lowest cognitive level. It is not difficult to see why thinking educators considered the whole movement trivial and fragmented. The perils of the objectives approach to teaching and learning were emphasized, the real advantages were clearly missed, and resistance was strengthened.

The authors believe that premature rejection has limited educational perspective and also has limited the effective results that make learning viable. It is our intention here to eliminate the semantic onus which has made not only the terms but the systems and implementation processes unpalatable to many.

A search of the literature will reveal the term "objectives" in many educational contexts and define it in many ways. Bloom (1965) defines educational objectives as explicit formulations of the ways in which students are expected to be changed by the educative process. His definition appears to imply that the student is changed by an outside force; it ignores the fact that the student is both the changed and changer, and that he both transmits and generates ideas. Mager (1962) defines objectives as the goals to be reached at the end of a course or program. Eugene Wysong (1969) defines objectives as statements of outcomes which are judged to be desirable. The California School-Boards Association (1971) defines an objective as a precise commitment to action expressed in measurement criteria which define the exact output, product, or results to be achieved upon the completion of an established, time-certain process.

In the business model, an objective is defined as a measurable outcome, usually stated in terms of a quantifiable product. This model has the president and board of directors at the focal point, with all components of the organization programmed to develop the quantity and quality of products specified. The business model is inappropriate for educational institutions where the focal point is the learner; his emerging individual needs and his experiences defy a mechanistic approach. We are dealing not with machines and materials but with nervous systems, consciousness, and actions and reactions, all involving variables that defy prediction.

All sources agree that objectives should be stated in a form indicating the expected performance standards of the performer, including—but not limited to—such variables as time, quantity, and quality. The component that separates the humanistic approach from other approaches is that the performer is involved in generating and/or selecting the objective. This gives him an opportunity to determine whether the objective would be self-defeating or self-enhancing, to commit himself to the objective, and to accept responsibility for its attainment.

Educational technology and individual freedom and dignity are compatible when behavioral objectives or measurable or qualitative outcomes are mutually agreed upon by teacher and learner. Such collaboration contributes to their achievement, preserves the freedom and dignity of the individual, and builds a teacher-student relationship of trust. An objectives-based system returns autonomy and freedom to the individual, both student and staff member, and demands authenticity, communication and collaboration, flexibility, and inquiry. It is a means by which planning, implementation, evaluation, and replanning of an educational program may be facilitated and personalized.

FREEDOM TO CHOOSE OBJECTIVES

Goals are not precise targets; they are broad statements of ideals and values. For instance, we often say that one of the goals of education is to help every individual become a productive citizen. This is broad and general, as it should be. It says nothing about the level or area of productivity that should be achieved. Within such a goal is the opportunity to state as many objectives as there are learners. Each learner moves toward this goal in his own way (if indeed he moves toward it at all).

Moreover, the terminology allows for a variety of interpretations; "productive" and "citizen" mean many different things, depending on the experience and value orientation of the individual. Although the needs of the learner must be considered at the goal-stating level, and although the learner and/or his advocates (parents, educators, or community representatives) may have assisted in the statement and/or selection of goals, goals are failry nomothetic—that is, stated broadly enough to be applicable to all the subpopulations within the school.

Objectives, on the other hand, must be idiographic—that is, specific and individualized. They are subject to the needs of the individual at a specific point in time and affected by the constraints of the situation, including the individual's developmental level. This fact precludes their being all-inclusive and selected in advance; it precludes their being made subject to rigid specifications of time and quantity and quality of attainment. *It requires that the learner be a partner in the determination of the objectives.*

Because objectives emerge from goals based on human needs, they are an integral part of the learning experience. The teacher depends on the student to reveal himself; together or with assistance they interpret his experience and his needs; together they formulate an objective and contract for its attainment. The attainment is not a performance level demanded by the teacher, but rather a learning outcome desired by the student and pursued with the assistance of the teacher.

If a behavioral objective lends itself to measurement, and some do not, then it is more likely that the objective can be attained when initiated, agreed to, and implemented by the learner. It is when objectives are formulated by one person and imposed upon another and when goals such as truth, beauty, and justice are reduced to meaningless trivia in an effort to make them measurable that they become dehumanizing.

Objectives themselves do not limit freedom; in fact, a clear understanding of objectives increases the learner's freedom by giving him an opportunity to examine alternatives and make logical choices (self-direction). The mutual acceptance of objectives by learner and teacher commits both to their attainment. If you take a tennis, golf, bridge, or music lesson, you may have a behavioral objective in mind, although you may not have stated it. In any event, you are the one who decided to pursue the activity. Your behavioral objective might be to perform at a certain level of proficiency; when this level of achievement is attained, both you and your instructor are pleased. Because both of you have been involved in determination of the target level and in the time and effort necessary to achieve that level, both of you are thoroughly committed and you reinforce each other as you move toward the attainment of the objective. This is an example of the whole being greater than the sum of its parts—the efforts of two people bent on attainment of the same objective multiply exponentially in their effectiveness instead of merely being additive.

On the other hand, suppose someone wishes to make you a good golfer or a good musician and you are not committed to that objective. Even though you go along with his idea, the efforts of each are diluted and divided so that the whole usually equals less than a single effort. A humanistic approach to any task assumes some level of self-direction on the part of the individual that is consonant with his developmental level. These levels are explored in a later section of this chapter. Douglas McGregor states:

> Man will exercise self-direction and self-control in the service of objectives to which he is committed. Commitment to objectives is the function of the rewards associated with their achievement. The most significant of such rewards, that is the satisfaction of ego and self-actualization needs, can be direct products of effort directed toward organizational objectives. (43:McGregor, 1960, p. 47)

But discrepancies between personal objectives and organizational objectives destroy commitment. You have observed classrooms rigidly structured by the teacher, where all turn the same page at the same time, and all take up the next subject whether they are ready or not. The objectives belong to the teacher; if any students share in the teacher's objective, such sharing is coincidental.

A visitor to a kindergarten class heard the teacher suggest that it was time for creative activity, and that the materials were ready for finger painting. A few children responded instantly and eagerly. They obviously wanted to finger paint, and internalized the objective and accepted it as their own. A few other children hesitated; the teacher encouraged their acceptance of the objective by suggesting that they might make a billboard that could be displayed in the cafeteria. All but one of the second group made that objective their own. One child still showed reluctance. The teacher approached him with openness and helped him explore other possible activities until his face brightened and he said, "I want to make a pony out of clay!"

The child had developed his own objective in an atmosphere of trust, under the guidance of a caring teacher who presented alternatives which gave him freedom to choose, yet satisfied the educational goal of creative expression. The specific objective extended from the basic goal, which lent itself to a variety of learning experiences.

Consistent with the early misinterpretations of objectives, some curriculum writer might have described the extension of the goal of creative expression as follows: *Given the medium of finger paint, in twenty minutes, the learner will fill his page using a minimum of two primary colors creating a swirling, free-form design.* How ridiculous in terms of goal! It is the position of the authors that it is madness to insist upon a specific behavioral objective in the face of learner resistance when the goal from which the objective was formulated can be reached by another route clearly the choice of the learner.

Even with the development of more precise tools for observing emergent behavior and for making generalized predictions on the basis of frequency of observed behavior, premature statements of what an individual student should perform ignore the situational constraints within which the action will occur. Dyer states:

> It must be constantly kept in mind that the educational process is *not* on all fours with a manufacturing or industrial process; it is a social process in which human beings are continually interacting with other human beings in ways that are imperfectly measurable and predictable. Education does not deal with inert raw materials but with living minds that are instinctively concerned, first with preserving their own integrity, and, second, with reaching a meaningful accommodation with the world around them. The output of the educational process is never a finished product whose characteristics can be rigorously specified in advance; it is an individual who is sufficiently aware of his own incompleteness to make him want to keep on growing and learning and trying to solve the riddle of his own existence in a world that neither he nor anyone else can fully predict. (17:Dyer, 1971)

The behavior of a fully functioning being is always unpredictable simply because a fully functioning being is free.

A humanistically oriented educational program based on goals and objectives involves the learner in all aspects of the educative process. It encourages expression of his uniqueness and individuality, maintains his dignity, and presents him with a series of alternatives from which to choose, thus contributing to the development of his freedom, self-expression, and independence. The extent and level of the involvement will be compatible with the learner's physical, intellectual, and emotional development; though difficult to attain, the objective should be known to the learner.

An objectives-based program does not dehumanize education, but humanizes it, encouraging the educator to focus on the individual learner rather than on the content. It highlights the needs for flexibility of learning environment and learning experience as well as learning outcome. It also underlines the fact that the teacher is the primary helper and must be allowed reasonable autonomy in the selection and implementation of objectives.

CLASSES OF OBJECTIVES

Goals and objectives are outgrowths of human nature and needs. An educational system cannot be totally open-ended. It is a community agency, and its goals must reflect community needs and values. The community expects student outcomes to be compatible with community goals. Yet our premise is that an objective belongs to the student. How can these positions be reconciled? One approach is described by four classes of objectives and their interaction:

> Policy objectives—Articulated by legislature and boards of education and the superintendent through community involvement of the total membership. These are broad values and goals.

> Program objectives—Extended by administrators and other educators from broad goals and values.

> Operational objectives—Defined by classroom teachers and others working directly with students.

> Learner objectives—Defined by students in collaboration with their teachers.

These classes or types are interrelated but not hierarchical. This is not a top-down model but, rather, one that clearly specifies that the doer associated with each task has a unique relationship with authority. This accentuates the need for constant feedback from every member. Although the tasks differ, the feedback system and consequent revision depend upon every member's input. The organization thereby facilitates the educative process. No member, including the student, abdicates his position of personal freedom and responsibility.

This approach shows how the goals of the community and the goals of the student interact and complement one another. It makes clear the fact that the student's objectives must be his own—that he not only accepts them, but participates in setting them. The learner has an opportunity to express, enhance, and communicate his real self. And as he acts he overlaps with the next class of objectives, the operational objectives, which in turn affect and are affected by the program objectives. The model thereby becomes circular rather than linear, circular in the true sense of constant flow and interaction.

This construct assures authenticity, communication, and collaboration among all participants in the educative process. It guarantees participatory facilitation and encourages the community concept. All are partners and peers, including the students; all have authority and responsibility, including the students. If there is a breakdown in the system, it becomes easier to locate the point of failure and to implement corrective procedures. All of this is consistent with what we have said about the nature of man.

Policy type objectives for total populations are articulated in laws, policies, goals, and statements of regulations. *These goals must be based on a view of human nature and values and must be generated with community involvement.* It is suggested that the school community—citizens, parents, teachers, administrators, youths, and children—be assisted in studying the needs, interests, and values of the membership, and the role of the school in preserving and enhancing community values while encouraging the expression of individual values. With this kind of study, which has rarely been employed with any thoroughness, the community can recommend to the board of education a set of goals and objectives. These will establish the broad parameters within which the educational program will operate. These are the policy objectives.

The program objectives are extended from goals by educators to define the curriculum that is expected to lead the student toward an achievement of policy objectives. Program objectives are fairly broad, and usually include learning experience components, such as simulation, lecture, discussion, and multimedia presentation. They use subject matter as a vehicle and define outcomes in terms of broad learning units or increments.

Operational objectives extend from policy and program objectives and are stated by administrators, teachers, and specialists working directly with students. They define specific components of the programs that are to be completed by groups of students. Not every student will achieve the designated objective, and there will be variations in the rate of progress, and the quality and level of attainment. The teacher usually estimates a performance which may be expected. For instance, the teacher helping a group of children to convert simple fractions into decimals may not be satisfied without 100 percent attainment of the objective, whereas a teacher in charge of handwriting may be satisfied with 90 percent legibility because of physical, mental, or motivational handicaps of the other 10 percent.

At this point the teacher breaks the population down into as many subpopulations as there are learners, and estimates the expected level of performance for each in terms of the personal and situational constraints. This is the point at which the student and the teacher should make sure they are in agreement on the expected performance level. In effect, the teacher and the student enter into a contract, with the teacher agreeing to furnish a suitable learning environment and the student agreeing to commit himself to achievement of the outcome.

The following example illustrates the objectives-type concept:

Policy goal or objective—Students will become productive citizens who contribute to the American ideals of democracy and freedom.

Program objective—Students will understand from lectures, simulations, films, or text the heritage associated with the development of American democracy and freedom.

Operational objective—Students will recognize current threats to democracy and freedom and be able to compare them with historical incidents.

Learner objective—A particular student will analyze the political causes and implications of the war in Vietnam and will describe how this war affected his own freedom.

We have moved from a broadly stated ideal or value to a specific individual application. The objectives are interrelated, and mastery of each contributes to attainment of others. It is assumed that the learner objective was selected by the student because it was pertinent to his own values and needs. This process makes education a collaborative effort between student and teacher. It is a departure from the benevolent despot philosophy, which plagues all facets of our society, and returns to the individual his freedom to be responsible.

Because the goals and objectives in each area are correlative, action in any area affects the task orientation in other areas. The bureaucratic model is hierarchical; administrators and teachers are change agents, and the student is acted upon. At best, the student is only a reactor. In the humanistic model, the student is a shaper being shaped. This stance affects all other arenas so that the student affects the teacher and the institution as he interacts with them. The student is no longer being molded to fit a static curriculum; instead, the curriculum is constantly being formed in response to the learner's needs. Schools then become responsive to the dynamics of human growth and cultural change. The teacher is the catalyst, essential to the intermix, but it is the transaction that promulgates growth. Without this interfacing and feedback, objectives that ignore human needs might be set in the various areas.

At present, many teachers are functioning without full knowledge of the parameters of the program or its relationship to the broad goals. Many cannot cite the components of the goal. In the transactional, humanistic model, all persons involved in the educative process are change agents and are also subject to change. Each is giving feedback to the other in order to ensure that student outcomes will be related to policy goals and objectives and that policy objectives will be related to student needs. This interaction creates a dynamic system that is sensitive and responsive to emerging human needs.

SETTING OBJECTIVES

If the values and policy goals and objectives are understood by the teacher and the learner, then and only then are they ready to begin the extension of all the operational goals into workable objectives. Some may easily be extended into behavioral objectives: some will undoubtedly lend themselves to less specific objectives requiring more flexible evaluation. This step presents pitfalls, and it is at this point that program consistency has often gone awry. Even in the era of so-called accountability, it is difficult to find a teacher who can trace a specific classroom learning objective back to its parent goal.

There appears to be some confusion about the value of specifically stated objectives. There is no question that a trap exists, and that it is easy to generate objectives dealing with minutiae and trivia. However, the fact that an objective is specific does not determine whether or not it is of value. Learner objectives can and should be specific with respect to the learner; this specificity will emerge from the situation, making it unnecessary to preset the components or levels of performance. The degree of specificity desirable depends largely upon the timing of the statement. For instance, to state one month in advance what is expected of a specific student in a specific area at a specific time is not realistic. On the other hand, when the situation is at hand and you are working with the student, it is well to state the desired product, the time limit for achievement of the objective, and the criteria for determining achievement.

A simple cognitive objective containing all these components and which could be agreed upon by teacher and student would be: *After a fifteen-minute teacher demonstration of the process of converting simple fractions into decimals, the student will be able to demonstrate his ability to perform this function by correctly converting ten fractions into decimals.* This objective is stated as a behaviorist would state it. However, in the humanistic approach the student is made aware of the objective and of the amount of his own and the teacher's investment in achieving the objective, and he has accepted the objective as his own. The difference in the humanistic approach lies not so much in the statement of the objective as in when it is stated and by whom.

When we get into the affective areas, however, specificity is more elusive. Take, for instance, the objective: *After five one-hour group sessions, the student shall demonstrate his ability to control his temper by reacting in a pleasant way to two incidents which would formerly have elicited screaming behavior.* This objective might be appropriate if the student was aware of the destructive nature of his temper and asked assistance in changing it. However, there is serious question whether the cultural value of controlled temper should be imposed upon the learner without his consent. Yet the freedom of the individual is constantly violated in group and individual sessions where the learner is not aware of what the teacher is trying to accomplish.

You sometimes hear the argument that it is for the learner's "own good." Since you can never know the learner perfectly, you can only guess at whether his behavior is self-defeating and whether attainment of the teacher's objective is "for his own good." Frequently, what appears to us to be self-defeating is actually accomplishing the purposes for which the behavior was initiated. It appears self-defeating to us because it is contrary to our values.

Teachers are sometimes surprised to find that the learner, no matter how young, is interested in knowing *what* and *why* he is going to learn. In the affective areas in particular, educators must be willing to give up some specificity both in statement and assessment of outcomes, for man's beliefs, attitudes, and values are elusive and immediate and not directly observable in separate acts of behavior.

As soon as educators discover the components of a specifically defined behavioral objective, it becomes mechanically easy to apply the formula and to crank out objectives at a rapid pace. The technique becomes the end instead of the means, and frequently the objectives that are so generated are trivial, irrelevant, and unrelated to other levels of the educational system. The transactional model presented earlier (policy, program, operation, and learner objectives) clearly defines not only areas of responsibility but also how each area must relate to the others. By examining each objective to see how it contributes to an objective or objectives in related areas, we can determine its relative importance and establish priorities. By involving the learner in an exploration of the interaction of personal and organizational objectives, we help him decide the relative importance *to him* of each objective, and assist him in self-direction.

After stating an objective, a good practice is to ask the question, "Why?" You say that it is desirable for a learner to perform such and such an act as a result of your teaching, but why is it desirable? Unless you can answer this question in a way that relates directly to program objectives and policy objectives, your learner objective may be trivial or irrelevant. Deciding what is trivial and what is relevant is a difficult task requiring a frame of reference. It is affected by value structures and is vulnerable to personal biases. Judging the relative merits of an objective and determining its priority would depend upon a number of factors including its relationship to program and policy goals, to the subject being covered, and to the individual who is expected to achieve the objective.

Once you understand the components of objectives and agree that they should be stated, you are faced with the problem of writing them. The task appears so overwhelming that few are willing to begin. A history teacher, for example, can envision mountains of objectives specifying all the minute items of awareness, accommodation, and action desirable as a result of participation in a course for a year or a semester. Putting mathematical concepts and functions into objective form is somewhat less difficult since the operations are discrete and continua do exist.

It is neither practical nor desirable to write learner objectives for each individual student, as a humanistically-oriented objective is subject to many constraints and arises out of the situation. On the other hand, if you are to create a dynamic environment, serve as a learning catalyst, and assist each student in the statement of his objectives, advance planning is a must. Examining the functional and developmental levels of the students in the class, you will plan appropriate levels and sequences of concepts to be presented, acquire fitting materials and plan to utilize appropriate teaching techniques.

At best you are making an educated guess as to the readiness of the class as a whole, and to the level and quality of response you expect. *Objectives specified at this time should be considered tentative.* Once in the classroom, teacher-learner planning takes over, and you may find that your plans have been inappropriate or ill-timed in at least some dimensions. If you insist on going ahead with your plans, and implementing your objectives, you may find that the students have "turned you off" and are pursuing their own objectives, one of which may be to let you know how little they think of your objectives!

But if you approach the class in an atmosphere of trust, communication, and inquiry, and are open to collaboration with the student, you will find yourselves allies and sources of new ideas. Encouraging everyone to examine the goal and define his own objectives enhances the teacher-learner relationship.

COLLABORATION IN SETTING LEARNER OBJECTIVES

In the preplanning of program and operational objectives for the class, it is necessary first to determine whether a continuum of behaviors is associated with growth in this area. In some areas, especially the fact-level cognitive and psychomotor skill areas, benchmarks are clear. In other equally important areas, such as the development of appreciations or of self-concept, the benchmarks are less distinct and are unique to the individual learner. When benchmarks are clear, you will be able to write objectives defining each benchmark, and select criterion measures by which outcomes can be evaluated. This will give you an opportunity to apply means-methods evaluation, and to modify materials and/or presentations as indicated by the findings.

Statements of learner objectives may be generated or selected. There is nothing that says each person must generate all his own objectives in every aspect of learning. Indeed, without the assistance of some sort of structure the individual would be unlikely to generate for himself all the objectives that would enhance his development as a thinking, sensing, feeling, intuiting being. Many subject area and affect continua are available that plot the logical sequence of development of knowledge, concepts, and skills in each area. Or one can start with a needs assessment and generate a personal continuum of benchmarks that represent sequential development of competence in areas where benchmarks are easily observable.

Both from the standpoint of meeting the individual's needs and from the standpoint of reaching societal and institutional goals, such structures furnish a useful environment within which learning is framed. As the student reveals himself to the teacher, and the teacher refers to educational continua and their relation to developmental stages, the student is guided toward selection of and commitment to those objectives appropriate for him at that point in time.

Values are so personal that one's own configuration is unlike that of any other person. Personal value configurations differ in many dimensions, including hierarchical priorities, quality, sensitivity to change, rationale, and consistency. A person is most likely to generate and select objectives that are consonant with the culture and his own unique value orientation. Whether or not these value-based objectives are appropriate for the student will depend upon the extent to which they are compatible with his own orientation. In order to move beyond the current value orientation of the teacher and/or the student, community interaction in the reshaping of the values of the culture is necessary.

If a student is to lead the examined life, if he is to observe and describe his own actions in his growth toward self-actualization, he needs the assistance of the teacher. Together, they must examine his needs and experiences and plan for his progress, defining the attainment of meaningful benchmarks in terms of desirable outcomes of learning. If the goal is something that the student values, he will accept responsibility for its attainment and will gladly involve himself in an exploration of objectives that will lead him toward the goal.

If there are many variables that make attainment of the goal long range rather than immediate, he may be satisfied with small increments of progress that do little more than encourage him to persist. For example, in Charles Schultz' "Peanuts" comic strip, Charlie Brown declares that he wants to be a big league pitcher, and Lucy suggests that he might first try making it to the pitcher's mound without stumbling! If, on the other hand, the goal is more immediate, the learner might limit himself to only a few objectives. For example, a boy moves into a new neighborhood and establishes the goal of being integrated into his new peer group. He would set several objectives to move him quickly toward that goal, such as gaining membership on an athletic team, having an item published by the school newspaper, and being invited to a neighborhood party. As he attains each objective, he moves toward his goal of integration into his peer group, which will satisfy a broader value or set of values that are important to him.

In each of these cases, it is fairly clear that the teacher as mentor can help the student define his goals, and define and implement his objectives. The teacher, then, becomes reflector and guide, mirror and light, rather than decision maker. The decision rests with the student.

But not all of a student's values are known to him; not all of his goals are explicit; and not all of his objectives are defined. Moreover, the true meaning of himself, his feelings, his thoughts, and his world is obscured; he cannot be expected to see relationships among various tasks and his own values, even when these values have been extended into goals. The teacher does not become a responsive robot, feeding information to the student on demand. Rather, the teacher's role is to orchestrate the student's total growth, helping him express his true self, helping him observe and describe his interactions in order to enhance communication, and collaborating with him in the pursuit of his valued objectives.

As openness and honesty increase, values may be affected, strengthened, modified, or abandoned. In this process, since goals emerge from values, objectives may change also. This is further evidence that objectives must belong to the learner rather than to the teacher, and that they cannot be predetermined but must emerge from the situation.

Too often we as educators expect the student to change his objective if it is not compatible with ours; seldom do we examine our own objectives, and the values from whence they came, to determine whether they are appropriate for the student. Seldom do we try to change the situation, thus making it possible for both the student and the institution to maintain their objectives within a synergistic relationship.

Let us now look at an objective in the cognitive area where teacher and student have a conflict in purpose. Suppose that a student in a modern literature class is presented with the teacher's objective: *Each student is to write a one-act play.* The class is an elective, and the student enrolled because he enjoys plays and wants to read and analyse them. In the unit on drama, his objective is: *To develop an understanding of the play as a literary form.* He believes that this understanding will enhance his enjoyment of drama, both written and produced, and will help him be responsive to and thus communicate with the author. He does not enjoy writing dialogue, although he likes other forms of writing.

He does not perceive that a painful attempt to produce an acceptable one-act play will move him toward attainment of his goal; in fact, he believes that channeling his efforts into such activity will decrease the amount of time, energy, and interest he has in other facets of the course. The teacher's objective is not acceptable to him because it is not compatible with his goal or objective.

If schools are to be learning centers, if we think of the school as an educational community, with learner and teacher involved in pursuit of learning, then we see that the organization must allow for dialogue between teacher and learner to resolve inconsistencies between objectives. In this case, the resolution might be a substitute assignment, such as writing critiques of current plays or doing research for other students who are writing plays. In allowing a substitute assignment the teacher has reexamined his own objective, and has seen that it was an activity, rather than an outcome, and that the substitute assignment will probably give the student a satisfactory understanding of the play form.

SOME STRUCTURAL CONSIDERATIONS

When curriculum workers address themselves to the formulation of objectives, they will need to begin and end with an overview of the totality of learning. This may require some dimensioning of the total structure of learning for ease in handling and conceptualizing. Eventually the dimensions will be rejoined into a whole.

Early statements of behavioral objectives were frequently limited to statements concerning acquisition of knowledge, and educators voiced concern that we were equating education with quantity of facts learned. Many felt that higher learning processes and affective learning could not be stated in measurable terms, or, rather, that criterion measures were either inadequate or that finely-honed instruments were not available.

By defining an educational objectives system as dimensional, an attempt is made to consider the totality of learning. The act of classification is intended to improve the consideration of all the aspects, and distinguish among them without separating them. Bloom's taxonomy considers three dimensions of total learning. The humanistic approach defines four characteristics of the individual as he is in the world through thinking, sensing, feeling, and intuiting. The components of any taxonomy or classification indicate distinction but not separation.

We cannot teach someone to think without concurrently having him develop feeling about his thinking. Feeling, intuiting, sensing, and thinking interact inevitably. Although we can describe one aspect of being, our description is incomplete if we do not include the other aspects. If we ignore the interdependence of these aspects, attainment of a thinking objective may totally negate a desirable feeling outcome.

Attainment of a sensing objective might interfere with attainment of a thinking objective. For instance, pushing a child to learn to play the piano before he has developed adequate auditory perception and small muscle coordination may produce a negative feeling toward music and a mind set that would interfere with his learning music later. On the other hand, as long as we treat each person as an integrated being, and objectives for his behavior are mutually accepted and pursued, all aspects of his being will benefit from the attainment of each objective, even though the specific objective articulated is in one area only.

Other attempts at dimensioning define functional levels: *awareness*—the level at which one knows; *accommodation*—the level at which one understands, internalizes, and assimilates; and *action*—the level at which one takes action based on his knowledge and understanding. For instance, a learner may be aware of his inability to get along with members of the opposite sex, but may not understand his own contribution to this problem. At the accommodation level, the student understands his contribution to the problem and is able to intellectualize about it. At the action level, the learner makes use of his understanding. He takes logical action based on this information and understanding, and joins a psychodrama group.

Too frequently, we educators ignore functional levels, and jump to the action level on the assumption that the other levels have been reached. Or we may stop at the awareness level, assuming that all students will take appropriate action when they get to that level. Everyone who knows a law and breaks it is demonstrating the gap between awareness and action.

A third example of the dimensioning of the system emphasizes the developmental aspect. Objectives must be appropriate to the developmental level of the individual, some psychologists say. They believe development of each individual is orderly and sequential, but that its pace varies markedly from one to another. Moreover, cognitive and conative growth do not always keep pace; we must consider the effect of the irregularity of developmental increments both in helping the learner formulate his objectives, and in determining proficiency levels for the attainment of the objectives.

John Curtis Gowan's *Developmental Stages* (Table 2; 25:Gowan, 1972), after Erikson and Piaget, an example of this dimensioning, is used to illustrate the place of developmental levels in the statement of learner objectives. The developmental framework describes a series of unique stages in a sequence of ages. Gowan presents an integrated field model of periodic developmental stage analysis. The model arranges the stages in a three-period cycle, depending on whether the psyche is directed toward the world of experience, toward the ego itself, or toward love of self or others. According to Gowan:

> Each stage thus has a relationship with another, three stages removed from it. Thus stages one, four and seven are noticeable for thing-oriented sexually latent aspects, concerning the individual with experience in the world of the senses. There is a calmness or coolness of the ego which results from a lack of self-consciousness and an absorption in experience. By contrast, stages two, five, and eight are ego bound, ego oriented, and ego circumscribed. They are all about me, my identity, my existence and my salvation. There are times of searching introspection, of withdrawal rather than return, and of defiance of authority, rather than obedience to it. (25:Gowan, 1972, p. 27)

An examination of the model then leads to a realization that in interpreting the needs of the person and assisting him in a statement of and commitment to objectives, we must make some estimate of his present developmental stage and help him move along the continuum. This model is offered as an example of the psychologist's theory in this area. It is not recommended as the only way to work. There are many developmental models, and they support the notion that all persons move along a continuum at differing paces. Havighurst (30:1966), for

Table 2

DEVELOPMENTAL STAGES (After Erikson and Piaget)

		LATENCY / 3 it, they / THE WORLD	IDENTITY / 1 I, me / THE EGO	CREATIVITY / 2 thou / THE OTHER
INFANT	Erikson	1 TRUST	2 AUTONOMY	3 INITIATIVE
	Piaget	Sensimotor	Preoperational	Intuitive
	Mode	none	imperative	optative
	Erikson Virtues	Drive—hope	Self-control—willpower	Direction—purpose
	Age	0-1	2-3	4-6
YOUTH	Erikson	4 INDUSTRY	5 IDENTITY	6 INTIMACY
	Piaget	Concrete operations	Formal operations	(Creativity)
	Mode	interrogative	subjunctive	
	Erikson Virtues	Method—competence	Devotion—fidelity	Love—affiliation
	Age	7-12	13-17	18-25
ADULT	Erikson	7 GENERATIVITY	8 EGO-INTEGRITY	9 (AGAPE—LOVE)
	Piaget	(Psychedelic)	(Illumination)	
	Mode			
	Erikson Virtues	Production—care	Renunciation—wisdom	
	Age	26-40 (?)	40-onward	

SOURCE: John Curtis Gowan, *Development of the Creative Individual* (San Diego: Robert R. Knapp. Publisher, 1972) p. 28.

example, defines a series of developmental tasks as emerging from various sources. Some tasks, such as learning to walk and learning to behave in relation to the opposite sex in maturation, arise mainly from physical maturation. Tasks such as learning to read arise primarily from the cultural pressures of society. Tasks such as preparing for an occupation and adopting a philosophy of life arise from personal values and motives.

Tasks may also arise from a combination of these three factors. Kohlberg, (36:1963) and Kagan and Moss (35:1962) define identifiable stages of concept formation and moral development. White's work (64:192) on states of personal competence development and Perry's work (49:1970) on stages of attitude formation are preludes to current efforts in the areas of self-concept development and personal decision making. An outline of possible stages of personal development can be found in Sprinthall (55:1971).

Development, as distinguished from growth, implies a major change in the system of responses available to a human being. A child who moves from Piaget's "concrete operations" to "formal operations" employs a new system of thinking—abstraction—that is qualitatively different from his previous system—concrete thinking. Objectives, while they promote growth and development in a sequence of stages, must be idiographic, related to the developmental pace of the individual, and as such must belong to him.

While the authors of this book do not recommend one way to view the totality of learning, students of curriculum development are cautioned to view the learner as a total organism having distinct but not separate facets. If the aspects of learning are submitted to analysis for the purpose of formulating objectives, curriculum designers must reassemble the aspects for a reliable view of integrated learning.

PUTTING AN OBJECTIVES-BASED PROGRAM INTO ACTION

Understanding the various classes or types of objectives (policy, program, operational, and behavioral), some sources of operational objectives (needs assessment, curriculum continua, and so on) and the fact that learner objectives are subject to the needs and values of the individual and the constraints of the situation is only the beginning. The major effort for the educator is designing and guiding the learning experience. This includes the environment, the teacher, the teaching strategies, the media, and the cooperative evaluation of what happened. This subject is covered fully in the following chapter.

Implementing an objectives-based program is more an attitude than a process. Once the teacher begins behaving in a collaborative way with the student, he will find himself becoming more and more comfortable in the approach and more skilled in helping his students understand and accept their roles as generators and selectors of objectives. Feedback in the form of learner commitment and excitement will sustain early efforts.

You may feel that, since the areas of responsibility and authority within a school system are interactive, you must wait while each area defines its objectives. But you are reminded that this is not a hierarchical system, and that any individual in any area can begin to implement a humanistic approach to learner objectives; his efforts will have impact in his own area and in each contiguous area. The total system will function with efficiency and effectiveness when all components are coordinated.

4

The Learning Experience

The visitors to McKinley Elementary School were Mrs. Bette Schumaker, an elementary school principal of some five years experience, and Mr. William Trumble, an upper elementary grade teacher in Mrs. Schumaker's school. They were greeted at McKinley on a bright winter morning by Dr. Street, the principal, and ushered into the faculty lounge where they were introduced to Miss Carol Dorsey, whom they had arranged to visit. After the initial get-acquainted and "What do you want in your coffee?" exchanges, the visitors and Miss Dorsey settled down to some earnest conversation.

Miss Dorsey began. "I'd like to start your visit with a few comments on what I'm excited about right now because what has me 'turned on' at any particular moment is usually reflected sooner or later in our classroom. The same thing is true of the students, of course. But for me, I feel I'm in a tremendous growth period when lots of things are coming together from my reading, university course work, experience with my students, and in my personal life. Experiences in different aspects of my life are confirming and building on one another so I feel confident that I'm developing around a solid core of ideas. I guess that's called a 'philosophy,' isn't it?"

The visitors smiled their understanding.

"Anyway, one of the ideas is the concept of the TORI community. TORI is an acronym which stands for trust, openness, realization, and interdependence. The TORI concept comes from the work of Jack and Lorraine Gibb. Jack is a psychologist and a pioneer in the human potential movement and Lorraine is a researcher. Both of them have studied group processes for years and have concluded that groups move toward greater effectiveness as members increase their trust for one another, their capacity for openness, their ability to be task oriented, and their realization of interdependence.

"I'd like to just briefly mention something I read recently in *Psychology Today* magazine. John Lilly was being interviewed. He's the guy who did a lot of research on communicating with dolphins. Lilly said many things in that interview that fascinated me, but the real mind blower for me was, 'Every belief is a limit to be examined and transcended.'

"I've been deeply aware lately of the incredible number of limitations we put on ourselves and others, and they in turn, with the culture as a whole, put on us. So while I'm journeying along on my little pilgrimage toward deeper insight and fuller humanness (I keep hoping!), I am suddenly confronted with the concept that not only our prejudices and the usual limitations of our inadequate self-concepts—not only these—but *every* belief is a limit to be examined and transcended!"

"I'm more anxious than ever to visit your room now," said Mrs. Schumaker, the visiting principal. "We've heard such good things about your teaching."

"Well," Miss Dorsey answered, "whatever happens is what you'll see. Except that it is more complicated than that, isn't it? A great deal depends on the preconceptions each of you has toward a 'good' teacher and a 'good' classroom. Maybe part of what I was trying to communicate a minute ago without even being conscious of it was that I'd like you to come to my class *without* prejudice. Visit in as open a frame of reference as you possibly can."

"I get it," Mr. Trumble replied. "We should not limit ourselves by our perceptions about you, even though they're positive, nor should we limit our ability to see what's going on by our preconceptions of what a 'good' classroom should be!"

Three words could well have described the thoughts of the three people as they entered the classroom.

Miss Dorsey: "Home!"

Mr. Trumble: "Activity!"

Mrs. Schumaker: "Mess!"

Mrs. Schumaker reminded herself that she had to stay open about her observations and "just let it happen without judgment." She thought, too, that neat rows of chairs with the teacher's desk in front and tailored bulletin boards all went with the kind of teaching that somehow did not stimulate her and, unfortunately, did not seem to excite children either.

The visitors wandered around the room, Mrs. Schumaker keeping an eye out for new materials and a place to sit, and Mr. Trumble curiously running his hands over books and games, furniture, an old lawn mower motor, and whatever else he came across. Then children began to enter, and the room filled with energy. Miss Dorsey stood near the door, greeting every pupil as he entered, sometimes questioning him about a family member, casually straightening a collar or welcoming back another who had been out for a few days, and making physical contact with almost every youngster.

About 9:45 Mr. Trumble suddenly realized the class had never "started." There were three students in front of him, looking up searchingly waiting for answers to questions they had asked. One of them, a pretty little girl named Cindy, wanted to know if he was married. Miss Dorsey had suggested to a cluster of students near her that "perhaps Mrs. Schumaker or Mr. Trumble could help you." That had brought Mrs. Schumaker straight out of her chair in the corner and thrust her into the living world.

Miss Dorsey's classroom was indeed alive. There was color, movement, conversation, effort, laughter, jostling, and disagreement. There was frustration, anger, sadness, joy, serenity, noise, and order. There were two hamsters and Mary's kitten. There was a row of plants in coffee cans and three sweet potatoes growing in jars of water. There was a model African village cast in sand and a sugar-cube igloo with a tiny sign on the entrance that said, "Please don't eat my house!" And there was learning and creativity.

The physical environment was not unlike others Mrs. Schumaker had seen over her years of experience. The room was decentralized, so to speak. That is, there were activity areas in several places around the outer sides and in the corners of the room. Only a small number of desks clustered near the center. Other individual desks and small tables were scattered about the room wherever they could be made to fit. Bookcases, both commercial and homemade, were the major devices for separating areas. Mrs. Schumaker counted seventeen bookcases, including orange crates, and other similar arrangements for shelving books, games, papers, magazines, and so forth.

By far the most striking divider, however, was a six-foot high partition made of 2 x 4's and plywood that angled out of one corner of the room. This partition was bisected by a shorter one which pointed toward the room corner. The effect was to form two small areas with just enough work space for two youngsters in each. The inner walls had narrow built-in desks; on the outer or "room" side of the large partition was an old rug, a couch, and a rocking chair. Several large pillows were piled on the rug. Nearby bookcases were loaded with books and one bookcase held a listening post.

On the other side of the room, another small rug was fitted into a corner where the chalkboard on one wall joined the bulletin board on the other. On the bulletin board was a phonetics chart, and a large tablet on a holder for language-experience stories stood nearby.

Another area was given over to machinery. The lawn mower motor, which had apparently been steam cleaned or kerosene soaked, was resting on an old table. Near it was a small electric motor and a few tools.

Mrs. Schumaker wondered at the astonishing array of materials available for children to read and manipulate. How so much could be crowded into the normal 30 x 30 foot classroom was hard to believe. Feeling a need to talk about it all, she wandered toward Mr. Trumble. He smiled as she came up. "What do you think?" he asked. "Isn't it incredible?"

"Yes, I'm amazed at the materials, aren't you?" She paused. "It's fun being in a place like this, isn't it, watching the kids so happy and busy at such a variety of things, and you *know*, you simply just *know*, that they're learning! But learning what? And how do we know? That's what parents and the board would ask," Mrs. Schumaker said, remembering reality.

"Well," Mr. Trumble ventured, "this is not very objective, or 'scientific,' but just for the fun of it, let's do our own little survey of what the kids are doing right now. That's not the same as what they're learning, of course, but it would be interesting."

"OK," Mrs. Schumaker began. "Remember when Paul said he was going to get a Honda 50 and the little girl over there shouted, 'My mother said, 'Kids who get minibikes end up as hoodlums!' '"? After a few heated exchanges Miss Dorsey asked if anyone wanted to discuss minibikes and motorcycles and the people who ride them. About ten students started a noisy argument there on the rug. There was a lot of heat and not much light for quite a while, with Miss Dorsey playing a rather passive role. When things calmed down a bit, she began to quietly ask clarifying questions. Not once did I hear her even hint at a 'correct' point of view. Incidentally, the pupils pretty much agreed that there is not a one-to-one correspondence between minibikes, motorcycles, and hoodlums!"

"Thank goodness," Mr. Trumble laughed. "I might have had to sell mine!"

Mr. Trumble pointed to two groups of boys. "That foursome over there," he began, "is doing a math project that apparently has occupied them off and on for a week. They keep referring to a 5" x 7" task card that has been neatly typed and covered with plastic by Miss Dorsey. Their task is to estimate the cost of painting the school—inside and out. They are to indicate how they arrived at their estimate as well as stating the approximate cost. Then they are to compute the cost more accurately, again showing how they arrived at the figure. Miss Dorsey gave them the name of the chief business official in the school district. The boys say they've called him three times already, and he has promised to visit and check out their figures when they arrive at their answer.

"The other three boys," Mr. Trumble continued, "had quite a time arriving at a suitable price for the red-haired boy's jackknife. Billy, the brunet, wanted to buy it but they couldn't agree on a price, so the big blonde fellow was called in as a 'consultant' or intermediary."

"Well," responded Mrs. Schumaker, somewhat surprising herself, "it's refreshing that they have the opportunity to learn in their own way. Many teachers would have wanted to rush the three of them into a research project on the history of knives—or something worse—like punishing their seeming indolence with an assignment from the language book!"

Miss Dorsey broke up the survey at this point by announcing that it was nearly time for recess and those who were ready could head for the playground. A handful of pupils moved toward the door at once, but most of them continued their pursuits, only gradually ordering their time to accommodate the recess break. Finally the room was cleared, and Miss Dorsey and her visitors were free to go to the faculty lounge for coffee.

"Are there any questions you want to ask me at this point?" asked Miss Dorsey.

"Not a question, but a comment," Mr. Trumble ventured. "It looks to me like being a student in your room is just plain fun."

"Well, I hope it's fun—but as Dr. Street said at the beginning of the year, 'If school is *only* fun it'd be cheaper to have recess all day!' We want our students to enjoy coming to school because it's fun, but also because it's a place where they can learn about themselves and the world, develop skills, get a sense of self-respect, learn to live harmoniously with others, and so on.

"I like to think too," Miss Dorsey continued, "that our people come to school, in part, because of a sense of responsibility to their classmates. We do a great deal of group work—you saw the three boys and other clusters working on math task cards. Well for group efforts to be meaningful everybody has to be on hand to contribute. The class as a whole is that kind of group. We are diminished in our capability by the absence of any member. This might be hard for students to understand at first, but we think it's important. In fact, our school district and our McKinley Parent-Teacher-Student Advisory Group both have stated as a goal something concerning 'a developing sense of the interdependence of all mankind.'"

While Miss Dorsey spoke the trio was joined in the lounge by several other teachers and two parents. Now one of them spoke up.

"I'm Phyllis Churchill. I'm a parent in this district (my son's in the high school), and I'm also a teacher in this building, so I see the school program in a somewhat broader view than I used to years ago. What impresses me is that since we got fully into the accountability-behavioral kind of thing, our schools have gradually become places where we take our goals and objectives seriously—and all of them too, not just the cognitive ones we all predicted would overwhelm us.

"For example, now when I have 'community building' activities, as I frequently do, everyone knows why we're doing these things, and they know too that I do not spend all day doing them because we have other goals and objectives as well. In other words, we've finally begun to get some balance between cognitive, affective, and psychomotor learnings."

"What do you mean by 'community building activities'?" Mrs. Schumaker asked.

Mrs. Churchill seemed eager to explain. "This morning was a rather typical example, I think. Last week a new family moved in the neighborhood and their eleven-year-old boy Paul enrolled in our sixth grade. He's very shy, and his first week here probably hasn't been the happiest in his life because he has been slow to join group activities, and the others haven't gone out of their way to help him. Last night I thought about it for a long time. I even sketched out a behavioral objective for myself!"

Mrs. Schumaker was intrigued. "What was it?"

"I thought I ought to design an experience that would cause the class members to make a concrete effort to help integrate Paul, so I wrote this objective on the back of an old envelope; 'Given a chance to discuss the difficulties of being an outsider and to participate in a role play situation, most class members will make an effort to help integrate Paul into our group.'"

"Tell us what you did exactly," suggested Mrs. Schumaker. "It helps my sense of order to hear what transpired before I hear the results!"

Mrs. Churchill continued: "I said 'Given a discussion and role play situation,' so of course that's what I did. I began by telling the class that I'd been thinking about Abraham Lincoln when he was a boy. I wondered with the class if he had ever had the experience of being an outsider. We talked about his having been poor and from the country. The students thought that gave him a pretty good chance of being an outsider when he went into town. We also talked about young Abe being tall and ungainly. Interestingly, they thought being tall was a big advantage and Dickie Morse remembered that he had been 'powerful strong,' but they concluded that his appearance was not exactly in his favor.

"In any event, the class was sure that Abe had been or felt like an outsider. Little Dolores summed it up when she said, 'Heck, everyone feels left out sometimes!'"

"What about the role play?" asked Mr. Trumble.

Mrs. Churchill laughed. "It started out as a disaster. I just couldn't ignore Dickie Morse's urgent pleas to play Lincoln and he played Abe as a young karate expert who 'chopped' his way into every group!"

Everyone in the teachers' lounge laughed, yet all of them knew that helpless feeling of seeing a good lesson going down the drain.

Mrs. Churchill went on: "Thankfully there were some people who recognized that fighting one's way into acceptance may not be the way to go. As we continued with different role players, we got a whole range of possible 'outside' behaviors like pleading for membership, going along with anything the group wanted, enticing the group with different exciting activities, and even rejection. But the interesting thing to me was that none of the groups, that is, the insiders, did anything to really help the outsider. They seemed to enjoy their feeling of power, their capacity to accept or reject.

"Well, we had quite a discussion about *that* aspect of the situation, and during the discussion, Billy Miller suddenly shouted, 'Wow, Paul is kind of like that—that outsider.' There were about ten seconds of silence then as everyone reeled under the realization that that was true."

"Ten seconds of silence in the classroom—a new world's record!" Miss Dorsey observed. "But what about Paul? Had he been involved in any of the role plays?"

"No, I watched him carefully hoping he'd volunteer, but he's just too shy. I asked if he wanted to take a role once and he said 'no' so I didn't press him. I'll tell you this though, he was one *very* attentive person throughout the whole experience!"

"But the kids still hadn't realized that they had a responsibility, had they?" asked Mrs. Schumaker.

Mrs. Churchill beamed. "That's the nice part of my story. Susie McGee, who's about as empathic a youngster as I've ever known, said, 'Paul, I haven't tried to get to know you, I'm sorry. I want to be your friend.'"

There were exclamations of delight and wonder in the McKinley staff lounge; everyone was excited by this evidence of real concern by a student for one of her peers.

Mr. Trumble had something on his mind. "If I may walk with you to your room," he said to Mrs. Churchill, "I'm interested in how you're going to evaluate your little learning module."

"I had a hunch you were going to ask that." Mrs. Churchill was warm and responsive. "I'll explain my plan gladly, but I don't think you should miss watching Carol get started again. She's a marvelous teacher, as I'm sure you realize.

Mr. Trumble looked for his colleague, Mrs. Schumaker, but she had stepped, somewhat gingerly, into Miss Dorsey's classroom. "Classroom," Mr. Trumble thought. "A classroom is not a classroom. It's a giant mixing bowl full of bodies and books, papers and pencils, despair and discouragement, enthusiasm and elation." He could see Miss Dorsey perched jauntily on the edge of her mixing bowl, stirring excitedly, Mr. Trumble thought of his principal, a new ingredient on this day. He could see her in the mix, slowly taking on some of the coloring. What was she adding to the concoction? Some quiet, some dignity, some assurance. "Those are not bad additions," Mr. Trumble smiled to himself.

"Class, this is Mr. Trumble, announced Mrs. Churchill. He's visiting in our school today." Looking around, he was surprised to see students in rows. For some reason he had assumed that all of the McKinley classrooms would be like Carol Dorsey's and he had also assumed Mrs. Churchill would have something more "far out." Mrs. Churchill seemed to be waiting to see what would happen. Most of the pupils were in the process of getting books and paper out of their desks. A few, however, were swinging a pendulum suspended over a science table in back, and another pair had headed for the library. Mrs. Churchill was talking quietly with a shy appearing boy as two girls approached Mr. Trumble.

"My name is Mary Jo Hayes."

"I'm Pat Horne. We'd like to welcome you to our room."

"Thank you very much. Do you always make 'outsiders' feel this welcome?" Mr. Trumble smiled at them.

The girls grinned as they glanced at Mrs. Churchill. "We're learning!"

"Now," said Mrs. Churchill, "let me show you what I'm doing here by way of evaluation. It's not very scientific perhaps, but, on the other hand, I have an intuitive sense that it has more validity and relevance than most testing we do.

"Look at this chart; it's about as simple as you can get with the pupils' names double-spaced in this column on the left, and these four vertical lines making boxes on the right. By labeling and dating this sheet I can use it for almost any kind of record keeping. Notice that I've called this one 'Paul's Progress' for want of something better. Now what I've already begun to do is keep track of who helps Paul become better integrated into the class. See, I've written 'Start' in this first column after Susie's name to remind me that she was the one who called the group's attention to this problem.

"These checks are five boys who asked Paul to play softball with them at recess. That was Paul at my desk just now. I asked him if anyone had said anything to him at recess, and he identified these five boys."

Mr. Trumble took advantage of her pause: "Is this the way you evaluate your pupils' progress in affective areas? By recording your observations on these charts?"

"Not entirely, but frequently. Sometimes I use informal attitude surveys, sentence completion devices, and so on. I also try to keep track of such attitude indicators as number of days absent, number of books read, number of books checked out of our library, number of disciplinary actions required, just a whole lot of things."

Mrs. Churchill reached under some papers on her desk and produced a standard three-ring notebook. "Look. This is the backbone of my whole evaluation system and the skeleton of my reporting-to-parents system. It's a journal, at least that's what I call it. It's like a diary: a place I can jot notes on events of the day. I might jot a note to myself on something I've thought of to try, or a question that popped into my mind that I want to address to the class.

"Let me show you another section of this book." She flipped toward the back quickly. "See, here's Paul's name, and Susie and the others. I have about three sheets set aside for each class member, and I use these for comments as I'm moved to do so. For example, tonight I'll probably make a note on Paul and Susie and perhaps about each of the boys who invited Paul to play softball, and certainly a comment on Mary Joe and Pat for welcoming you.

"Each night I thumb quickly through these pages. As I encounter a child's name I visualize our day together and resurrect significant data about his or her performance. Sometimes I come up with scholastic achievements, but more often the things that stick in my mind are related to each individual's growth needs."

"Those are great ideas," Mr. Trumble said enthusiastically, "but I'm beginning to feel both guilty and frustrated!"

Mrs. Churchill was reassuring. "Don't be either. If this journal is something that makes sense to you, use it. If not, it's not the only way to keep organized. Find the things that fit your personality and get the job done for you. I'll tell you something though. When I started doing this it was for a university class and I thought it'd kill me! But as the weeks went on I began to enjoy it. I developed a routine after school. First, I'd go to the lounge and have coffee with anyone around. Then, I'd bring a second cup back here by myself. I'd sit here quietly in my room with my thoughts, and I'd write.

"I found it refreshing—a kind of letting go of the day. After fifteen or twenty minutes I'd run out of thoughts about the day and I'd run out of tension at the same time! Now when I leave school at night, I really leave it. I leave it here in this book. I go home relaxed and happy, anticipating my family and tomorrow. It's a nice feeling!"

Mr. Trumble was amazed, "I just can't get over you people in this school! That's truly a high level of professional competence. Thanks for sharing all of this with me."

While Mrs. Churchill and Mr. Trumble were talking, the students seemed to accommodate themselves to the fact that their teacher was occupied. There was considerable movement in and out of the room and a great deal within the classroom. Keeping visual contact with what was going on appeared to be all that was required of Mrs. Churchill, although she occasionally gestured to a pupil or nodded her assent to a request. Mr. Trumble was curious, however, about the organizational focus for the various activities. He was also conscious of the amount of time the teacher had given him so he asked if he could circulate around the room and talk to children.

Mrs. Churchill interrupted the class's various activities: "Boys and girls, thank you for letting me have some time to talk with Mr. Trumble. He's going to want to know what you're up to now so please help him out. I assume most of you are working on quest projects. It looks like I have time to answer a few questions here at my desk, and then I'd like to see Tina and Dolores for conferences."

Mr. Trumble wandered briefly before spotting Paul and two other boys huddled together. He asked if he could join them and they replied, "Sure."

"I'm John and this is Earl and that's Paul," one boy spoke up. "Do you want to know what we're doing?"

"Yes, if you don't mind."

"Well, not much right now, to tell you the truth," Earl said with a self-conscious laugh.

"We are too," John asserted. "We've been getting started on a quest project. We're planning."

"Maybe you'd better explain what a quest project is. I've never heard of one." Mr. Trumble reached for a small packet of papers.

John seemed to be the spokesman. "We have two kinds," he began. "One kind is about fun things, sort of. They're Creative Quests and they're on pink paper like that one. The others are Subject Quests. They're more about math and social studies and that stuff. The science ones are good."

"OK," Mr. Trumble said, "there are creative and subject quests. Why did you pick this one—a Creative Quest?"

Earl smiled, "They're usually more fun!"

"Yeah," John agreed, "but they're harder too in some ways. You have to do more thinking. You can't just pick up a book and do it."

"Do you wish you had picked something easier?" asked Mr. Trumble.

Paul nodded his head affirmatively, looking at his colleagues for reassurance, but John said, "Naw, one's as hard as the other. We just have to keep talking and thinking. Sooner or later we'll come up with some ideas on getting started."

In the staff lounge at lunch time, Mrs. Schumaker was examining a feedback instrument Miss Dorsey had just administered to her pupils. A line had been printed on half-sheets of paper; numbers from 0 to 10 ranged along under the line with the word "Lousy" at one end and "Fantastic" at the other. There was space for "Suggestions" at the bottom:

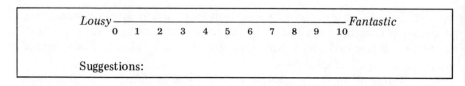

Lousy ——————————————————— *Fantastic*
0   1   2   3   4   5   6   7   8   9   10

Suggestions:

Miss Dorsey had passed this out after a fairly long planning session with her class, in which they discussed what they could do that would help them continue to learn. A lot of material came out, including the invariable complaint of a few children that it was too noisy in the room. After the discussion, they were asked to fill in the feedback instrument. The specific instructions were to evaluate the week to date as to their own progress. She encouraged them to make suggestions about the class if they wanted to, but to check where they felt they were on the continuum in relation to their own work during the week.

Miss Dorsey seemed pleased at the responses. "Look, this is Todd's. He's the boy who kept insisting that a person didn't have to be 'slaving every minute' he was in school."

"Yes," Mrs. Schumaker recalled, "he said time spent just sitting and thinking or talking with friends shouldn't be called 'wasted'! On his self-evaluation he put his week at eight—that's nearly 'fantastic'—and suggested that it would have been ten if he'd had more time to spend just being with friends."

"Todd is no doubt right for him," Miss Dorsey explained. "In the past he was a perfectionist and almost neurotically intense about his academic work. His previous teachers negotiated objectives with him that helped him see his need for socializing and for taking a more relaxed attitude about his studies. It seems to be working. By the way, Mrs. Schumaker, this is a good example of an objective that is what you called 'idiographic.' "

Mrs. Churchill entered the lounge with her lunch and sat down beside the three of them. "Well, how is it with you two? Are you enjoying your visit?"

Mrs. Schumaker pushed away the material in front of her. "It has been wonderful but I'm beginning to feel spent."

"Maybe we ought to use this lunch period for 'debriefing' purposes," Miss Dorsey said smiling. "Dr. Street will be glad to join us, and we can answer your questions and explain why we're doing what we're doing—and offer some weak excuses for not doing what we should be!"

The McKinley principal joined the group, and the five of them then began what was to become their final session. Mr. Trumble commented on the "humanistic" nature of the school. "I wonder how you got to the place you are," he said. "I guess most of us who teach care about kids or we wouldn't be in this profession, but I think our attempts to translate our caring into daily practice in the classroom often is done more intuitively than any other way, but you people seem to know what you're doing and why you're doing it!"

"It's nice that it appears that way!" responded Dr. Street. "But really, I think it's true that we have a better grasp of our function as teachers than we've ever had in education, and I think that's due to our commitment to performance objectives and continuous evaluation.

"Frankly, that commitment was a little late in coming. Most of us thought the whole PPBS, accountability, objectives, evaluation thing was going to kill us. It seemed dehumanizing on the surface, but we were eventually caught by legislation and parental pressures in a squeeze. We had to put our energies into making the accountability model work for the 'total' child or see it be taken over by those whose interests were largely in intellecutal skills and subject matter."

"On a more personal level," he added, Phyllis and I, being more 'mature,' started our teaching careers when the progressive movement was about over. Though we absorbed a great deal of the Dewey philosophy, we nevertheless started out as what you'd call 'good, traditional' teachers."

"I'm glad you said 'good' traditional," Mrs. Churchill noted. "It's true that I am more 'traditional' than many teachers. For example, while Carol conducts what's often called an 'integrated day,' I have language arts every day, and science and social studies and math periods. Now, I certainly integrate as much spelling and vocabulary work, and reading and writing and so on as I can but we nevertheless have a specific time set aside for each subject."

"I think teaching is a very personal kind of statement," Miss Dorsey observed. "Every classroom reflects the teacher's needs as well as the students'."

"That's right," agreed Dr. Street. "Just as teachers must personalize their responses to children, we principals must recognize and provide for individual differences in teachers. Incidentally, that rarely, if ever, means laissez-faire leadership. To personalize leadership means you have to be deeply involved in the ongoing processes. This is true in the school as a whole, for principals, and for teachers; it's true for central office personnel too.

"I don't mean to imply that each of these segments of the school community is limited to his involvement to a small closely defined area. Democratic leadership means all of us must continually participate in the dynamics of the total organization."

Mr. Trumble spoke up: "I think my biggest concern is that someone, somewhere will decide that all students must know this or that, and that he ought to learn it in the 'x' grade, and if he doesn't the teacher has failed."

"That's really two things you're dealing with," Miss Dorsey asserted. "First you're concerned with people deciding for others what their objectives should be and when and how they should be accomplished. The other issue is the one of teacher accountability. I'm really interested in this because these were also my two major concerns, particularly this first one, and I still sort of monitor myself to be sure I'm not imposing all of my middle-class values and hang-ups on my students."

Dr. Street interrupted, "Carol, don't you think part of the answer lies in the very process of setting the goals and objectives for the school system, our school, and your classroom?"

"Yes, I do. I was just going to explain that when we went through the process of involving parents and others in the community with our professional staff in trying to define our system goals, it was quite an undertaking. We had moments of elation and times of despondency, I'll tell you. Some people advocated a return to Bible reading and prayers to open the school day; others thought we ought to abandon certification requirements and let the school board hire 'loving' people; and so on. We were discouraged at first, but the more we talked the closer we got to agreement on some basic values.

"Having some goals is no big deal, of course. We've had them for years in the front of curriculum guides or faculty handbooks, but they simply have not been taken seriously in the past, even by those who wrote them. Now it's different. The goals are taken seriously because the various levels of objectives flow from them, and also because we've decided that we've got to do our part to end the proclivity of saying one thing and doing another. Our particular 'cause,' so to speak, here at McKinley was to work with parents and students in translating some beautiful goals into daily reality in our classrooms. After a great deal of plain hard work we—students, teachers and parents, and Dr. Street—established specific teacher and student objectives for each grade level. Then, we negotiate these with each child using his own input to decide on objectives."

"Carol, may I just add here that we haven't broken away from the notion of 'grade level' yet, but we're working at that too," Mrs. Churchill said.

"Now, we're getting closer to your question, Mr. Trumble, Miss Dorsey went on. "Because of our commitment to the children and to humanizing education, all of us go over the stated goals and objectives with our classes every fall and as often thereafter as seems appropriate. These have become a part of the students' reality. Each student knows what they are, where they came from, why they are important, how we are trying to accomplish them, and so on. He knows that there are many avenues to goals. He knows that he has some choices about when, where, and how to pursue most objectives. Most important of all, he knows he can say, 'Here is something *I* want to accomplish!' and we'll support and aid his efforts."

"I've been very impressed with Glasser's *Reality Therapy*," Mrs. Schumaker said. "He maintains that we can help people by establishing a good 'friendly' relationship or rapport and then dealing with the student's reality with such questions as, 'Does that behavior give you satisfaction?' If the pupil says 'no!' then you help him make out a plan to change. This seems to me to be personalized teaching at its best."

"That's right," Dr. Street asserted," and it shows the pupil's power to reject, accept, modify, or initiate his own objectives. And that's the crux of a humanized approach to teaching."

"I still must confess to a certain concern," Mr. Trumble said, "and that's with the very real possibility that some teachers will coerce, perhaps quite subtly, students into doing only what the teacher feels is vital."

"Sure, that's possible," Miss Dorsey answered, "but I don't know of any way we can assure absolute 'purity' of either motives or behavior."

Dr. Street said, "Carol's right, of course. We have little enough understanding of our conscious motives, let alone our subconscious. Let's take a psychomotor skill like rope-skipping. We would like our kindergartners to learn to skip rope. It develops coordination and helps prepare them for other more refined skills, including reading. We know from our years of experience that all kindergartners are not able to learn to skip rope, so we don't fire or reprimand teachers if some children don't learn. On the other hand, we expect kindergarten teachers to provide rope-skipping experiences for their youngsters. They're accountable for that.

"But I'm accountable for that, too, and so is our central office, and ultimately the community because we've got to provide the materials, facilities, and conditions that support that teacher and child in achieving that objective.

"But I got off the track a little, I think. I wanted to make the point that the child is aided by our accountability *not just in achieving the objectives but in being protected against a teacher with a 'rope-skipping fetish,'* you might say. In other words, if one of our kindergarten teachers is coercive and flat-out neurotic in her insistence on mastery of the rope-skipping skills by *all* children, she's accountable for that too. The same principle applies to learning short vowel sounds, learning to share with others, learning calculus in the high school, and so on."

"It seems a little like the teacher is caught in the middle—damned if he does and damned if he doesn't!" Mr. Trumble put in.

"No, I think he is damned if he does too much and damned if he does too little!" Dr. Street replied. "The extremes are really what are protected against in the accountability concept.

"Another thing that impresses me about the humanizing aspect of this movement is the new emphasis on higher-level cognitive skills. This has had a real impact on all of us, particularly our secondary schools. If you're attempting to teach the higher skills of synthesizing and evaluating (we use Bloom's taxonomy), you've got to alter your teaching style, your types of discussion questions, your assignments, your examinations, everything! The age-old overemphasis on the lower mental process of memorizing has been seriously eroded, thank goodness!"

"I've been interested for some time," said Mrs. Schumaker, "in achieving an integrated balance not just between activities but within the activities themselves. For example, it's possible to get a balance between affect, cognition, and psychomotor activity by concentrating on, let's say affect, for one 'lesson,' then go to a cognitive activity, and then a separate psychomotor event. This is now becoming more common as new affectively oriented material is published. However, another way to look at the matter of balance, I believe, is to strive for an integration of these within well-designed learning experiences."

"That makes sense," Dr. Street agreed. "We do find that happening more often in kindergarten and first-grade classrooms. There children can be found listening to words (take 'elephant,' for instance) saying the words, acting out 'elephant,' and so on."

There was a long pause. Miss Dorsey realized the time was at hand for the visitors' departure. "I feel like I've got so much I want to say, I'm sorry you're leaving," she said. "I've been sitting here thinking, 'Have I failed to mention something I think is important? Have I made the points about trust and openness that I wanted to get across? Could they see what we value in our classrooms?"

As Mr. Trumble and Mrs. Schumaker walked out, Mr. Trumble asked, "Well, what do you think?" There was just a moment's pause before Mrs. Schumaker, principal, looked up and smiled, "Far out!"

THE TOTAL LEARNING EXPERIENCE APPLIED

The authors feel that the foregoing portrayal of the learning experience does not need elaboration except perhaps as it relates to teaching in a secondary school. There is a cultural expectation, so to speak, that elementary school teachers will provide for the affective needs of children's attitudes toward themselves, toward learning, and toward other people. Only the rare person feels that a child's social behavior is unimportant in the educational process. While these same attitudes and expectations may hold for secondary school students, they seem to lose some of their urgency in our culture. Their relative importance is diminished by the high priority given to academic subject matter and scholastic excellence.

Secondary school teachers "read" the nation's people correctly when they insist upon strong doses of math, English, history, and science, and feel that these subjects are of paramount importance. Unfortunately, they are also correct in assuming that people place less value on the higher cognitive and the affective processes and, perhaps out of ignorance, accept exposure to and memorization of factual material as a standard of educational quality.

Yet what of the school system goals? We have urged extensive community participation in setting the basic goals for the schools. Are these to be ignored by secondary school educators even after they have helped establish them? For example, it is quite likely that most communities in America would place high value on such goals as a strong self-concept, a deep sense of the dignity and integrity of human life, an abiding appreciation for the beauty and mystery of nature, and many others. Do we then proceed on the assumption that something will happen in a youth's secondary school experience to foster these goals? Do we assume that our curriculum of algebra, American literature, home economics, physical education, and so on will, in the end, produce learners with these attitudes, understandings, and values?

Obviously, we do make these assumptions and, equally obviously, we cannot do so any longer! If these, or something like them, are among our goals for youth then we simply must translate them into objectives, with the help of the learners of course, and address ourselves to those objectives in a serious, professional, and comprehensive way. We must appraise the learner's progress toward the realization of his life goals.

Many educators will find the preceding description of the learning experience in an elementary school setting as directly and equally applicable in a secondary school. At the very least, it seems to us to be fully realizable by competent teachers in its basic principles.

One of the first objections to this point of view by junior high and high school teachers will be related to the *numbers* of learners a secondary school teacher is responsible for each week. Teaching more than two-hundred students a week represents a tremendous teaching load, yet not an uncommon one. It is difficult to imagine a high school math teacher keeping a journal of student behavior.

On the other hand, is it not reasonable to expect that, if a teacher has responsibility for two-hundred students in the course of a week, this teaching task means responsibility for the *total* learner? Some attempts have been made by secondary school teachers to provide for total learning.

● At Bentley High School in Livonia, Michigan, the staff of the English department prepared individual teaching-learning packets that covered the entire high school English curriculum. This treatment of the content requirements enabled teachers to test for the proper placement of students in the curriculum sequence and students were able to proceed from there at their own rate. The improvement in self-direction and responsibility was remarkable. Perhaps the strongest feature of this program was the extent to which teachers and students were freed from their usual super-subordinate roles and had the opportunity to interact on a one-to-one and small-group basis. These discussions frequently focused on student feelings about school, the English program, and the particular content of a packet. Sessions concerned with evaluation and values were common.

● Project Frontier, located in the southwestern portion of the United States in San Diego County, California, was one of the seventy-six projects funded under Title VII USEA in May, 1969, to implement innovative demonstration programs in bilingual education (K-12). In the curriculum development, a unique combination of interrelated concepts called doublets and triplets are being produced as foundations for a bilingual bicultural curriculum.

The generic goals for self-concept development and biculturalism are being combined to form doublets and added to subject matter content to form triplets. Once a number of generic triplets are written, they are placed into their appropriate Level of Learning and programs are written containing specific behavioral objectives and learning experiences all centering around a curriculum theme. Below is an example of the progression made from the generic goals to the doublet and finally to the triplet.

Generic Goals

Self-concept Development. To enable students to be influenced in positive ways through success-oriented experiences.

Biculturalism. To enable students to realize that bilingual/bicultural children have not one but two important tools for transmitting culture and ideas.

Generic Doublet. (Includes self-concept development and biculturalism)

The student will be influenced in positive ways through success-oriented experiences that enable him to realize that bilingual children have not one but two important tools for transmitting culture and ideas.

Generic Triplet. (Includes self-concept development, biculturalism, and language teaching)

Given appropriate success-oriented listening and speaking experiences in both Spanish and English, the student will be influenced in positive ways to help him realize that bilingual children have not one but two important tools for transmitting culture and ideas.

The graphic [see Figure 1, next page] depicts the framework for curriculum units [for grades K-6]. Picture it as having a number of layers or grids representing various components of the curriculum. The bottom grid includes the general curriculum themes, and levels of learning. The themes and their levels are:

K-1—Families of the World
2—Common Needs of Man
3—Communities of the World
4—My Own Political Unit and Others
5—Western Hemisphere—Here and Now
6—World Cultures

The next two grids are the "self-concept" grid, and the "Biculturalism" grid. Both of these permeate the entire program and are always present. Following these are the grids that represent the various courses that are offered in the curriculum such as social studies, science or math. The grid lines represent units of work for particular subject areas. If one would "slice out" a grid section, such as a section in math, he would have the unit of work, the level of learning, the self-concept development, the bicultural component, and the curriculum theme.

• The continuation high schools of California are designed to accommodate dropouts and those students who do not adjust to the normal secondary school experience. These pregnant girls, truants, young mothers, and emotionally and educationally handicapped adolescents are finding their most valuable school experience in an innovative and caring setting. Donald R. Reed (1969) has listed five characteristics of continuation high schools: "The individualized approach, the guidance and counseling orientation in all classes, the extensive use of short-term goals, the autonomy of the schools, and the conscious fostering of meaningful relationships with adult members of the community."

Weber (1972) has reported that "the teaching of subject matter is always secondary to the development of attitudes which will foster learning. In practice these attitudes are most successfully developed through relationships with a warm, accepting individual."

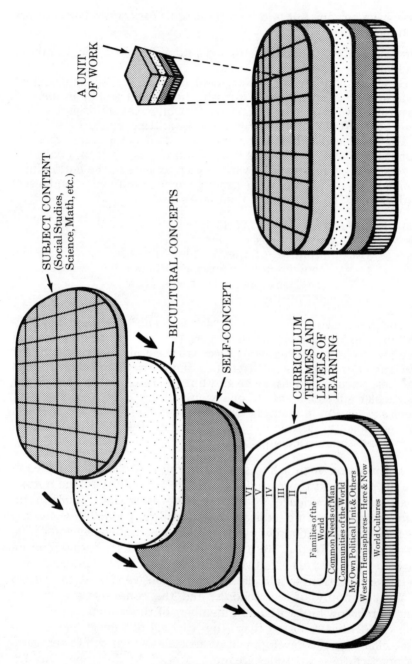

SUBJECT CONTENT
(Social Studies,
Science, Math, etc.)

BICULTURAL CONCEPTS

SELF-CONCEPT

A UNIT
OF WORK

CURRICULUM
THEMES AND
LEVELS OF
LEARNING

VI
V
IV
III
II
I

Families of the
World
Common Needs of Man
Communities of the World
My Own Political Unit & Others
Western Hemispheres—Here & Now
World Cultures

Figure 1. Framework for Curriculum Units
Advised and initiated for Project Frontier by Bernice R. Roberts,
United States International University, San Diego, California.

● Russell Savage, who taught various math courses for five periods a day at a small high school was a prominent member of his school district team that had written a statement of policy and operational objectives based on school-community goals. He was deeply committed to an attempt to see those goals and objectives realized in his learners. He had a sense of pioneering because he well knew that no great effort had been made to humanize algebra and trigonometry.

Savage reviewed with each of his classes the whole process of goal and objective setting, to the point where the learners could state their own needs. As a result of his negotiation, his classroom developed into a math laboratory. Each student gradually developed a series of independent study project ideas as he expressed his interests in math-related subjects. For example, two pupils did a three-week study of Euclid, and another obtained permission from everyone concerned to spend afternoons for a week with an engineer in his father's architectural firm because he was concerned about the "relevance" of what he was learning in school.

The primary organizational structure of Mr. Savage's classes was an individualized program using a variety of textbooks, programmed instruction and other materials, a collection of student-made measuring instruments, and some basic arithmetic games and flashcards. After extensive diagnostic testing and consultation with Mr. Savage, each learner helped to develop a program of studies. It was agreed that the program could be altered if either Mr. Savage or the pupil felt a change was needed. The decentralized, individualized organization freed the teacher from his usual "instructing" role and gave him time to counsel and facilitate—activities Mr. Savage found much more in keeping with his new emphasis on the total learning.

5

Resource Utilization

We have dealt extensively in this book with the "ideals" of the educational process. We have affirmed our belief in man's goodness and his positive search. The assumptions set forth in Chapters 1 and 2 place us in some ways far beyond the obvious evils of the real world. We know this and consider it advisedly. We do not wish to leave this personal, professional statement without a penetrating look at the "hard dollar" realities of the world, but without losing sight of the humanistic goal. In fact, we take the position that taking a hard dollar look is harmonious with humanistic considerations. In the lived world where dollars, like it or not, are shrines, we must consider the practical aspects of what an ideal will cost.

Curriculum workers in schools, curriculum professors in universities, and teachers everywhere are struggling with a deluge of changes, priorities, and time-consuming, confusing interventions. Some of these develop with amazing rapidity and force. They come clothed in the green garb of governmental monies and are tied with red tape ribbons. Nonetheless, they are needed; they are welcome! But they do bring new expectations that require new solutions. There are new arrangements of the yearly schedule; new plans for teacher and pupil time; new theories and programs related to open space and, again, more flexible use of teacher time; new curriculum of astounding variety; a new emphasis on attitudes and feelings; new dependence upon and preoccupation with technology and packaged learning materials; and new bulges in the teacher market requiring careful selection processes. Finally, there are new and loud demands by the taxpaying public who rightfully want their dollar's worth and who bring their business models and technologies with them.

Now what can the curriculum worker and the educator do when all these changes fly in his face? What to do in one giant step is not clear. Somehow, there is no time to gain complete awareness in regard to the situation. What, then, must replace thoughtful consideration? Must educators rush impetuously to unexamined quick solutions?

This chapter proposes that we accept the confusion that may well contribute to a far better educational process for children and youth, to accept it with the confidence that persons responsible for educational advancement can—with time, expertise, and commitment—move beyond the present status of education. We have often been attracted by something shiny, clean cut, or oversimplified and have seized upon it hungrily as the solution to our confusion. "Neat little boxes" have sometimes diverted us from the goal. Too often we have remained passive and have allowed system and media experts to lead us; we have gone willingly, allowing quick, "sure" expediencies to provide temporary and partial answer to dilemmas.

The authors do not think these have been the enduring solutions to the predicament. In the preceding chapters we have attempted to examine the heart of the solution, to describe it in terms of values, goals, and harmonizing structures. We believe that educators are capable of leadership if they can shore up their self-concepts, keep their heads, release their expertise, and demand unfragmented consideration when total, not partial, solutions are required. Short cuts, where human expression is the goal, have never provided lasting solutions. Our casting about for quick and accurate answers is understandable because of the enormity and complexity of the problem. Moreover, many of the new ideas have great worth and beg to be tried.

Educators are up to this job as no other group, but they must regard themselves as equal to the task as they begin to distinguish the viable answers from the worthless, inappropriate, or purely commercial ones. The authors hope in this chapter to suggest procedures that will extend needed resources, enabling classrooms such as Miss Dorsey's, which was described in the preceding chapter, to exist in every school in the United States—the sensitive, knowing, energetic teacher; the open, trusting, searching learners equipped with whatever is required to release them as value-oriented beings inquiring for all of their lives.

This chapter is written from the vantage point of administrators, teachers, citizens, youth, and children. It recognizes that money is needed to carry out the community plan. It would strengthen the responsibility felt by every member in community participation. It cautions that solutions which do not consider individual responsibility and participation will not advance education, regardless of state mandates, monies, and technological structures and hardware. Further, the authors hold the position that the taxpayers who say, "We will not let our dollars go" are the same citizens who will chide the educator later when an ill-planned, stingily and partially conceived educational program fails to do what they had hoped for. Then the charge will be that the "program was poorly conceived."

Defeat of school budgets and bond issues has become routine in most school systems. The authors believe that a humanistic systems approach to curriculum development can reverse this trend. This can be accomplished through total community participation, by enabling citizens to envision the kind of schools necessary for sound and effective learning. This participation will place citizens in a position to decide priorities for spending their money as well to sense their roles as parents and citizens in developing a learning community.

DEMANDS FOR EDUCATIONAL ACCOUNTABILITY

Laymen are currently much concerned about accountability in education. Unfortunately, the term has acquired a negative connotation to many educators, probably due to the crash efforts of legislators to institute demanding systems of relating teacher effectiveness to educational expenditures. Apparently, many legislators and other citizens have assumed that educational programs now in operation would be adequate if only educators would carry them out more efficiently. Some of the criticisms, however, suggest that the whole school program and organization need study and revision. It is a propitious time for educators to join with laymen in an effort to relate the goals of the community to the quality of education and the use of the available resources, including money.

Dr. Richard Clowes, Los Angeles County Superintendent of Schools, in a June 11, 1972, article in the *Los Angeles Times* states:

> Traditional acceptance of educational programs on the basis of past performance and apparent but unsubstantial merit are no longer adequate. The public now demands that educational institutions prove they are indeed doing a good job.

> The demand that schools demonstrate that resources are being utilized "properly" has meant far more than financial accounting to insure that funds have not been misspent. What is demanded instead is that schools demonstrate that the outcomes they are producing are worth the dollar investment provided by communities.

In George Gallup's 1971 survey of the public's attitudes toward the public schools, he found that the major problem facing the schools was how to pay for public education. The public wants some proof that their schools are good.

The U.S. Chamber of Commerce has traditionally advocated the financial support of the nation's public schools on the basis that it was a good investment for all concerned. Recently, the Chamber published a brochure urging widespread reform in accountability and the use of more effective management (58:1971). The brochure points out that the

American school system, in terms of resource allocation, is the most expensive in the world and asks these questions: What about its productivity? What about its effectiveness? What has the American public received for its money?

"Productivity or effectiveness in education," the brochure states, "is the ratio of actual accomplishment (objectives) in comparison with the resources required. In terms of these comparisons, the public school hasn't done so well. Educators . . . cannot identify in any precise way the strengths or weaknesses of a single school or school system."

Another Gallup Poll in the fall of 1970 showed that 80 percent of the population wants some form of accountability for the 20 cents of every tax dollar spent on education. These polls have had news coverage, and the public is responding by voting against taxes to operate the public schools. The national rate of tax and bond issue failures exceeds approvals, and the trend is growing.

Victor V. Veysey, California Assemblyman and former chairman of the Education Committee, in a speech at the Fifth Annual Civic Seminar for Industry-Education-Government held in Palm Desert, California (59:1969), in 1969, delivered a speech entitled, "The Partnership of Education and Industry." He concluded with the following statements: "Now the public is insisting on results in its public schools. No longer will it accept the answer, 'We can't tell whether we're educating,' nor will it accept failure to produce results."

Against this background of pressure coupled with at least a dozen other urgencies, educators are becoming aware of the need for a more responsive system that will effectively communicate the amount and cost of educational output. Management tools developed for federal, state, and local governments and industry are now being modified to meet the increasing pressure for output accountability and more efficient resource management in public education. Some attempts at easing this pressure are underway. It is true that they are beginnings and are not always total and lasting as solutions.

ACCOUNTABILITY THROUGH ERMS-PPBS

A number of management techniques with a systems approach are being developed and implemented in a small percentage of public school districts. National studies, sponsored by the Association of School Business Officials (ASBO) and the California Association of School Business Officials (CASBO) since 1967, indicate that approximately one-half of the states are in the process of mandating program budgeting and accounting. Others are doing feasibility studies, and the number of public school districts using a systems approach is increasing rapidly.

The Research Corporation of ASBO completed a book in 1971 (3: ASBO, 1971), which provides a conceptual system design entitled Educational Resources Management System *(ERMS)*. The authors changed the original name—Planning, Programming, Budgeting and Evaluation System *(PPBES)*—because they wanted the focus on human beings in educational decision making. PPBS, which is used by business and industry, focuses primarily upon inanimate uniform products and the profit motive. Since space will not permit this book, with its emphasis on a humanistic systems approach to curriculum development, to discuss and evaluate ERMS or PPBES as a management plan, the reader may wish to read the ASBO publication for more information.

ERMS and PPBES are essentially the same. They are integrated systems with four major processes—Planning, programming, budgeting and evaluation—which are used to develop relevant information to support program decision making. These processes purport to facilitate the provision of information for the allocation of resources. Decision makers are thereby guides in planning and evaluating the objectives and programs determined for the school district. The educator is urged to follow any of these plans with caution, lest his interpretation be fragmented and narrow rather than comprehensive and broad in conception.

ERMS and PPBES are processes that involve a reduction of complex problems into their component parts so that each part can be studied. The part should always be studied, however, in relation to other parts and the whole. The consideration given to the total learning of human beings as contrasted to administering the system mechanistically is the critical point.

Education will continue to claim a significant share of the tax dollar and, as expenditures increase, the public will demand more justification of educational costs in terms of results or output. The justification for the expenditure of limited funds requires a cost-effectiveness analysis leading to a cost-result relationship. Increasing public pressure indicates the need for better public school district planning and communicating within the school and the community. Open knowledge about the utilization of resources can provide improved understanding and acceptance of responsibility.

The traditional school district budgeting system is a woefully inadequate instrument to meet present needs. It is primarily a financial input control process based on functions and objects of expenditures; output or results are omitted completely. Therein lies a great blind spot in educational accountability. It is highly unlikely that any parent has ever sent a child to school for the purpose of buying objects of expenditure. Parents usually wish their children to have a rich learning experience.

There are some additional shortcomings of traditional school district budgeting:

1. It is difficult to relate resource costs to objectives or accomplishments
2. Input costs alone provide an inadequate basis for resource allocation
3. There is low visibility to the impact of financial decisions on future budget needs, since budget estimates for only one year in the future are usually provided
4. The usual format makes it difficult to efficiently compare alternative ways for accomplishing objectives
5. Budgeting and management control have limited relationship to pupil growth as an educational outcome.

Program budgeting, which is a major process in a PPBES, is directed toward the prudent allocation and effective utilization of a school district's available resources in program activities, which are based upon community needs. The program budget cost data format includes for each program the number of people and students involved, estimated cost of salaries, instructional materials to be used, equipment to be repaired, replaced, or added, and so on.

The actual or estimated direct and/or indirect costs of a program are also computed on a per-pupil enrollment basis. This type of cost information, along with goals and objectives, makes it possible to determine in advance what results are anticipated and what some of the resource investments will be in terms of employees' salaries, time, materials, equipment, and so on. Program budgeting will not save money per se, but it will provide better information for more effective use of money and other resources.

A PPBES differs from traditional planning and budgeting in that it integrates the following activities:

1. Assessment and identification of community needs
2. Identification and description of goals, objectives, and priorities
3. Arrangement of activities into programs to achieve the established goals and objectives
4. Analysis to choose from alternative programs those that give the best cost-effectiveness relationship
5. Preparation of programs and allocation of resources on a multiyear financial plan
6. Evaluation of program accomplishments or output in terms of the cost and degree to which objectives were achieved.

Some of the main benefits of resource utilization of a PPBES are listed on the following page.

1. All programs are considered, not just part of them, which facilitates more effective decision making
2. Resources are allocated to programs according to the total school district's student and community assessment of needs and priorities
3. More relevant information is provided for the public, governing board, and staff for appraised school district programs and services
4. Better budgetary cost control and systems analysis is provided
5. The evaluation of present and proposed programs and alternatives in terms of priority objectives and cost-benefits is improved
6. Decision making based on large over-all policy issues is assisted.

In an era of major educational upheaval, the opportunity for revolutionary change in the way we finance our schools appears possible. It is welcomed because of its gross inconsistency with all of our stated ideals. At no juncture in the development of a democracy would we sanction the idea that a child's education must depend totally upon the wealth of his parents and neighbors. Yet this is what we have done. The inequities of our present practice darken our image as persons concerned about persons.

Moreover, giving federal monies to deprived groups is at best a patch-up solution leaving many continuing inequities. Disparities among districts, and among states and geographical regions support the need to make a major alteration in the ways we finance public education. This major change must be based on the belief that (1) the quality of a child's education should not be determined by the wealth of his parents and their immediate neighbors; and (2) income-producing properties should assume the greater proportion of the tax burden.

IMPLICATIONS OF A HUMANISTIC APPROACH IN RESOURCE UTILIZATION

As already emphasized, a systems approach is a process, a means to reach desired outcomes. PPBES will be used as a tool to account for the costs of existing programs and contribute to a more mechanistic, authoritarian school system unless leadership is exercised and wide involvement is obtained. Educators and laymen must use a systems approach in humanizing ways if better learning is to result.

When the learner is involved in determining objectives, he is also the focal point in the selection of resources. The teacher becomes a partner with the learner, helping him manage the learning environment and enhancing his opportunity to achieve the objectives. The teacher is no longer a dispenser of learning and the learner a passive recipient. Since learners are individuals, neither the objectives nor the processes for achieving these objectives will be the same for all students in any group. Hence, the resources needed will vary from student to student. Objectives that are truly learner-based are approached jointly by the learner and the teacher, with the needs and experiences of the learner and the understanding, attitudes, and techniques of the teacher contributing to the attainment of the objective.

Objectives stated in terms of learner outcomes and the developmental level of the learner will assist in determining the equipment, materials, and activities that will be necessary to attain the objectives. When these have been identified, decisions can be reached on the resources that are needed. Likewise, those that can appropriately be constructed and created by students can be determined. Costs for those that must be purchased can be estimated by the budget office.

We may list the program and operational objectives of a course, and predict the cost of attainment of each objective by estimating what portion of staff time and what materials will be expended. At this point, it may be possible to make decisions as to whether the predicted cost is justified—whether the objective is sufficiently important to warrant the cost entailed.

In some school systems, the assistant superintendent in charge of business is thought to be *number one* in the power structure, sometimes exceeding the superintendent in his influence. Remarks such as the following are meaningful: "He who controls the purse strings, calls the shots" or "If you really want to know the philosophy of a school system, study how it spends its money." A major fear when PPBES is legislated is that the "tail will wag the dog"—that is, budget and cost accounting will become a rigid framework, thereby stultifying rather than stimulating curriculum improvement. This does not have to be the outcome.

A humanistic system approach has the potential of enabling staff not only to work together for attaining agreed-upon goals but also of involving both citizens and students in appropriate ways. To the degree that the assumptions described in Chapter 2—authenticity, communication, collaboration, leadership, flexibility, and inquiry—are agreed upon and practiced, both vertical and horizontal discreteness and fragmentation will diminish. The business manager and the director of curriculum will each want to learn much more about the other's work; both will find that they can be effective leaders only if they are in tune with the needs of the learners as they work toward attaining objectives that emerge from agreed-upon goals of the school system. Both will be involved in helping the superintendent and the board provide for a continuing study of the nature of human beings and the particular needs of the present pupil population now and in the foreseeable future. Resource utilization should be considered by all staff members as an important process closely interrelated to goals and objectives and providing for optimum learning condition and goal realization.

THE TEACHER AS A UTILIZER OF RESOURCES

The teacher's role in resource utilization is of prime importance. First, teachers are the major and most costly resource in the school community. With these people rests the pivotal value of all that money can buy in the name of education. Everything else and everyone else in the school situation can falter and approach failure, but a good and sensitive teacher can save the situation. Perhaps the odds will render the task nearly impossible and will prevent lasting success; nonetheless, this person has the greatest chance, in the face of all difficulties, to achieve good.

How important are teachers! How carefully must they be readied for the pivot position. How sensitively their honesty and growth must be nurtured. This is the apex position which deserves reward and protection of the community. Indeed, when the concept of community has been internalized by the membership, it is the teaching task—the commitment and the art—that will carry the heart of enculturation, the re-envisioning of the culture's value orientation and the promise of humanity.

In addition, in the immediate teaching-learning situation the teacher and the teacher's are the selectors of learning situations, teaching-learning strategies, and instructional media. The instructor is the learner's first partner in the formulation and choice of personalized learner objectives. The teacher is there when optimum ways to inquire are chosen and tried out by the learner. The good teacher is, without question, the major resource, worth the money and deserving of praise.

As resource utilizers, the instructors fill a role in the extension of self and of the learner. They must recognize the contribution they make as they enhance the learning experience through the use of tools, materials, and educational technology. They must do this without lessening their self-worth in the process. Educational technology supplements the teacher, relieves the teacher of time-consuming tasks, saves time for human transaction, and offers a potential in some instructional areas which sums the acumen of many minds, rendering teaching-learning sequences easily superior to the designs of any one individual.

In other areas, the machine is an empty vessel, a worthless hardware. Fears of replacement by a machine grow out of an insecure feeling which has been induced; it arises out of the way we have financed our schools and chameleonized and weakened the personalities of our educational leaders. Teachers can raise their heads and shore up self-concept by being better; more sensitive to the human potential, thrust, and promise; more willing to extend their humanness through awareness, interaction, collaboration, flexibility, and dedication to the spirit of inquiry. They must do this in the utilization of available resources toward goal realization.

The indictment stated in the beginning of this chapter prevails, for we have repeatedly followed "something shiny." We have been glad to escape down roads without destinations. These trips are good for seeking the unknown, but they should not constitute the only method of implementing an enculturation system. A device, a piece of hardware, or a programmed instructional sequence has its relationship to the objective sought. Each may contribute or miss the mark in terms of the objective. Each may save time and money or may prove worthless. A tool or technique depends upon the care with which it is selected for its contribution to goal and objective realization.

The teacher and educational leader bear heavy responsibility for keeping their eyes upon the objective, for maintaining or diverting the course in terms of the learner and the objective, and for advising expenditures on relevant media in terms of objectives-based criteria. There must be a sensitive teacher back of developing, selecting, and utilizing educational technology. There must be a sensitive educator asking the energetic, capable, and often aggressive technologists of this era the important questions, *"What character of man does your particular technology support? What kind of man is envisioned by the makers of your hardware?"*

Moreover, educators should protest the development of busy, dollar-oriented technology departments disassociated from basic educational goals and clear commitments to a humanistic nature of man. Nor should they allow this needed protest to isolate or abandon the great good that can come from value-oriented, goal- and objectives-based educational technology as human extension.

6

Evaluation As Communication

In recent years, there has been a great surge of interest, research, development, and writing in the field of evaluation. This concern has been largely coincident with the involvement of the federal government in educational projects and became noticeable as systems of evaluation were being designed to accompany project programs. The pressures associated with government monies have stimulated evaluation based on specific goals and objectives; unfortunately, there has been greater urgency than wisdom in moving toward this end. The danger is that dollar pressure could force education into a minimal program concept by basing budgetary accountability on limited and partial objectives or those easily assessed and quantified, such as base-level factual knowledge and skills.

Evaluation is much more than deciding which techniques should be used in assessing the effectiveness of people and programs. Evaluation involves decision-making processes that directly and seriously affect people and programs. If evaluation is important, if it is an integral part of a systems approach to instruction and education then it merits a plan or a design.

Lee J. Cronbach (14:1963) says that evaluation is the collection and use of information to make decisions about educational programs. Collection implies accurate knowledge of what is needed and when. Scriven (53:1967) has also said that teachers and evaluators must accept the responsibility for making decisions about the merit of educational practice. We would say that in any evaluation process the involved community must share the responsibility for open communication and decision making and for more appropriate and useful planning for learners. In fact, the major justification for any evaluation program is more appropriate and useful planning for and with learners.

Evaluation is an ongoing process accompanying every operation. It occurs whether it is planned or not. When a person enters a principal's office, talks with a teacher, or stops in a classroom for a few minutes; when children talk with their peers; and when a complex evaluation plan of an internal or external evaluator is used in a government funded project, evaluation is taking place. Moreover, the experience of the evaluator will influence his report of what he has seen.

Evaluation is both inevitable and necessary. The problem lies in getting assessments that have value in creating or evolving more useful plans for pupil growth. Our behaviorist friends have usually used a number to satisfy them in this respect; "100%," ".78 correlation," and "4th quartile" are numbers about people. They represent the reduction of an enormous complexity into a simple quantity. Consequently, they err. On the other hand, our humanistically oriented colleagues often accept the reports of children and teachers that they find experiences "exciting," "happy," or "enriching." These evaluations reduce an enormous complexity into a word. Consequently, they err.

It is the conviction of these writers that planned and comprehensive evaluation is essential, that numbers, words, and pictures can be used together in meaningful ways to shed light on where we have been and how we are progressing. We fail at the job if we do less than rigorous, complete, and continuing evaluation that fully recognizes human complexity, utilizes the contributions of quantification, and includes unique personal insights of all those involved in the assessment process.

If we have been able to cooperatively establish our goals and objectives, and if the learners have been involved in that process, we are on the way to improved education. If the resources have been established for learning programs so they will enrich the learning experience, it is time to establish whether we are doing the things we set out to do. This is evaluation, and it is not new. Teachers, administrators, students, and the educational community have been concerned about evaluation since the organized business of education began. The process has been one of the most difficult tasks in the field largely because its potential for mutual understanding has been underrated. Evaluation has been viewed as a test result, someone's observation of a teaching situation, a rating scale, or an opinion survey. What has been missing is the communication of the teacher about his work, of the student about his studies, or the administrator about his school and curriculum. The capacity for human involvement and understanding, through open means of communication, has not been a recognized part of the evaluation process.

THE NEED FOR COMMUNICATION

Communication is the lifeblood of evaluation. There is room for misunderstanding and conflict unless there is a plan to communicate. The problem is similar to that of the blind men, who each touched a different part of the elephant's body and considered the whole of the elephant to be like the part he touched. The teacher, for example, can know his own teaching through intercommunication with students, administrators, citizens, and himself; he cannot know it through a single measure.

The importance of our view of man will consistently be referred to throughout this chapter. Our view of what a student is, what a teacher is, what an administrator is, and what they are becoming is going to affect how we find out what each is doing, where they are going, and how transactions among the members can be mutually beneficial.

For instance, if we consider the learner as basically mechanistic and his behavior and learning achieved and shaped through processes of conditioning, we would ask the question, "*What* are you doing?" We would be interested in the external stimuli rather than the learner as a person. On the other hand, if man is capable of transcending his environment and actualizing his potential, we are concerned about the person in his environment. We would ask the question, "*How* are you doing?"

The second question is most important because it implies that trust has been placed in the person, that his view has worth, and that his feelings are an accurate mirror of whether, in fact, his objectives are being achieved. Feedback from other persons and data sources must be included in his own appraisal. How does the administrator's assessment correspond with the teacher's assessment? How do these assessments correspond with yields from tests or scales? Can the data derived from the use of evaluation techniques provide a more meaningful picture of where the program or individual is at a particular time? If this is important, it follows that a variety of data or information gathering processes, which go far beyond traditional methods, should be employed.

This chapter was not written because there is a paucity of information about evaluation. There are excellent resources available in studies referred to later in this chapter. There are many means of evaluating programs and teaching, though they are often mechanistic and partial. We, however, present a more comprehensive model for evaluating learning. It has its foundation in the feelings and attitudes of all participants in the learning situation, yet it is mindful of the hard structures of knowing and doing. Of what use is an evaluation process that neglects the feelings of people? Of what use is evaluation that is not communicated? How can evaluation be valid if the teachers in a program do not understand what they themselves and others are seeking?

Attitudes toward evaluation must illuminate the situation as it is; that is why clear communication is vital. If misunderstandings develop, if there is distrust, if evaluation is threatening, and if the instruments for collecting data are inadequate or inappropriate, then communication is closed and distorted. It is necessary that evaluation consist of congruent human relationships, which supply positive reinforcement of evaluation components for the curriculum and learning programs.

The problem we are concerned about in this chapter is evaluation of curriculum through the involvement of people in a systems approach to education, which highlights the person not as a reactive mechanism, but as a learner in the process of becoming and actualizing his potential. This broadens our perception of evaluation. It cannot be viewed as a simplistic test or observation which can be easily quantified for quick assessment and decision. It is affected by some new and influencing forces. These include a new look at the nature of man and what he is becoming and certain trends in education. For example, education's new technology requires step-by-step feedback for self-direction. The participation of the federal government in educational projects has forced us to examine evaluative procedures.

Serious concern about evaluation also arises out of the public's desire to pinpoint its efforts and resources more precisely; citizens wish to relate the cost of a program to its outcomes. Therefore, we must be much more clear about what we are attempting to do and whether or not it has been accomplished. A technology that does not extend humanness is sterile and inadequate. Evaluation must harmonize with the goals.

This chapter, then, will provide an evaluation-communication system or paradigm which is centrally concerned with the person. It also attempts to spotlight the data collection segment of evaluation emphasizing the person in the situation. We hope to provide a foundation and a feel for what evaluation can be. We want to give the new and experienced teacher some basis on which to build an evaluative attitude. We want the students to have some experience in evaluating their own objectives. We want to have an impact on administrators and the parent community who are seeking alternatives to mechanistic systems of evaluating. Finally, we are concerned about the experienced program evaluator who commands sophisticated evaluation programs, but who must be open to different approaches.

BACKGROUND OF EVALUATION

Evaluation on an organized basis began when systematic standardized achievement tests were developed in the 1920's. Some achievement tests were given during this period to assess the efficiency of the teacher or school system. Amazing as it may seem, some people were willing to judge a whole program on the basis of the results of a single test; what those in the program thought was scarcely considered. Concerns about unique instructional problems with regard to geographical, cultural, or social differences were not considered important, for, after all, what was good for the Bronx was good for Gunnison, Colorado. The folly of the practice was soon recognized and the practice waned, although some evaluations are still made on such a primitive basis as a single test. School assessment began to change. School systems were built on pupil/teacher ratios, budget size, square feet of classroom space, the way the teacher behaved, how the classroom looked, the number of complaints received, the number of meetings participated in, the number of college units taken, and the number of years of experience. Some analyses appraised success on the basis of standardized test results. The problem here was that no criteria were developed for student outcomes, or for variations in the learning environment as they correlated with the student's learning. Did it really matter if there were twenty-five or thirty students in an elementary classroom? The research findings from standardized tests did not indicate much difference. But did the standardized tests evaluate what was experienced? In other words, did the evaluation follow the objectives and the learning situations the children had encountered?

Ralph Tyler was a pioneer in the development of evaluation criteria to assess general educational outcomes in the Eight-Year Study of the 1930's. This was one of the first real attempts to evaluate the total educational process. Since that time, evaluation has had as its chief aim the determination of the effects of instruction. The trend has continued to examine the performance of the learner in terms of the objectives of the program. Currently, evaluation now includes program processes, proficiency strategies of the program, consideration of attitudes through invention of new means of assessing them, and program follow-up studies.

A new language of evaluation has emerged from evaluation programs developed in recent years. Terms such as "formative" and "summative" evaluation were coined and defined by Michael Scriven (53:1967). Formative evaluation takes place during the development of a program and includes, for example, judgments about developmental approaches, materials, and participant involvement. Summative evaluation takes place when a curriculum or group of projects has reached a terminal point and outcomes are assessed. It is a time when judgment is made regarding the total project and its future. Terms having meanings similar to summative and formative are "product" and "process" evaluation. The term "microevaluation" refers to the examination of small segments of a curriculum, and "macroevaluation" refers to broader nomothetic questions such as staffing and housing.

There have been several good examples of curriculum evaluation paradigms. One of these is the CIPP model, developed by Guba and Stufflebeam (28:1968). The first stage of this model is context evaluation, which examines the objectives, the needs to be met, and the problem to be solved. Input evaluation examines the means of implementing the program, the plans, tactics, resources, and procedures. Process evaluation deals with the program underway as to its procedures, time schedules, and refinement as it moves toward completion. Product evaluation determines whether the program met its goals and leads to decisions regarding modification or completion.

A paradigm showing eight major phases of process for evaluating school programs was developed by Metfessel and Michael (46:1967). This paradigm includes getting support for the program from laymen, professionals, and students. Then a cohesive model of broad goals and objectives is developed, followed by translation of goals and objectives into meaningful strategies for counseling, instruction, and administration. Evaluation instruments are to determine the degree to which the cognitive and noncognitive objectives have been attained. Metfessel and Michael suggest that periodic observations of behavior be made during the course of the program. The data gathered are analyzed for significance relative to specific objectives and broad goals. Finally, recommendations are made regarding modifications and further implementation.

Further development in evaluation is provided in several recent publications. Robert Stake, a leader in evaluation research, has developed models that indicate the value of what he calls judgment data, which may not be conclusive in themselves but contribute to significant conclusions.

One of the most informative guides to the teacher and evaluator is *Evaluation in Education: A Practitioner's Guide* by John Gottman and Robert Clasen (24:1972). It provides detailed insights into new and significant ways of gathering valuable data. This volume includes such measures as critical incidents, unobtrusive measures, time series displays, and other suggestions for classroom evaluation. These terms and others are discussed in the data-gathering section of this chapter.

Bloom and others (7:1971) suggest means of assessment in the cognitive, affective, and psychomotor domains. They also demonstrate a means of evaluating the levels of each domain in a matrix. There is, however, a danger in becoming myopic about the domains. *It is impossible to isolate behavior as either cognitive, affective, or psychomotor because each domain is present in the behavior of the learner.*

What these models suggest is that perhaps one level in a domain should be emphasized over the others at a particular time. If we are evaluating the psychomotor skill of typing, for example, we cannot ignore attitude (affect) and understanding (cognition), both inherent in the typing process. Feelings affect performance. Understanding affects feelings and attitudes, which affect performance. Therefore, a holistic approach to evaluation should be considered since it may be difficult to isolate and identify the domain with which we are most involved. The authors suggest, for example, that accuracy in mathematics may be more influenced by attitude than by skill.

THE PARADIGM: A CURRICULUM DEVELOPMENT EVALUATION DESIGN

The paradigm suggested by the author is a curriculum development evaluation design. It is cyclical, involving five basic process-and-decision arcs. Between those positions are five numbered grids representing special communicative processes. Lines that indicate both the direction and results of each step in the decision-making process connect the five main points and their accompanying grids. Figure 2 is a diagrammatic conception of the system with its components. To read this diagram, begin at the point of entry or the *decision-making* position. The hardware and the evaluation techniques are incidental to the basic processes of communication and involvement that make up the system.

The figure shows communication grids between process positions. Each grid acts as a point of sharing and clarification of the information coming from development and moving into the program. The data are shared by the teacher, parent, evaluator, student, citizen, or administrator for use in a program of evaluation.

For instance, if objectives for assessing the mathematics program were selected in the development and revision position, then someone needs to know what to do. Who is going to use the information? What will they do with it? Will outside consultants be needed?

Information and interaction are characteristic of the communication grid process. Some misinterpretations and distortions of communication will occur and perhaps create problems that may require attention later. These problems are represented by distortion lines. Irrelevant information not utilized at this juncture is shown by diversion lines, and viable, relevant information in the communication process is represented by reinforcement lines.

At the decision-making position, decisions are made before embarking upon a curriculum development evaluation design. The development and revision position is next; it receives input as necessary from outside the system. The next position is program process evaluation, which looks at the in-progress development of the program and the materials being used. Program product evaluation examines the final outcomes of the program and its materials. Feedback and analysis collects the data available to examine their significance. We have now returned to the decision-

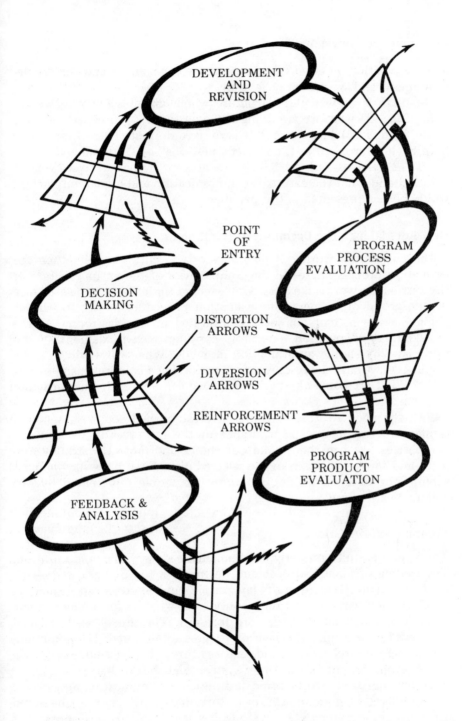

Figure 2. The Paradigm: A Curriculum Development Evaluation Design

making position where decisions are made for revision and further development, and we are in cycle again.

This plan is a curriculum structure which explains (1) why we are doing this; (2) what we are doing or going to do; (3) how we are going to do it; and (4) how we can tell we have done it. These four points have been referred to as the "Tyler Questions" by Gottman and Clasen (24:1972). Let us look at each of the arcs in the system to see what is involved and what the nature of communication and human interaction would be as represented in this paradigm.

Decision Making: The Beginning of the Process

If the curriculum worker is planning for the entire system, then the evaluation process relates to the complexities of the entire program. If the curriculum worker is a classroom teacher responsible for the guidance of one group of learners, the evaluation procedure relates to what is being, has been, and will be accomplished in the classroom. At the decision-making position, educators consider such fundamental questions as: Why should an evaluation be made? What will we do with the results? Do we have the resources for conducting a comprehensive assessment? What are some alternative ways we can approach this particular problem?

With the need for assessment clearly established and with some alternative overall plans and assurance of the resources to back up the alternatives, we can then make our choice and move toward development and implementation of the selected plan. First, however, we must submit our decision making to groups of people represented by our communication grid.

Communication Grid I

The keynote, quite properly in a humanistic system, is communication. The sharing of plans and problems begins with the first grid. Teachers, students, central office staff, lay people, and experienced evaluators need to know why evaluation is considered, what its form may become in action, and what problems are foreseen. The use of well-designed meetings for input into the decision process are required. The communication here will clarify, amend, and reinforce the decisions previously made. Commitment to the larger system goals begins here.

Despite our best efforts, some destructive communication may occur. The problem of communication distortion and diversion is illustrated later in this chapter. When we have returned to this position in the cycle, the same basic procedure is followed with new decisions to be made.

Development and Revision

This is perhaps the key juncture in our paradigm, for it is here that the research design is developed and detailed. Because of the difficulty and time-consuming nature of this task, many systems seek the assistance of outside resource people. It is critical, therefore, that those within the system be especially attentive to the possibility that the final evaluation design may do violence to the system goals and the objectives stated at the decision-making point and modified in Communication Grid I. Far too often, educators have been victimized by their own lack of understanding of evaluation and the apparent expertise of those with a bag of statistical techniques.

A clearer view of the nature of the learner and of the larger goals of education will save us from partial and misleading assessments. Once a suitable evaluation design is developed and detailed, specific plans have to be made to obtain the necessary materials and personnel. Evaluation materials must be tested and understood for communication to every person involved. Workshops and meetings for evaluators, administrators, and teachers have to be held to familiarize all who are concerned with the materials and procedures in the evaluation system.

The teacher in the classroom would miniaturize these procedures; therefore, objectives and evaluation procedures would have to be clearly established. Materials would be ordered and pretested. The teacher would need to acquaint students, class aides, and other assistants with the appropriate procedures. At this point, the paradigm accentuates the need for every member to clarify his particular task responsibility and to assure himself that he has confidence and available resources to move forward.

Communication Grid II

The goals and objectives of curriculum and its evaluation system cannot be accomplished without the clear and integrated understanding of the people—the membership. As described in Chapter 2, communication is interactive. Sending a directive through the system will not and has never done the job. Every member, feeling confident in his sense of worth, must understand how his part interlocks with other essential parts. He must understand and be immersed in the meaning of community.

Feelings must be shared in the initial development and revision stages rather than be held back, only to burst forth at some other point in the process that may be beyond the point of return. For example, now is the time to raise the question of the appropriateness of materials and procedures to be used later. Resources necessary to the job become earmarked; hence open communication and understanding at this point are of prime importance.

The openness that is felt as the process unfolds will determine much about whether the program and its changes can be implemented effectively or not. The power behind program change strengthens with the involvement of those in the program. Dialogue, as opposed to orders and directives, provides adequate information, expertise, and mutual trust.

Program Process Evaluation

The purpose of the Process Evaluation Position is to take a hard look at the overall strategy and its components. Is the evaluation design proceeding smoothly? Where are possible trouble spots, and how can they be ironed out? Are there more effective ways of gathering certain pieces of information?

For example, it was suggested in a recent project that rather than hire professional help to note and sort critical-incident cards, it might be possible for teacher aides to do the job. It was decided to evaluate the possibility. The plan and objectives were formulated. Sample collections were made of the cards and their sorting categories established. Data were then collected in order to compare the sorting of the cards by teacher aides and by professional educators. Analysis of data revealed no significant difference between the judgment of the aides and that of the professionals. Consequently, it was decided that teacher aides would handle this part of the data collection at a saving of money and professional time.

Communication Grid III

Communication in the Program Process phase is complex; all components of the school community are deeply involved. It is necessary to get into the open what is really happening to the program and how people feel about it. Not all communication can be positive and reinforcing. The system must be open enough to pinpoint problems before they generate distortion and damaging attitudes. Informal and relatively frequent get-togethers and interviews of the staff should be held. How are people feeling about the project? What are their gripes? What solutions do they have? In addition, short attitude scales might be given frequently to random samplings of the school community in order to get input from individuals who may otherwise reveal their reactions.

Here it is necessary to face an important dilemma. All of this involvement is going to create as well as solve problems! There is no way educators can fully commit themselves to a view of man as sketched in Chapter 1 and not be frequently disappointed by time apparently wasted and frustrated by well-meaning but less knowledgeable process participants. Likewise, school board members and administrators have traditionally been prone to overreact to telephone calls from citizens, and this creates additional pressures on an already burdened system. The only way out, it seems to us, is to take the time not just for meetings but for internalization of the goals and philosophy underlying these processes. Eventually, we all can learn to be more authentic and open. This alone will curb those few whose neurotic needs lead them to dictate or manipulate. But make no mistake about it, the effort to truly democratize education is not easy. On the other hand, it is necessary and well worth working for.

Program Product Evaluation

The Program Product Evaluation position, or what some have called summative evaluation, is the point at which the outcomes of the program are judged. Have the goals and objectives been reached? Has the gap between "what was" at the beginning of the program and "what should be" been closed in an acceptable way?

This is a familiar point in curriculum designs, especially in the federally funded projects of recent years. In many projects, there is a tendency to center the product evaluation on standardized tests without considering many other significant means of determining learner outcomes. Sometimes, for example, X progress is noted with Y results; therefore, the program is of significant value. But what really happened to the students and teachers as the result of the program? For example, were their attitudes changed? For this sort of assessment, different approaches are required. Some of those are discussed in a later section of this chapter. Moreover, the terminal or summative evaluations are more reliable if they are supported by formative or process evaluation.

For a teacher, the summative or product evaluation would include all the data collected that relates to objectives established by the learner and teacher and, in a larger sense, by the total community. Again, this evaluation would reflect the comprehensive nature of the system goals and objectives and the complex totality of learners and learning.

Communication Grid IV

What were the results of the assessment program? If you are responsible for communication at this juncture, your main concern will be the organization and location of material and data so you can answer questions and communicate to others. Clarity of presented information about the program is important since it must be understood by lay persons as well as students and professional educators.

Many tests, scales, surveys, interviews, and inspections are involved in the evaluation efforts. These and all the other decisions and events that contributed to the program product point must be clarified. The membership needs to know what changes are proposed as a result of the evaluation, the problems that might be encountered, and what might be forecast as a result of the effort. Other units within the community should be advised about the in-process happenings, the problems encountered, and the revisions. This constitutes collaboration, the element that makes for an effectively operating organization.

Feedback and Analysis

Analyzing the data that have been generated by the program is the purpose of Feedback and Analysis. Is the difference between pretest and posttest on attitude scales really significant or just a quantitative gymnastic? Fortunately, experience, techniques, and new materials are beginning to help teachers and administrators in determining the answers to this question. Consultants and specialists in large curriculum projects are gaining expertise in providing analysis of large volumes of data. Some areas, especially attitudinal and personal areas, remain less clear.

Intuitive analysis still plays a large part in a teacher's view of the situation. She must be sensitive to little things that happen as the result of a learning experience and to revealing comments from multiple sources, as demonstrated by the teachers described in Chapter 4. The teacher must decide whether subjective agreements really have significance or not. For example, in one classroom a series of skits was intended to develop speaking skills in front of audiences. The comments received indicated that the students had a great deal of fun. While having fun may have much to do with the development of speaking skills, it lacks comprehensiveness as representative of a total learner objective.

Growth in such nebulous areas as self-concept development or responsibility development seems to elude evaluation. Time series analysis is an example of one way to approach this difficult area. Graphic statistics provide an example of a way to determine growth direction. The advantage of time series graphs is that the recording of data is simple and has immediate visual impact. Briefly, data are gathered according to the evaluation design using criterion-referenced tests, quizzes, absence records, scores from simple attitudinal inventories, critical incidents, and so on. These scores are recorded on a graph each time the data are gathered. Over a period of time a significant trend may be indicated for that particular objective. If the teacher intervenes in a time series chart with some change in approach or instructional strategy, any effect can be observed beyond the point of intervention.

This type of analysis is particularly appropriate for classes and groups where there is an open classroom approach or where independent decisions about activities are needed. Students can keep their own records and determine their own trends, hence providing input for self-direction.

Communication Grid V

Grid V has as its purpose definitive analysis for feedback. The Analysis and Feedback position is highly ego-involving in nature; this may explain why information from analysis—at the instructional level in particular—tends to become lost or is never quite finished. This is the point where the hard truth of the way things are tends to be handled defensively. We are hurt when the results are discouraging. What is going to be our honest communication at this point? Are we willing to expose shortcomings as well as successes?

The answers are unquestionably based on the organizational relationships that have been established. Distortion and communication loss come in systems where trust, openness, and honesty do not prevail. We cannot laugh at apparent failure and redesign our objectives if we are cut off from others because of feelings of inadequacy and fear. Someone has to think about the feelings of individuals in a system. Feelings need to be known and involved in the evaluation process.

Educational leaders whose personal goals are more valued than their professional ones may be tempted to withhold from the community those findings that appear less than laudatory. These leaders are urged to hold in check their personal ambitions, because benefits will accrue from open communication of the whole evaluation story.

Communication includes translation of information into language most appropriate for decision making and public relations. Complicated and detailed analyses should be left to those who are interested. Others need to know the meaning of the analysis. How does it relate to what they have done and need to do? The analysis should answer five basic questions: (1) What was the objective? (2) What was the learning experience? (3) By what means was the achievement of the objective assessed? (4) What were the results of those assessments? (5) What can we do in order to continue growth and development?

This paradigm provides a framework for a system of evaluation. Like all paradigms, it may be overly general and overly simple. Yet if one refrains from following the steps in the process slavishly, this model does make clear some crucial and often neglected principles. Evaluation must be based on openness so that decisions and revisions will be congruent with results in relation to goals and objectives. This model invites, even commands, those interested to become involved at appropriate points in the program.

GATHERING DATA FOR EVALUATION

Gathering data for analysis and decision making is a vital part of the communication process. The information must cover all aspects of the situation that are known or postulated and must proceed from the beginning with total openness. This is the essence of inquiry. It must be closely related to the agreed-upon objectives, and the people responsible must feel close to the situation by experience and by plan. The attitude that justifies evaluation only as it contributes to the betterment of the learner must be internalized by all data gatherers.

It is important for evaluators to think about what knowledge is needed and how this knowledge can be acquired. What are the resources for investigation? Is there time allotted to do the job, or will time have to be wrung out of some other work in progress? Will there be the assistance of experts in the field of evaluation, or is the teacher pretty much alone in the effort? Does the assessment cover many participants, or is it limited to a small project involving small numbers? What is the evaluator's view of the objectives? Is there concern about cognitive growth only, or are all three domains being assessed? Is the evaluator ready to develop a plan for gathering data?

Essential to the plan is some criteria for the selection of data-gathering devices and some valuable references. Starting references should include Bloom (7:1971), Isaac and Michael (34:1971), Webb (61:1962), Mischel (47:1968), Association for Supervision and Curriculum Development (5:1967), and Gottman and Clasen (24:1972). New materials addressed specifically to the affective areas, such as Weinstein and Fantini (63:1970), are becoming available.

Data either come from the classroom or learning situation directly, or from people or sources outside that situation. For instance, if you want to test positive attitudes during a class situation, you can either monitor the attitudes during the class situation or later administer an attitude inventory to persons other than class members.

We will discuss means of gathering data from two points of view. The first, which we call Prime Data, comes directly from the learning situation. The second, or what we will refer to as Related Data, comes from sources that tell about the situation or individuals in the program (see Figure 3). The essential difference between the two lies in time and location. Prime Data are taken directly and immediately from the learning situation for later analysis. Related information refers to a situation or condition at some time in the past. It may also be received in a location much different from the setting of the learning situation and from persons other than, but related to, the immediate subjects.

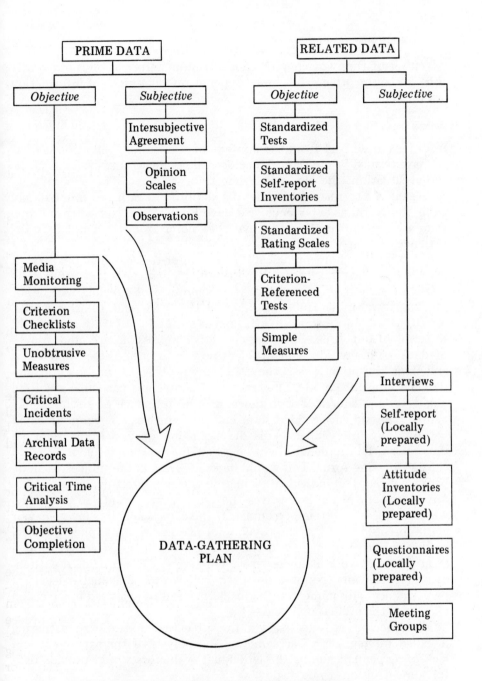

Figure 3. Evaluation Instruments and Techniques
Selected Data for the specific *Data Gathering Plan* are represented
by arrows entering the Data Gathering Circle.

Neither of the two general means of finding information is inherently superior to the other. The choice depends on what kinds of information are wanted.

Prime Data

Information derived from the context of the learning situation is what we have termed Prime Data. The closer the evaluator involvement in the actual situation, the closer to Prime Data we come. This type of data gathering is also related to time; if reactions are gathered immediately from the learning experience, we have Prime Data. Notice that Prime Data are phenomenological in that they come from the immediate experience of the participants.

The term "phenomenological" in its complete sense may be difficult for us to understand. In its simplest terms, phenomenology affirms the world of subjective experience. It is a process of "feeling with," not "feeling toward," as Hubert Bonner (9:1965) has said. In other words, our subjective impressions are affirmed as a criterion of truth and worth. In terms of our discussion here, subjective impressions are valid sources of data for evaluation. Our problem now is to bring these impressions and their interpretations to the evaluation process. Let us look at examples in a subjective mode. The feelings of people in a particular situation might be one source. For instance, at a performance of a school play many in the audience will feel some emotion which can be communicated without any intervening media or organizing device. Applause is an illustration. The audience might be asked questions directly, or asked to fill out a rating form. This would be Prime Data in the subjective mode because it relies on individual feelings in the actual setting.

A classroom example involves the teacher who wants to determine whether at least a certain percentage of the class is able to show behavior at the precision level in the psychomotor domain, the application level in the cognitive domain, and the valuing level in the affective domain after previous work at lower levels. Observers, well-acquainted with indicating behaviors, count those each believes to be at higher levels of performance. This immediate feedback then can be analyzed for decision making in the evaluation cycle.

One process that is necessary in the subjective mode of data gathering is called intersubjective agreement. An analysis of the agreement and lack of agreement among the individual evaluators would provide data for some decisions to be made.

This is not to say, however, that all Prime Data are subjective. We can equally well design our Prime Data gathering to include objective data. For example, if we are evaluating a tennis player's backhand, we would count the percentage of errors resulting from his backhand shots during a match. We do this because the situation has much to do with the ability to execute the shot. This is where ability counts; therefore, his backhand is evaluated during the match rather than during practices or at an interview after the match.

Another example involves the concerned guidance counselor who wants to evaluate students' attitudes toward persons of other races. At a social situation where different races are represented, he observes and notes the actual encounters rather than filling out an attitudinal scale for race relations at another time.

The use of both subjective and objective Prime Data gathering is illustrated by a physical education teacher who wants to evaluate two specific things about his basketball team. First, he wants to know the players' attitudes during stress situations. Second, he wants to assess the ability of the players to work as a balanced team. He gathers information about attitudes during stress situations by having behaviors observed which may be interpreted as supportive, divisive, or impassive. By keeping track of the frequencies of behavior in each classification, he is able to make some judgments about the attitudes of the players under stress. This is a judgmental methodology, but it provides useful immediate feedback for direction in working with the team.

To evaluate the team play objectively, the teacher could use a form of interaction analysis we might call critical time analysis. While his team is playing in an actual game, trained observers record which players handle the ball in several two-minute time periods. This process is repeated during another game later in the season. By making a time-series chart of the two situations, he could observe the actual interaction of the team and possible changes. He could answer the question about team play by looking at the number of times each player handled the ball. His hypothesis might be that the more evenly the ball-handling count was distributed over the team, the better the team balance and team play.

Included here for data gatherers are sources of information that lend themselves to quantification and reliability in different situations. The strength of these sources lies in the simplicity and ease of handling as compared to subjective Prime Data. The weakness lies in the fact that quantification can mislead the unwary. For instance, critical time analysis data showed that Team X from Squad A made 60 percent of their basketball shots and Team Y, also from Squad A, only made 30 percent during a ten-minute period. We might be misled into thinking that Team X was the better team except for further information that Team Y had dominated the whole game to such an extent that they replaced the stronger team members during the last three minutes of the game.

Before going any further here, we would like to make the point that quantifying data does not necessarily "harden" anything! Particular data can be considered as somewhere on an objective-subjective continuum and, irrespective of where they fall, they have value. Further, the value of the data is increased to the extent that it approaches a complete picture of reality, which means that both subjective and objective data are necessary, for that is exactly what reality is—an intermix of individual subjective perceptions and verifiable truth. Some of this reality can be conveniently couched in quantitative terms; some cannot. Reality is sometimes better described with prose; sometimes it is better described with poetry, a phrase of music, or a painting.

Critical time analysis data are gathered on specific objectives for a certain period. During this time, which may range from ten seconds to twenty minutes, observers count and tally situations, skills, and types of performance of concern to them. Interaction analysis (Flanders, 19: 1967) is an application of the critical time analysis technique.

Archival data records contain data already in existence, such as records of attendance, tardiness, school dropouts, and grades. They supply unobtrusive data that may be correlated with behavioral and attitudinal patterns to determine relationships. Gottman and Clasen (24:1972), Webb and others (61:1966) provide excellent material regarding the use of such records.

The critical incident technique developed by Flanagan (18:1954) is a method by which incidents are placed on cards and sorted to provide thematic clusters about such subjects as student or teacher behavior. With this information, evaluators are able to identify the symptomatic problems emerging consistently from the data. This technique also may be employed to continue the data gathering over a long period of time. The authors of this book believe we often make serious judgments before the data are in. Attitudinal increments are not as discrete and may not be rhythmically identical to cognitive increments; hence longer periods of observation may be more revealing.

In *Unobtrusive Measures*, Webb, Campbell, Schwartz, and Sechrest (61:1966) brought to our attention a means of determining values by measures that were not designed to reveal progress toward the objective. The number of books checked out of the library on the subject of mythology may indicate the interest generated by a teacher on that topic. The wear and tear evidenced by the appearance of a particular book may indicate its use. The number of students who play a game may indicate the popularity of that game. Leisure activities provide a fertile ground for gathering information about what a student values.

The number of times students refer to a particular exhibit may be clear evidence of its value as a source.

Objective completion data simply enumerate the data indicating the work or skill completed. For example, the game is completed and Team X is the winner. The glee club sang three songs for the assembly; ten books about Japan have been read; twelve ceramic dishes were completed for the art fair.

Media monitoring of tape recordings, films, and video-taping are forms of data collection that show great promise of providing excellent feedback data on the learning situation.

Subjective prime data sources provide the basis for affective or feeling tone evaluation. Affective evaluation is attitudinal and has referents in the personal area. *It*, perhaps, prefaces all learning. Evaluation on the basis of subjective Prime Data, a greatly neglected area, provides the life blood for programs and instruction.

Intersubjective agreement gathers the views of multiple participants. They may be administrators, parents, or students, or others. During the learning situation or activity, do the teachers and learners appear interested? Do they stay for a long time or do they look and leave? Do students show interest and desire to be a part of the process? Is there sustained interest among the observers or students lasting beyond the official time? Agreements may come in the form of separate statements reflecting common concerns or enthusiasm. Nomothetic clustering can provide the intersubjective agreement. Ways to gather and sum these agreements appear in the phenomenological studies of Duquesne University.

Opinion scales may be designed by the teacher to gather subjective response to programs. The scales, if anonymously presented, can provide unbiased views. For example, a sampling of students may be given a short Semantic Differential as an opinion scale (48:Osgood, Suci, Tennenbaum, 1957). The Semantic Differential is constructed using a continuum between polar points referring to a concept. For example, an activity may be rated along a continuum from "Dull" to "Stimulating." The student may indicate his response to the activity by choosing a calibration on the continuum. The Semantic Differential has the advantage of eliciting data quickly because reading and writing are minimal and tabulation of results is relatively simple.

The affective domain is a fruitful field for Prime Data sources. The lower-level cognitive behaviors, such as knowledge and comprehension, do provide Related Data more readily because the available classical instrumentation for tests, surveys, and scales are more suited to their collection. The Prime Data sources are closer to the people and the teaching situation. Because of their closeness to unique teaching situations, they tend to require more creativity in preparation and adaptation.

Prime Data collection also tends to focus on single situations and may not be a solid foundation for generalizing. To provide a valid sampling of particular situations, observations must be made several times. Prime Data often take more time and effort to collect and analyze.

Related Data

Related Data consist of information from outside or beyond the situation. Far too often, only Related Data have been collected in traditional evaluation schemes. Most often they have referred to yields from tests given after the learning experience has been concluded. Related Data may be gathered a few minutes, a month, or even a year after the learning situation if the evaluation is attempting to appraise a final product. The data may be collected from converged learning situations or from total populations. They are often related to common objectives, though gathered from dissimilar locations.

The main thrust of Related Data has been through formally administered instruments that have been previously prepared in detail and standardized over a large population. Related Data are collected by way of standardized tests, norm-referenced tests, questionnaires, self-evaluation tests, interviews, and other devices given to assess previously completed situations. These can be either locally developed or commercially standardized and distributed.

Related Data have usually been characterized as coming from instruments finely honed as to reliability and validity. They tend to be more applicable to large groups and to monitor remembered concepts and relationships, since they usually come well after the learning situation. It is sometimes questionable whether Related Data contain the information really sought since they are remote from the learning situation. Its yield has been accorded more credence than is warranted. Preoccupation with this device may take time which might better be given the learning experience or more complete appraisal.

As in the case of Prime Data, Related Data may be either subjective or objective. Because of the unwieldiness of subjective data and the paucity of instrumentation available in the subjective areas, Related Data come more often from objective, quantifiable sources. Some generic suggestions of Related Data gathering instruments and techniques follow.

Standardized self-report instruments report information about one's own attitudes, interests, appreciation, and inferences concerning the possession of psychological traits.

Standardized achievement tests were developed as a means of assessing the general level of achievement of students of a given classification. They reveal the relationship of students and student groups to the total classification in achievement. They are not able to measure pupil progress adequately in determining the success of a program, because the tests are deliberately set up to obtain normal distributions.

Standardized rating scales judge the quality of products such as typing, visual arts, and writing. Such scales evaluate in realms often inaccessible to many highly mathematical instruments.

Criterion-referenced tests were suggested by Glaser (22:1966). They are constructed in direct relationship to the objectives of the instruction or program, not in reference to the normal curve. Therefore, high scores in the test would indicate success in achieving the objective. These tests can be prepared by the teacher relating to particular instructional objectives. Commercial publishers are beginning to prepare such tests in connection with specific cognitive programs.

Simple and direct measures for diagnostic and program monitoring purposes with direct application to the classroom can be found in various references. One simple diagnostic measure is the *cloze* procedure for reading, which simply asks the student to fill in missing words in a story, thereby providing an assessment of the student's ability to comprehend material through context clues.

Techniques for gathering Related Data of a subjective nature include those that essentially ask the individual what his experience is and what it means to him. These techniques do not yield findings that can be easily standardized or quantified. This does not lessen their value. They reflect feelings, attitudes, and trends and are integral parts of the evaluation process. They are important in learning situations where many diversified activities are in progress simultaneously. (Miss Dorsey's Open Classroom described in Chapter 4 illustrates such a setting.)

Interviews can be formally or informally conducted. It is the one place where the question, "How are you doing?" can be asked. It must be regarded as an essential question because whatever the learner answers is accurate for him and must be considered factual. It may be accomplished by plan or incidentally; however, it must be included in the evaluation process. A record should be kept to assure that each person involved is interviewed. Notes should be kept concerning the tone and substance of the talk. Was it open or closed in feeling? Did the tone change over a period of time? How did the evaluator react? Did the evaluator begin by setting aside her biases also?

A program of interviews is important to the total school program, particularly, dialogue between teachers and parents. It may clarify much within the school program. Moreover, it establishes a feeling of the importance of the individual in the process.

Four guidelines for *locally prepared self-report and attitudinal devices* have been given by Gottman and Clasen (24:1972):

1. Be direct—Most tests can be "psyched-out"
2. Be brief—If you ask one question, why use two?
3. Be simple—Complex questions result in complex answers
4. Be creative—Multiple-choice is not the only possible way.

Group meetings belong in any plan of assessment. Groups may meet to find solutions to impending problems. These groups may have council or commission status; many have been formed in school districts as community relations advisory groups. Organizations such as the Parent-Teachers Association or Parents Club also serve as groups designed to discuss school problems and, in the course of events, provide feedback regarding the school programs.

Groups can be developed to meet informally at the school or in a home. While there is great flexibility, the data come from the interest and experience of the participants. There are no members or regular attendance. They are, indeed, "rap" sessions. The sharing of experiences and related data is high in feedback value. Generally, people with various motivations come to such meetings; there are those who have something special to say or find out; those who believe they should come for the good of their children; and sometimes those who need a podium.

Data gathered from this source are invaluable, but it must be remembered that the sampling at such meetings may not represent the whole community or the optimum educational points of view. Therefore, the meetings should be held in different locations at different times of the day or evening in order to become more representative. The groups should remain small to encourage free expression of candid points of view.

EVALUATION AND COMMUNICATION PROCESSES

Four major questions are associated with evaluation and communication:

Question 1: Does your school system provide time and support for the development of a comprehensive evaluation process? It is necessary for superintendents and boards of education to address themselves to a study of what constitutes a comprehensive evaluation process. In many, if not most, school systems, evaluation is directed toward fragments of the educational process—a standardized test here, a supervisor's annual report there. Little beyond an intermittent standardized testing program is customary. Moreover, teachers often wait months to hear the results of tests that have been mailed away for machine scoring. Furthermore, the chain-reaction effect of a breakdown in materials supply, teacher quality, or curriculum appropriateness rarely receives attention before the lag has seriously aborted a learner's continuous growth.

A comprehensive plan for formative and summative evaluation could eliminate this expensive lag and benefit the learner. The authors strongly urge the development of an overall evaluation process accompanying the development and articulation of goals and objectives.

Question 2: Does the evaluation process deal with total learning? When the authors use the term "total learning," we mean growth in the cognitive, affective, and psychomotor areas and, further, the many levels of possible attainment in each of the domains. This certainly rules out considering a standardized achievement test used on a system-wide basis as *the* evaluation program. In fact, it rules out practically every evaluation scheme we have ever seen!

By now, the reader knows that we insist on total learning and comprehensive evaluation. To write about such a process is much easier than to do it—we recognize that—but *not* to write about it because it is terribly difficult to do would be ridiculous.

Question 3: Is evaluation internalized and interlocked throughout the total educational organization? For example, does every member of the organization understand the agreed-upon goals and objectives, and does every member understand his responsibility in relation to goal and objective realization?

Question 4: Are the results of the evaluation program used to improve the total learning and growth of every member of the school community? Again, return to the only justification for the evaluation process, the betterment of plans for and with the learner. Whatever program is submitted to evaluation, the person responsible for a single facet of the education process deserves feedback, analysis, and shared discourse toward resultant improvement. To expend energy and funds upon the processes of evaluation without careful consideration of the findings merits the indictment of all educational leadership.

The Classroom Teacher and Evaluation

Multiple competencies are required of the teacher. The teacher in the process of instruction is the same person who is planning and executing the evaluation plan. Beset by the immediate instructional function, the teacher may find it difficult to give priority to the evaluation process; such an effort requires time and support. Is it possible for the teacher to be involved in better evaluation processes which take time and yet be responsible for full teaching and adjunct duties? Someone needs to give the teacher help in adjusting her schedule to make room for this important function.

Evaluation programs that make excessive demands are self-defeating. Formats for the evaluation processes should be as simple and well-understood as possible. If communication means detailed reports draining time and energy from teaching, then it is doubtful that interest and quality will result. Communication must be a natural and simple part of the instruction and curriculum decision cycle. Instead of written reports, short objective-oriented evaluation conferences or taped statements would be more effective. Time savers for good evaluation also include gathering data on displays through symbols for time-series analysis.

What the teacher is doing needs to be monitored in the process through some of the Prime Data gathering instruments. If she is concerned about attitudes, they should be monitored on an instrument that is simple and requires little time outside the situation. The use of the semantic differential or simple Q-sort would be adequate for many situations involving activities where self-concept and personal attitudes are to be appraised.

Sampling techniques are another means of saving time. A whole class or large group need not be employed to evaluate some parts of the program. Five randomly selected subjects each week could provide any needed information. Time could also be saved by having the class or group monitor the assessments themselves.

Developing and sustaining a complete evaluation program will take thought, planning, encouragement, and organization on the part of an entire team of people. Relying on one person to serve as an evaluator has obvious limitations and is not consistent with the theme of this volume. Simple, systematic ways of communication and evaluation are critical issues that educators must face. All participants must know who is involved in the evaluation process from outside agencies, what their contribution will be, and what relationship each person has with each other person in the program. The time spent ensuring that there are congruent feelings in an evaluation organization, be it system-wide or in a single classroom, is well worth the effort.

Communication and Evaluation in Subject Specialties

Some subjects and teaching specialties apparently lend themselves to evaluation and open communication more readily than others. In subjects such as music drama, athletics, and art where public performance is involved, communication is direct and immediate, enabling the observer to evaluate and discuss both the performance and the achievement.

More abstract areas of endeavor, however, present serious difficulties for the evaluators. For example, it would be more difficult for educators to attempt to evaluate the extent to which participating in a marching band contributed to the self-concepts of its members than it would be to assess the individual excellence of each player.

In other subjects, such as the social studies, mathematics, and grammar, evaluating the total achievement is difficult. Effective communication in these areas requires serious study, great sensitivity, and specialized techniques.

Closed Screen Communication

One indicator of the quality of communication is its openness and variety of expression. Dull, trite, repetitious messages stultify communication. When interaction is stifled and dulled, distortion of information occurs, and less information and reinforcement are provided.

Let us look at some of the situations that might occur in a closed screen communication setting. As Chapter 2 of this book indicates, the concepts of community and trust are essential to goal realization. Without these, self-protection or defensiveness is increased. Insecurity results and communication is hampered. When a community looks upon difficulties as problems rather than failures, communication is facilitated and the community continues to progress.

Mutual trust is central to communication. Can the principal, teachers, evaluators, and administrators be trusted with data? If not, the communication process is dysfunctional. Many data reveal personal situations which participants may find extremely difficult to share in low-trust situations. When this is the case, evaluation may be limited to formalized tests and procedures. The school administrator, the department head, and the supervisor are responsible for leading the school or department toward a climate that is open and enabling rather than judgmental and competitive.

CONCLUSION

Evaluation is a function closely tied to the learning situation and the curriculum. It is associated with the objectives of curriculum in that evaluation tells us whether or not we have arrived at our stated goals and objectives. After planning, developing, and moving through a study or program with students, fellow teachers, administrators, and the public who care, it is nice to know where you are and what you have accomplished, so you will know the direction for movement.

It is important to have a system of evaluation that incorporates multiple techniques for giving you a clearer picture of what has emerged. Tests are only one way. We have examined Prime Data and Related Data gathering techniques. Either or both are valuable, depending upon the objectives of your evaluation.

It is also important to let people know what you are finding out so they can work for learners more effectively. You need an environment of trust in order to let people know the good and the bad.

We have talked about some of the problems of evaluation. Beyond developing an evaluation system and letting people know about it, somehow we must find the time for using it. If you are a teacher, this is the greatest problem. After working hard to develop a splendid program, it is tough to evaluate it. After all, wasn't the experience itself enough for the students? Apparently not quite enough, because somebody wants to know whether all our efforts were worth the resources put at our disposal. It is up to us to provide a valid accounting.

7

Beliefs and Actuality

The experience of writing this book has enabled us to examine our attitudes toward humane education and to define them with some precision. In the course of this examination we came to recognize the importance of the accountability movement and the positive service to education being accomplished by accountability legislation. As important as accountability is, however, the concept must be enlarged to embrace humanness, which is what this book is about. In order to examine our attitudes toward developing an objectives-based curriculum, we asked ourselves the following questions:

Where are we as we move from a view of human nature to a good educational program?

How near are we to a concept of community where human goals can be realized?

How can we reorganize the value structure of our culture on a humane basis?

How genuine are we?

How openly do we communicate and work with others?

Are we committed to inquiry as a way of life?

Are we open to new and unusual ideas?

Can we internalize multiple loyalties and alternatives?

Do we realize that the learning experience can achieve more than we can anticipate when we assign an objective?

Do we develop goals in partnership with the learners?

Do we provide room in the learning experiences for unanticipated results?

Do we evaluate both what we can predict and what actually happens that we did and did not plan?

Do we recognize that observation may not be the only index to human consciousness?

Do we keep in mind that a learner's behavior may not mirror his aspirations?

Do we recognize that the learner's potential is greater than we can assess?

Are we aware that the learner's experience is an important ingredient that may be accessible only to him?

Do we see ourselves as inquirers rather than validators of truth?

Do we fulfill this responsibility with warm acceptance and hope for all humanity?

Are we confident in our insistence that knowledge and feeling are inextricably and desirably linked?

CURRENT TRENDS IN ACCOUNTABILITY

To find out what is happening nationally with PPBS and other accountability models, the authors wrote 140 letters to state and local school superintendents and teacher education professors inquiring about the processes used in determining goals, objectives, learning experiences, resource utilization, and evaluation procedures. We received replies from approximately half of those written to. Many of them sent documents describing their efforts. In examining this collection of letters, articles, booklets, catalogs, and bibliographies, we found some exciting examples of statewide and local school district goal setting, but progress beyond goal establishment is, at this point, limited.

Illinois can serve as an excellent example of what can be done in this area. The state department of education has provided excellent leadership in determining the direction that the schools will take in the years to come. More than 3,000 citizens, ranging from ten-year-old pupils to experienced legislators, participated in a series of meetings that included six regional hearings and a giant conference in Chicago. The purpose of those meetings was to develop guidelines that would lead to quality education in that state. The guidelines that were decided on were set down in a document entitled "Action Goals for the Seventies." This booklet has two important sections, one concerning the substantive goals of education, and the other, action objectives. The nine substantive goals show a healthy respect for the importance of learners' attitudes toward themselves and others as well as toward learning. These goals are learner centered, long range in nature, and are not locked into a specific time framework. The action objectives are program oriented, time specific, and product specific. For example, Action Objective 3 under the curriculum section reads as follows: "By 1980, every school district in the state will have an individualized instruction curriculum." This objective is followed by six "necessary steps," the first of which reads:

Develop statewide working definitions of continuous progress, individualized instruction, and independent study by 1973 through cooperative local and state involvement.

It seems to us that Illinois has made an important start in its quest for improved education. There can be no serious quarrel with the department of education's substantive goals. The action objectives, if realized, will certainly move education in a humanistic direction. Of particular interest is the section on Student Rights, which indicates, perhaps, that the repressive policies of many school boards and administrators toward students that prevailed in our nation in the 1960's may be at an end. The introduction to this section states:

It is in the interest of American society that students experience the operation of a democratic system in their daily school activities. The current lack of clear-cut policies regarding student rights inhibits such experiences. The lack of such policies has also led to conflict and confrontation, with neither students nor administrators being certain of their rights and responsibilities.

The Office of the Superintendent of Public Instruction recognizes that students must be guaranteed their rights as citizens. As such, they must be free to express their views in a responsible manner. Freedom of expression may not be restricted unless the evidence clearly indicates that such views cause substantial interference with the educational process.

The student press is valuable in the stimulation and exchange of free ideas and intellectual discussion. It also serves as a forum for issues both within and without the academic community. Therefore it must be free to exercise its rights in a responsible manner. It must not be censored, nor shall its editors be subject to the arbitrary exercise of authority.

Students shall be free to organize into associations to promote their common interests, and such associations shall be open to all students regardless of race, religion, sex, or national origin.

Student participation in the formulation and application of policy affecting academic and student affairs should include some participation in the evaluation of teachers. It should be a continuing responsibility of the school to promote maximum understanding and cooperation between students and school officials. Student government should be part of the process so that students will be able to make their opinions known.

The diversity and changes in student opinions, style, and tastes are a fact of life. In recognition of the diversity and the constitutional privileges afforded students, there shall be no restriction on a student's manner of dress, unless these present a clear danger to the student's health and safety or substantially interrupt the teaching process.

Students must be guaranteed due process in school disciplinary proceedings.

Access to student records should be confined to authorized personnel who require such access in connection with their educational duties and are informed that student records must be kept confidential. Students should have the same access to their records as do their teachers and administrators.

Numerous court cases have established the basic principles underlying the following:

Action Objective 1

BY 1972, A STATEWIDE POLICY ON STUDENT RIGHTS WILL BE ADOPTED.

Necessary Steps:

1. By 1972, a student code of rights will be written by the Office of the Superintendent of Public Instruction staff, students, citizens, lawyers, and representatives of administrator and teacher organizations.
2. Disseminate the student code of rights which will include provisions for freedom of expression, freedom of the student press, freedom of association in organizations, participation in school governance, individuality in appearance, and procedural standards for disciplinary cases by 1972.
3. Incorporate the guidelines into rules and regulations for recognition and supervision of the Office of the Superintendent of Public Instruction by 1972.

It is a tribute to the citizens and educators of Illinois to see the genuine respect accorded students in this section of "Action Goals for the Seventies."

The Commonwealth of Virginia is also attempting to upgrade its schools by means of an accountability model. It has produced two documents that deserve careful study, "Standards of Quality and Objectives for Public Schools in Virginia, 1972-74" and "Manual for Implementing Standards of Quality and Objectives for Public Schools in Virginia, 1972-74." The state established eight broad goals for each child and reminded all school personnel that their particular efforts were to enhance pupil growth in these eight areas. Local school district superintendents were advised by the state General Assembly to "involve the community and his staff in preparation of a five-year plan, which shall be updated annually. Such a plan shall be based on a study of the extent to which pupils are achieving the eight broad objectives formulated by the Board of Education and shall be designed to raise the level of pupil performance."

In adopting the "Standards of Quality and Objectives, the General Assembly had some worthwhile things to say to the classroom teacher:

a. The teacher shall provide for the humanizing of instruction in the classroom. To accomplish this, the teacher should:
   (i) Know the academic strengths and weaknesses of each child;
   (ii) Know the home and community environment of each child;
   (iii) Treat each child as an individual in accordance with his needs;
   (iv) Understand and appreciate each child as an individual of worth; and
   (v) Help each child to recognize his potential, to develop his abilities, and to assume his responsibilities as a member of the group.

b. The teacher shall provide for individual differences in the classroom. To accomplish this, the teacher should:
   (i) Provide different subject matter and learning experiences and have different achievement standards for individuals with different abilities and/or past achievements; and
   (ii) Provide opportunities for pupils to work independently on meaningful tasks that derive from and contribute to the planned activities of the group.

c. The teacher shall make use of available instructional materials and other resources that are appropriate to the needs of the pupils. To accomplish this, the teacher should supplement the textbook and make appropriate use of:
   (i) Additional reading materials, such as library books and reference materials, magazines, and newspapers;
   (ii) Demonstrations, dramatizations, and other classroom activities;
   (iv) Field trips;
   (v) Resource persons and school-related youth organizations; and
   (vi) Individual and group projects, in or out of school.

d. The teacher shall organize learning activities to achieve specific objectives which should include:

    (i) The development of needed skills;
    (ii) The understanding of specific concepts;
    (iii) The solution of meaningful problems: and
    (iv) The development of wholesome attitudes.

e. The teacher shall provide a favorable psychological environment for learning. To accomplish this, the teacher should:
    (i) Develop and use questioning techniques that require pupils to employ the higher cognitive processes as well as to demonstrate retention and comprehension;
    (ii) Encourage pupils to express their ideas in group discussions; and
    (iii) involve pupils in planning and conducting class activities under the guidance and direction of the teacher.

f. The teacher shall evaluate the progress of students. To do this, the teacher should:
    (i) Emphasize the application of knowledge to new situations;
    (ii) Include achievement in all areas of instruction, habits of work, attitudes; personal traits, and group relationships; and
    (iii) Help each pupil to develop the ability to evaluate his own progress and to involve him in the evaluation process.

Local school districts that are making efforts to humanize the schools include those of Alice, Texas, and three school districts in California. El Monte (California) Union High School District has had five years of experience in working toward a PPBS. San Mateo (California) Union High School District has a deeper commitment to learner objectives, as we have defined them in this book, than any other school system we know of.

The following comments by George F. Outland, Director of Research and Resources for the San Mateo Union High School District describe the district's philosophy.

In developing objectives to meet these [human needs], we feel the most effective means is to develop as many viable, alternative, equivalent, acceptable objectives as possible. From these we may select those which we consider to be minimum standards for any given program within our school. either minimum graduation requirements, minimum departmental requirements for specialization, or perhaps even minimal class and/or course requirements. Indeed, we see the possibility of having requirements for one individual student which would be unique unto him. We feel the most effective way of achieving the humanizing concept within this is to allow the teacher, the student, and the parent to select among these objectives. We have used teaching staff, administrators, students, and parents, in the development of goals. We feel the development of objectives basically should rest with the professional staff with the choice of selection open to the participants, namely the teachers and students.

The planning and organizing for learning experiences we feel similarly should develop a series of alternative approaches which allow choice to the teacher and student. Inasmuch as our concern is upon the successful achievement of educational objectives, not necessarily (within rather broad boundaries) the means used to achieve such objectives, we feel that again a series of alternatives and equivalent options must be open to the teacher and student for their selection. For example, we developed the achievement of one objective by thirteen different means—we would reject only one as too expensive, and allow the teacher and/or the student to select among the other dozen. We would prefer that the student have the choice often in a high school; in an elementary program he might have fewer choices, or fewer occasions to choose. In high school, we would build in greater numbers and occasions for choice, since this is a major carryover skill (decision-making), and since we find that student choice (if real, and among real and reasonable alternatives) reinforces motivation and learning.

Utilizing budgetary procedures is a relatively mechanistic system and our emphasis has been on the fact that since our evaluation of the educational effectiveness of our program is probably at best plus or minus 20 percent, then the allocation of resource costs need not be all that precise. We do want accuracy for fiscal, legal *audits;* we are not too concerned about precise accuracy for program costs because the benefit side of the equations is not that accurate anyway!

Evaluating the attainment of objectives we assume will indicate progress toward goals and we feel that evaluation is probably the weakest link in a system now and in the future. However, we are willing to look at evaluation in exceptionally broad range: we see that tests, performance tests, standardized tests, criterion tests, observations by the teacher, observation by other teachers, observations by parents and peers, interviews with the student, interviews with his successive employer and/or teacher in interviews with the parent of the child—each of these has a role to play in evaluation. Particularly, we value observation and interviews when dealing with the affective domain and in some parts of the higher cognitive factors. . . .

We take as given the fact that the system must learn to conform to the differences among human beings, rather than to force human beings to conform to the system.

The Folsom-Cordova Unified School District is a third California system of particular interest. It has a fairly long and noteworthy history of work with PPBS. The district has done an excellent job of systematizing its processes and recording its experience for others. It has explained its unique plan for generating goals and objectives in a brief paper. The district has also examined its needs by taking an intelligent and interested look at "what is" and "what should be." By so doing, it has extended itself beyond whatever preconceived and prejudiced notions it might have had about program needs. It has looked to research, expert opinion, and multiple resources for enlightenment.

Although this summary of promising practices is brief and surely incomplete, it is an indication of the direction that school districts are going. Some of our reactions to the materials we collected are as follows:

1. There is a great deal of talk across the country about PPBS, ERMS, and other systems approaches
2. The talk has been stimulated by legislative action in many states
3. The talk has resulted in statewide and local school district goals, and uncounted hours spent by somewhat reluctant teachers and central office staff writing objectives
4. Many of the attempts are shortsighted; they focus on budgeting, become mechanistic and hierarchial, and are based on an unexamined conception of human nature
5. The impact of the accountability or systems-analysis movement has not yet been felt by students
6. There are many excellent educators in the field working extremely hard to make the concept of accountability work through a systems approach for the total growth of young learners.

It is our belief that the conception of man and education outlined in this book can contribute significantly to the efforts of educators and their pupils and the citizens who join with them in achieving the best possible education for all America's youth.

While we do not wish to belabor what we have already detailed in this book, we conclude with the statements that follow.

We believe that whatever assumptions people make about the nature of man influence and characterize the institutions they create.

We believe people want to improve on whatever they are attempting and that they are equal to the task if they are free to be themselves.

We believe the greatest human asset is creative imagination and that people can reconsider the values of their culture, given a structure conducive to that examination and to goal setting and goal realization.

We believe in beginning where we are and moving toward a concept of community where all members are equal but have different tasks that contribute to the achievement of agreed-upon goals. The unit or segment of the educational process in which you make your contribution is the place where you can initiate moves toward a concept of community. We must envision the community *in toto*, making our contributions by unit or segment.

We believe people can direct their own growth in terms of value-oriented goals.

We believe that members of the community can experience internal conflict, yet remain committed to agreed-upon goals. In fact, through open, honest examination of differences and reaffirmation of purposes, the realization of goals may be accelerated.

We believe values are goals and that people require time, study, and awareness of alternatives for optimum reconstitution of value-goal structures where affection may hold a greater place than power.

We believe that basic goals must be translated eventually into learner objectives accepted or created in a teacher-learner transaction.

We believe the realization of learner objectives should be facilitated by whatever enriches the learning experience; that educational technology extends and enlarges human transaction where people—teachers and learners—move toward their most human becoming.

We believe the learning experience is deeper and larger than mere activity, that it is the rich opportunity of curriculum development requiring the artistry and science of this era for effecting its maximum influence.

Moreover, we protest the minimization of the learning experience by focusing on simplistic behavioral objectives as in the early tries at accountability. We decry the emphasis on pretesting and posttesting, leaving little time or energy for the learning experience. Since the learner objective is not atomistic, neither is the learning experience univocal nor the evaluation of the outcomes unidirectional. Each stage of the learning process fans out, revealing the regularities and irregularities of growth.

We believe in conceiving the evaluation of learning outcomes totally, addressed to the comprehensiveness and irregularities of growth in thinking, feeling, sensing, and intuiting. Moreover, we are committed to communication of evaluation processes by plan, multiplicity of approaches, instruments and techniques not restricted by so-called laboratory methods.

We believe in celebrating educational leaders who have a commitment to the wide release of creative imagination toward an improved educational design based on a humanistic conception of man.

So that these thirteen beliefs might become actuality, this volume was written.

Bibliography

1. Aiken, Wilford M., *The Story of the Eight Year Study.* New York: Harper and Bros., 1942.

2. Association of California School Administrators, *Thrust for Leadership: Assessment/Evaluation.* Burlingame, Calif.: ASCA, Vol. 1, No. 6, May, 1972.

3. Association of School Business Officials, *International Inventory of Educational Research Management Systems (ERMS-PPBES) Committee Project.* ASBO Research Library, Chicago, Ill., 60625.

4. Association for Supervision and Curriculum Development, NEA, *Improving Educational Assessment and An Inventory of Measures of Affective Behavior.* Washington, D.C.: ASCD, 1969.

5. Association for Supervision and Curriculum Development, NEA, *Evaluation as Feedback and Guide.* Washington, D.C.: ASCD, 1967.

6. Bennis, Warren, *Changing Organizations.* New York: McGraw-Hill Book Co., 1966.

7. Bloom, Benjamin S., J. Thomas Hastings, and George S. Madaus, *Handbook on Formative and Summative Evaluation of Student Learning.* New York: McGraw-Hill, 1971.

8. Bloom, Benjamin S. and Others, *Taxonomy of Educational Objectives, Handbook I: Cognitive Domain.* New York: David McKay, 1956.

9. Bonner, Hubert, *On Being Mindful of Man.* Boston. Houghton Mifflin, 1965.

10. California School Boards Association, "Planning, Programming Budgeting Systems," Sacramento, Calif.: 1971.

11. Case, Charles C., *Anthropologist.* (Unpublished Manuscript.) San Diego: United States International University, 1972.

12. Cassirer, Ernst, *The Philosophy of Symbolic Forms. Vol. 1: Language.* New Haven, Conn.: Yale University Press, 1953.

13. Clowes, Richard, Article in June 11, 1972, *Los Angeles Times.*

14. Cronbach, Lee J., "Evaluation for Course Improvement." *Teachers College Record.* Vol. 64, 1963.

15. Curtis, W.A., *Education Resources Management System.* Chicago: Research Corporation of ASBO, 1971.

16. Dewey, Edward and O. Mandino, *Cycles: The Mysterious Forces That Trigger Events.* New York: Hawthorne Books, 1971.

117

17.   Dyer, Henry S., "Perspectives on Educational Accountability." Address at Harrison House Conference, January 23, 1971.

18.   Flanagan, J.C., "The Critical Incident Technique." *Psychological Bulletin.* 51:327-358, 1954.

19.   Flanders, Ned A., "Teacher Influence in the Classroom." In Amidon-Hough (ed.),*Interaction Analysis, Theory, Research, and Application.* Reading, Mass: Addison-Wesley, 1967.

20.   Gallup Poll Survey, "Public Attitude Toward Public Schools." *Phi Delta Kappan.* 53:33, Fall 1971.

21.   Gallup Poll Survey, "Teachers and Accountability."

22.   Glaser, Robert, "Psychological Bases for Instructional Design." *AV Communication Review.* Winter 1966.

23.   Gorman, Burton W., *Secondary Education: The High School America Needs.* New York: Random House, 1971.

24.   Gottman, J.M., and R.E. Clasen, *Evaluation in Education: A Practitioner's Guide.* Ithaca, Ill.: F.E. Peacock Publishers, 1972.

25.   Gowan, John Curtis, *Development of the Creative Individual.* San Diego: Robert R. Knapp, 1972.

26.   Graves, Clare, "On the Theory of Value." Lecture, March 1967. Professor of Psychology, Union College, Schenectady, New York.

27.   Grobman, Hulda, *Evaluation of Activities of Curriculum Projects.* AERA Monograph Series on Curriculum Evaluation, No. 2. Chicago: Rand McNally, 1968.

28.   Guba, Egon, and Daniel Stufflebeam, *Evaluation: The Process of Stimulating, Aiding, and Abetting Insightful Action.* Bloomington, Ind.: University of Indiana, November 21, 1968. (A paper presented to the Second National Symposium, Professors of Educational Research in Boulder, Colorado.)

29.   Harnick, Sheldon, Lyrics of "Do You Love Me?" Sound Track Recording of *Fiddler on the Roof.* United Artists Records, Inc. Los Angeles, Calif. 90028.

30.   Havighurst, Robert J., *Education in Metropolitan Areas.* Boston: Allyn and Bacon, 1966.

31.   ——, *Human Development and Education.* New York: David McKay, 1953.

32.   Herzberg, Frederick, *Work and the Nature of Man.* New York: World Publishing Co., 1966.

33.   Hill, La Mar, and Frank L. Mattox, "Program Budgeting in Public School Districts." Doctoral Dissertation, Los Angeles: University of Southern California, 1967.   .

34.   Isaac, Stephen, and William Michael, *Handbook in Research and Evaluation.* San Diego: Robert R. Knapp, 1971.

35.   Kagan, Jerome, and Howard Moss, *Birth to Maturity.* New York: John Wiley, 1962.

36.   Kohlberg, L. "Moral Development and Identification." In Stevenson, H. W. (ed.), *Child Psychology. The Sixty-Second Yearbook of the National Society*

for the Study of Education. Part I. Chicago: University of Chicago Press, 1963.

37. Krathwohl, D.R., B.S. Bloom, and B.B. Masiz, *Taxonomy of Educational Objectives, Handbook II: Affective Domain.* New York: David McKay, 1964.

38. Krumboltz, John D., and Michael R. McHarque. "There Is Nothing Beyond Freedom and Dignity." *Counseling and Values.* Winter 1972.

39. Likert, Rensis, *The Human Organization: Its Management and Value.* New York: McGraw-Hill, 1967.

40. Lincoln, James Finney, *A New Approach to Industrial Economics.* New York: Devin-Adair, 1961.

41. Mager, Robert F., *Preparing Instructional Objectives.* Belmont, Calif.: Fearon Publishing Co., 1962.

42. Maslow, Abraham, *Motivation and Personality.* New York: Harper and Row, 1954.

43. McGregor, Douglas, *The Human Side of Enterprise.* New York: McGraw-Hill, 1960.

44. ———, "On Leadership." *Antioch Notes.* May 1954.

45. Merleau-Ponty, Maurice, *The Structure of Behavior.* Boston: Beacon Press, 1963.

46. Metfessel, N.S., and W.B. Michael, "A Paradigm Involving Multiple Criterion Measures for the Evaluation of the Effectiveness of School Program." *Educational and Psychological Measurement.* Vol. 27, No. 4, (Winter 1967).

47. Mischel, Walter, *Personality and Assessment.* New York: John Wiley, 1968.

48. Osgood, C.E., G.J. Suci, and P.H. Tannenbaum, *The Measurement of Meaning.* Urbana: University of Illinois Press, 1967.

49. Perry, William G., *Forms of Intellectual and Ethical Development in the College Years: A Scheme.* New York: Holt, Rinehart and Winston, 1970.

50. Reed, Donald R., "The Nature of Function of Continuation Education." *Journal of Secondary Education.* November 1969.

51. Rucker, W. Ray, "A Value-Oriented Framework." *Journal of Value Inquiry.* Vol. III, No. 4, Winter 1969.

52. Rucker, W. Ray, V.C. Arnspiger and A. Bordbeck, *Human Values in Education.* Dubuque, Iowa: W.C. Brown Co., 1969.

53. Scriven, Michael, "Methodology in Evaluation." *Perspectives of Curriculum Evaluation.* AERA Monograph Series on Evaluation, No. 1. Chicago: Rand McNally, 1967.

54. Skinner, B.F., *Beyond Freedom and Dignity.* New York: Alfred A. Knopf, 1971.

55. Sprinthall, Norman A., *Guidance for Human Growth.* New York: Van Nostrand Reinhold, Co., 1971.

56. Stake, Robert E. "The Countenance of Educational Evaluation." *Teachers College Record.* Vol. 68:523-540, 1967.

57. Stufflebeam, Daniel L., "Evaluation as Enlightenment for Decision Making." *Improving Educational Assessment and an Inventory of Measures of Affective*

120 CURRICULUM DEVELOPMENT

Behavior. Washington, D.C.: Association for Supervision and Curriculum Development, NEA, 1969.

58. U.S. Chamber of Commerce, "The Imperatives of Education Cost Effectiveness, Productivity, Accountability." Washington,, D.C., 1971.

59. Veysey, Victor V., Speech at the 5th Annual Civic Seminar for Industry, Education and Government, Palm Desert, California, September 26-28, 1969. *Los Angeles County School Bulletin,* Vol., 28, No. 3, 1969.

60. Ways, Max, "It Isn't a Sick Society." *Fortune Magazine.* December 1971.

61. Webb, E., R. Campbell, R. Schwartz, and L. Sechrest, *Unobtrusive Measures: Non-Reactive Research in the Social Sciences.* Chicago: Rand McNally, 1966.

62. Weber, Edward J., "The Dropouts Who Go to School." *Phi Delta Kappan.* May 1972.

63. Weinstein, Gerald, and Mario Fantini, *Toward Humanistic Education: A Curriculum of Affect.* New York: Praeger Publisher, 1970.

64. White, R.W., Competence and the Psychosexual Stage of Development." M.R. Jones (ed.), Nebraska Symposium on Motivation, Vol 8. Lincoln, Neb.: University of Nebraska Press, 1960.

65. Wysong, Eugene, "Objectives of a School Guidance Program." *Ohio State Department of Education.* Columbus, Ohio, 1969.

66. Zigler, Edward, Lecture delivered in San Diego, Fall, 1971.